DEUTSCHE SIEDLUNGSGEB E
IN OST-UND SÜDOSTEUROPA
Staatsgrenzen nach dem Stand von 1930
LITAUEN
DEUTSCH-LAND
Berlin
Elbe
Oder
Warte
Weichsel
Memel
Sudeten-land
Prag
TSCHECHO-SLOWAKEI
Wien
ÖSTER-REICH
Warschau
POLEN
Wolhynien
Krakau
Galizien
Lemberg
Weiß-rußland
SOWJETUNION
Kiew
Dnjepr
Ukraine
Don
Wolga
Wolgadeutsche ASSR
Karpato-Ukraine
Bukowina
Dnjestr
Bessarabien
Donau
Budapest
UNGARN
Batschka
Banat
Siebenbürgen
RUMÄNIEN
Save
Belgrad
JUGOSLAWIEN
Bukarest
Dobrudscha
BULGARIEN
Sofia
Krim
Kaukasien
250 km

Heinz Nawratil

Schwarzbuch der Vertreibung 1945 bis 1948

Heinz Nawratil

Schwarzbuch der Vertreibung 1945 bis 1948

Das letzte Kapitel
unbewältigter Vergangenheit

*Mit einem Vorwort
von Erika Steinbach*

Universitas

Erstmalig erschienen 1982 unter dem Titel
»Vertreibungsverbrechen an Deutschen.
Tatbestand – Motive – Bewältigung«

Sonderproduktion 15. Auflage 2013

Umschlag: Wolfgang Heinzel
Satz: Fotosatz Völkl, Inzell/Obb.
Druck und Binden: GGP Media GmbH, Pößneck
Printed in Germany
ISBN 978-3-8004-1911-1

www.universitas-verlag.de

Inhalt

Was die Welt braucht, ist bestimmt nicht die Idee, die einen aus den Konzentrationslagern herauszuholen und dafür die anderen hineinzustecken, sondern die Konzentrationslager selbst müssen abgeschafft werden.

(Robert H. Jackson, amerikanischer Chefankläger beim Internationalen Militärtribunal von Nürnberg)

* * *

Die ganze Welt weiß alles über die Verbrechen der Deutschen, aber nichts über die Verbrechen an Deutschen.

(US-Präsident Ronald Reagan)

Vorwort

In den 90er Jahren haben die blutigen »ethnischen Säuberungen« im ehemaligen Jugoslawien einer breiteren Öffentlichkeit vor Augen geführt, daß Vertreibung und Vertreibungsverbrechen keine Kavaliersdelikte oder »verständliche Reaktionen« auf frühere Ereignisse sind, sondern schlicht und einfach Verbrechen gegen die Menschlichkeit.

Völkerverständigung und Versöhnung sind hohe Güter.
Im Zusammenhang mit Vertreibung und Vertreibungsverbrechen werden besonders in Deutschland die Opfer oft zur Versöhnung ermahnt. Allerdings hat Papst Benedikt XVI. schon 1979 – damals noch als Kardinal Josef Ratzinger – vor einem gedankenlosen Gebrauch dieses Begriffs gewarnt:
»Auch Wohlgesinnte meinen, daß man um der Versöhnung willen nicht mehr davon sprechen solle. Aber eine Liebe, die den Verzicht auf die Wahrheit voraussetzt, ist keine Liebe. Sie hätte ein schlechtes Fundament. Aus der Psychologie wissen wir, daß Verschwiegenes und Verdrängtes im Menschen weiterwirkt und, wenn es keinen Ausweg findet, zur Vergiftung von innen her wird. Was im Leben des einzelnen gilt, das gilt auch für die Völker. Unterdrückte Wahrheiten werden zu gefährlichen Mächten, die den Organismus von innen vergiften und irgendwo herausbrechen. Nur die Annahme der Wahrheit kann heilen. Liebe braucht Wahrheit und darf nicht ohne sie sein.«

Heinz Nawratil weist nach, daß die Vertreibung der Deutschen aus Ost- und Mitteleuropa zu den bestdokumentierten Massenverbrechen der Geschichte gehört. 13 Millionen Seiten umfaßt nach einer Schätzung allein der Bestand »Ostdokumentation« des Bundesarchivs. Noch wesentlich umfangreicher, darauf weist Nawratil hin, ist die »Gesamterhebung zur Klärung des Schicksals der deutschen Bevölkerung in den Vertreibungsgebieten« des kirchlichen Suchdienstes in

München. Der Fülle der seit Jahrzehnten vorliegenden Dokumentationen und Literatur zum Geschehen entspricht die Faktenkenntnis im öffentlichen Bewußtsein jedoch in keiner Weise. Warum das so ist, macht Heinz Nawratil neben Faktographie und Erforschung der Motive der Vertreiber zum Gegenstand seiner Studie. Darin gelingt, jetzt aktualisiert, ein Gesamtüberblick zur Vertreibung der Deutschen, der diesen Teil unserer Geschichte auch dem bisher Unkundigen im Zusammenhang plastisch und sachlich zugleich erläutert.

Als Jurist stellt Nawratil an den Beginn seiner Studie die Darstellung des »Tatbestands« in den einzelnen Vertreibungsgebieten, in die immer wieder Zeitzeugenberichte eingestreut sind, namentlich aus dem Bestand des Bundesarchivs. Diese Erlebnisberichte machen selbst dort, wo sie in Andeutungen stecken bleiben, das Buch zusammen mit dem Bildteil zu einer beklemmenden Lektüre, der man sich aber nicht entziehen darf. Die Schilderungen insbesondere des Schicksals der Frauen, die der Roten Armee in die Hände fielen, oder der hunderttausendfachen Deportation aus den Oder-Neiße-Gebieten, aber auch aus Rumänien und Ungarn zur Zwangsarbeit in die hinterste Sowjetunion, sind grauenhaft. Der Massenterror gegen die Zivilbevölkerung stellt sich nicht als Vielzahl individueller Exzesse dar, sondern, das wird deutlich, als Mittel der Kriegführung bis lange nach dem Krieg und als Voraussetzung der schließlichen Zwangsausweisung.

Es offenbart sich hier auch die Ambivalenz des Begriffs der »Vertreibungsverbrechen«, der ja das Vorkommen von Verbrechen in und bei der Vertreibung suggeriert, während die Vertreibung doch per se das Verbrechen darstellt. Besser wäre es, die vielfachen brutalen Angriffe gegen Leib und Leben von Zivilisten als Vertreibungsexzesse zu kennzeichnen. Es lag der Keim zu millionenfachem Mord und Totschlag schon in der Entscheidung zur Vertreibung, die sich überhaupt nicht »in ordnungsgemäßer und humaner Weise«, wie sie das Potsdamer Protokoll vorsah, vollstrecken läßt. Wer Massenvertreibungen in Gang setzt, programmiert Terror und Exzesse mit.

Im zweiten umfangreichen Teil werden die Motive der Täter behandelt. Im ganzen scheidet die Annahme aus, das Ausmaß der Vertreibungsverbrechen habe an den einzelnen Tatorten in direktem Zusammenhang mit den vorherigen deutschen Herrschaftspraktiken gestanden: die Vertreibung sei also dort um so wilder verlaufen, wo sich zuvor das deutsche Regime grausam präsentiert hatte. Die Vertreibung

der Deutschen aus Polen, das unter dem Generalgouverneur Hans Frank und den Gauleitern Greiser und Forster den Anblick eines Schlachthauses bot, war nicht brutaler als die aus der wiedererrichteten ČSR Eduard Beneschs, die den Krieg – trotz Lidice und Theresienstadt – ungleich besser und unbeschadeter überstanden hat als andere vom Krieg direkt betroffene Länder. Die übelsten Exzesse gingen teilweise von vormaligen Kollaborateuren sowie den aus der Mitte des Volks rekrutierten »Revolutionsgarden« aus, während die Beteiligung echter tschechischer Widerstandskämpfer an Verbrechen im Sudetenland eher gering war.
Auch bei den zahllosen Gewalttaten von Rotarmisten stand, das macht Nawratil deutlich, »Rache« als wirkliches Motiv zumeist nicht im Vordergrund. Die terroristischen Formen der Fluchterzwingung, Internierung, Ausweisung, waren so allgemein und flächendeckend, daß der politische Wille dahinter sehr deutlich wird. Es wurde auch offen artikuliert, so vom Befehlshaber der tschechischen Exilverbände, General Ingr: »Schlagt sie, bringt sie um, laßt keinen am Leben.« Oder von Jan Karski, einem damaligen Diplomaten der polnischen Exilregierung, der 1943 gegenüber Roosevelt äußerte: »Wir haben vor, im Augenblick des deutschen Zusammenbruchs einen kurzen, sehr schrecklichen Terror gegen die deutsche Bevölkerung zu organisieren, so daß diese von sich aus massenhaft das Gebiet Polens verlassen wird.«

Die Nachzeichnung der Motive der Sowjets, der Polen, der tschechischen Nationalisten, der Tito-Partisanen und so weiter zeigt, daß die Verbreitung auf Krieg und NS-Terror eben nicht wie der Donner auf den Blitz folgte, sondern ein diplomatisch vorbereitetes und abgesichertes, ein geplantes und konsequent durchgeführtes Großverbrechen war, das teilweise auch auf Konzepte aus der Zeit noch vor dem Krieg zurückging. Der Hauptverdienst des Verfassers aber liegt wohl in der nüchternen Analyse der Motive für Vertreibung und Verbreibungsverbrechen. Wer weiß z. B., daß schon Bismarck warnend auf polnische Landkarten hinwies, die Pommern bis zur Oder als polnische Provinz zeigten? Wer weiß auch, daß höchste tschechische Diplomaten noch vor dem Zweiten Weltkrieg Einzelheiten einer »Ortsverlagerung des deutschen Elements« ernsthaft diskutierten und anregten? Und wer weiß, daß polnische und tschechische Repräsentanten während des Kriegs bei westlichen Regierungsstellen unverblümt zugaben, den Terror gegen die deutsche Bevölkerung organisieren zu wollen, damit diese die zu säubernden Gebiete verläßt?

Daß Krieg und NS-Terror einen ungemein günstigen Boden für die Verwirklichung des jetzt noch dazu sowjet-ideologisch aufgeladenen alten Panslawistentraums eines bis zur Linie Stettin-Triest von »Germanen« gesäuberten europäischen Osten bereitet hatten, bleibt dabei richtig. Ohne den Zweiten Weltkrieg wäre die Vertreibung nicht möglich geworden. Gleichartige Planungen und gleichartiges Vorgehen gab es in westeuropäischen Ländern mit bedeutenden deutschen Minderheiten zum Glück nicht.
Aus Belgien, Dänemark oder Frankreich wurde die deutsche Minderheit trotz des auch dort zuvor vorhandenen nationalsozialistischen Terrors nicht vertrieben.

Es ist zu begrüßen, ja notwendig, daß Nawratils gediegene Synthese dieser dramatischen Ereignisse, deren Folgen das Gesicht des europäischen Ostens nachhaltig verändert haben, wieder in neuer Fassung zur Verfügung steht.

Summa summarum: Das Buch ist in leidenschaftlicher Leidenschaftslosigkeit geschrieben. Seine Seiten vermitteln mehr Erkenntnisse als jahrelanges Fernsehen. Nicht umsonst ist es seit einem Vierteljahrhundert eines der Standardwerke zur Vertreibungsproblematik.

Erika Steinbach

Vorbemerkungen

1. Warum dieses Buch geschrieben wurde

Die Idee zu einem Buch kommt selten über Nacht. Auch bei dem vorliegenden waren mehrere Anstöße nötig. Der spektakulärste davon hört sich so an:

Im Konzentrationslager Theresienstadt in Böhmen starb auch ein deutsch-slowakischer Jude namens Müller. Er starb einen ganz »gewöhnlichen« Lagertod; Hunger, mangelhafte medizinische Versorgung und ständige Mißhandlungen waren die Ursachen. Das Ungewöhnliche an diesem Fall ist nur: Es war kein Lager der deutschen Nationalsozialisten, sondern eines der tschechischen Nationalisten, und man schrieb Ende 1945.[1]

Als ich diese Geschichte zum erstenmal las, war meine spontane Reaktion ungläubiges Staunen. Dann versuchte ich genauere Informationen aufzutreiben – und fand sie reichlich. Bei meinen Recherchen kamen noch weitere Fälle deutscher Juden in tschechischen Lagern zum Vorschein, außerdem Prager Ministerialerlasse, die Juden für »national unzuverlässig« erklärten, wenn sie vor dem Krieg die Interessen der deutschen Minderheit auf irgendeine Weise gefördert hatten, und ich lernte Landsleute Müllers kennen, mit denen ich über das Unglaubliche sprechen konnte. Auch später tauchten immer wieder Berichte zum Thema auf, z. B. Michael Wiecks bewegendes Buch »Zeugnis vom Untergang Königsbergs – Ein Geltungsjude berichtet« (Heidelberg 1990).

Ich begann mich eingehend damit zu beschäftigen, was nach dem Krieg hinter Oder, Neiße und Böhmerwald geschehen war, und stieß dabei nicht nur auf die größte Völkervertreibung der Weltgeschichte, sondern auch auf eine Millionenzahl von Toten. Ich studierte Zahlen und Fakten und mußte bald feststellen, daß sie schon seit längerer Zeit vorliegen, ermittelt von wissenschaftlichen Kommissionen, in amtlichem Auftrag, in jahrelanger Kleinarbeit. Es handelt sich dabei vor allem um die Untersuchung des Statistischen Bundesamts über die deutschen Vertreibungsverluste, die Dokumentation des früheren Bundesvertriebenenministeriums und die Ostdokumentensammlung des Bundesarchivs, insbesondere die zusammenfassende Dokumentation des Bundesarchivs über die Vertreibungsverbrechen. Wieder großes Erstaunen: Die Vertreibungsverbrechen gehören zu den bestdokumentierten, aber am schlechtesten publizierten Massenverbrechen der Geschichte.

Der Fall Müller hat mich lange beschäftigt. In diesem einen Schicksal konzentrieren sich, so schien es mir, Elend und Verwirrung eines ganzen Jahrhunderts. Immer neue Fragen stellten sich ein. Im Zusammenhang mit Kriegs- und Nachkriegsereignissen wird oft von Schuld und Sühne gesprochen. Wenn die Deutschen Schuld auf sich geladen haben, waren dann die Mißhandlungen ungerecht, die Müller vor 1945 als deutscher Jude erdulden mußte, und diejenigen gerecht, die ihn nach dem Krieg als jüdischen Deutschen trafen? Ist der Mensch teilbar? Und, wichtiger noch: Ist die Menschlichkeit teilbar? Warum hört man so wenig von den Vertreibungsmorden? Waren sie Verbrechen, sollte man sie dann nicht öffentlich anprangern? Waren sie ein Gericht Gottes, müßte man sie dann nicht erst recht publik machen, als warnendes Beispiel? – Wie konnte es dazu kommen? Wer waren die Opfer? Wer waren die Täter, was ihre Motive? Können sich solche Ereignisse wiederholen? – Das vorliegende Buch versucht diesen Fragen nachzugehen.

Die Lektüre ist nicht immer angenehm. Die Schrecken der Vergangenheit werden wieder Gegenwart – um der Zukunft willen. Tiefverwurzelte Klischeevorstellungen verflüchtigen sich im Licht nüchterner Psychoanalyse oder verschwinden einfach unter einem Berg historischen Dokumentenmaterials, die Vorstellung von den Vertreibungsverbrechen als spontanen Racheakten ebenso wie die von den halbasiatischen Russen, die immer schon mordlüstern und frauenschänderisch durch die Lande zogen. Die früher heißdiskutierte Kollektivschuldtheorie und andere ausgestandene Probleme der Kriegs- und Nachkriegszeit werden untersucht, und nicht selten erweist sich, daß sie so ausgestanden doch nicht sind. Verdrängtes wird wieder bewußt, manchmal erschreckend, manchmal tröstlich. Kurzum, dieses Buch ist keine bequeme Lektüre, wohl aber eine notwendige; es wendet sich auch nicht an den bequemen Bürger, sondern an den mündigen.

2. Reden oder schweigen

Unter der Bevölkerung unseres Landes ist oft zu hören, man solle die Vergangenheit endlich auf sich beruhen lassen. Meinungsumfragen bestätigen den Eindruck.[1]

Trotz des verbreiteten Mißbrauchs von »Vergangenheitsbewältigung« und »Antifaschismus« durch radikale Ideologen habe ich diese Ansicht nie geteilt; immer mußte ich an eine beiläufige Äußerung Hitlers denken: »Wer redet heute noch von der Vernichtung der Armenier?«[2] Diese Überlegung hat den Diktator vermutlich in seinen Völkermordplänen bestärkt. Man erinnert sich: In den Jahren zwischen 1915 und 1918 wurde im türkischen Reich das armenische Volk ausgerottet. Eineinhalb bis zwei Millionen Menschen starben damals auf denkbar grausame Weise, von der Weltöffentlichkeit kaum beachtet.[3]

Der Dichter Franz Werfel, als deutscher Jude in Prag geboren und damit doppelt sensibilisiert für die Vorboten künftigen Unheils, hat den Armeniern in seinem Roman »Die vierzig Tage des Musa Dagh« ein würdiges Denkmal gesetzt. Im übrigen ist dieser erste planmäßige Völkermord des 20. Jahrhunderts so gut wie vergessen. Der Menschheit wäre vielleicht vieles erspart geblieben, hätte sie ein besseres Gedächtnis gehabt.

In dem Periodikum »Kursbuch« wurde im Oktober 1979 in Nr. 57 eine Diskussion führender deutscher Linkssozialisten abgedruckt. Es ging um ihr Eintreten für die kommunistische Machtübernahme in ganz Indochina, obwohl schon seinerzeit die Greueltaten der Vietcong durchaus bekannt waren und von den Diskussionsteilnehmern zugegeben wurden. Einer von ihnen – Dietrich Wetzel – meinte:[4] »Tatsächlich, da wurde ausgeblendet. Aber wenn ich mich richtig erinnere, dann hat eine bestimmte Erfahrung da eine Rolle gespielt, eine spezifisch deutsche Erfahrung. In Deutschland ist ja nicht verborgen geblieben, daß z. B. die Rote Armee beim Einmarsch ins Großdeutsche Reich ihrerseits eine ganze Reihe von Greueltaten begangen hat. Deshalb gehörte zu den Anfängen meines politischen Denkens dieser Satz aus dem Alten Testament: ›Wer Wind säet, wird Sturm ernten.‹ Die Faschisten haben angefangen, und die Rote Armee hat, angesichts dieser 20 Millionen[5] Opfer in der Sowjetunion, verständlicherweise auch Rache genommen. Es geht also darum, sich gegen den zu wehren, der derartige Eskalationen verursacht. Das waren für uns in diesem Fall eindeutig die Amerikaner. Und das hat eine Rechtfertigung in Gang gesetzt, die dieses alte Muster benutzt hat.«

Das Ergebnis ist bekannt. In Kambodscha z. B. haben vermutlich nur

etwas mehr als zwei Drittel der Bevölkerung die Herrschaft der Roten Khmer und der vietnamesischen Kommunisten überlebt.[6]
Die Reihe der historischen Muster und Vorbilder für neue Verbrechen ließe sich beliebig fortsetzen.[7] Jeder Generation stellt sich von neuem die Frage, die der Religionsphilosoph Romano Guardini 1952 so formuliert hat: »Wie können wir das Geschehene aufarbeiten, damit es nicht wie ein inneres Gift weiterwirke und zum Schema des Kommenden werde?«
Es gibt aber noch andere Argumente gegen das bequeme Schweigen.
a) Elie Wiesel schreibt in seinem Essay »Die Massenvernichtung als literarische Inspiration«:[8] »Erst hat der Feind die Juden getötet, dann ließ er sie in Rauch und Asche aufgehen. So wurde jeder Jude zweimal umgebracht ... Heute versucht man die Opfer ein drittes Mal zu töten, indem man sie ihrer Vergangenheit beraubt. Daher meine tiefste Überzeugung: Jeder, der sich nicht aktiv und ständig mit der Erinnerung beschäftigt und andere mahnt, ist ein Helfershelfer des Mordens.«
In der Tat wäre das Vergessen ein nachträglicher Triumph der Mörder.
b) Auf der gleichen Linie liegt die Argumentation des Bundesgerichtshofs in seinem Grundsatzurteil zur Leugnung eines Völkermords.[9] Über die rassisch Verfolgten wird dort ausgeführt:
»Es gehört zu ihrem personalen Selbstverständnis, als zugehörig zu einer durch das Schicksal herausgehobenen Personengruppe begriffen zu werden, der gegenüber eine besondere moralische Verantwortlichkeit aller anderen besteht, und das Teil ihrer Würde ist. Die Achtung dieses Selbstverständnisses ist für jeden von ihnen geradezu eine der Garantien gegen eine Wiederholung solcher Diskriminierung und eine Grundbedingung für ihr Leben in der Bundesrepublik. Wer jene Vorgänge zu leugnen versucht, spricht jedem einzelnen von ihnen diese persönliche Geltung ab, auf die sie Anspruch haben. Für den Betroffenen bedeutet das die Fortsetzung der Diskriminierung der Menschengruppe, der er zugehört, und mit ihr unmittelbar seiner eigenen Person.«
Wer die Morde an Juden leugnet, beleidigt jeden von ihnen. Es fordert also auch der Respekt vor den Opfern von Massenverbrechen, die Wahrheit nicht zu leugnen oder zu unterdrücken.
c) Im jugoslawischen KZ Gakovo notierte der Kaplan Matthias Johler am 9. Februar 1946 in seinem Tagebuch, nachdem er wenige Tage vorher den 4500. Todesfall registriert hatte: »Was man schon längere Zeit befürchtet, ist zur Wirklichkeit geworden: Die Grabkreuze werden von den Gräbern gerissen und zum Brennholz geworfen; die Grabhügel aber werden der Erde gleichgemacht. Wie bei Verbrechern! Wohl

hat noch nichts so tief unsere Leute erschüttert wie diese Verordnung.«[10]

Dieses Buch möchte dazu beitragen, die Grabkreuze wieder aufzurichten und den Toten endlich die verdiente letzte Ehre zu erweisen. Wenn es wahr ist, daß alle Menschen gleich sind, gleich an Wert und Würde, dann hat jede verfolgte Gruppe einen uneingeschränkten Anspruch auf Würdigung ihrer Opfer, auch und gerade in publizistischer Hinsicht.

d) Der Engländer Northcote C. Parkinson, seit 1958 bekannt durch seine »Parkinsonschen Gesetze« zum Thema Bürokratie, hat sich auch mit Kommunikationsproblemen befaßt. Er stellte dabei folgendes fest:[11] »Das wäre dann also Parkinsons neuestes und womöglich letztes Gesetz, welches da lautet: Ein Vakuum, geschaffen durch fehlende Kommunikation, füllt sich in kürzester Zeit mit falscher Darstellung, Gerücht, Geschwätz und Gift.«

Wer im In- oder Ausland auf die Vertreibungsverbrechen zu sprechen kommt, wird Parkinsons Gesetz bald bestätigt finden. Soweit das Problem als solches überhaupt bekannt ist, füllt sich das Vakuum mit der wiedererstandenen Kollektivschuld-Theorie oder Geschichtsklitterung östlicher Provenienz, und nicht selten nutzen rechtsradikale Grüppchen das publizistische Niemandsland für ihre Agitation.

e) Wollte ein übereifriger Antikommunist fordern, die Verbrechen des Nationalsozialismus in Zukunft totzuschweigen, um nicht von den Untaten des Kommunismus abzulenken oder diese zu relativieren, man würde ihn zu Recht auslachen. Nicht weniger lächerlich wirken die umgekehrten Befürchtungen, durch eine redliche intellektuelle Auseinandersetzung mit den Vertreibungsverbrechen könnten die NS-Verbrechen verharmlost oder gegen östliche Verbrechen aufgerechnet werden. Sowohl die Überängstlichen als auch die Unbelehrbaren müssen sich sagen lassen, daß die Untaten des Nationalsozialismus von einer solchen Beschaffenheit waren, daß es weder nötig noch möglich ist, sie durch Verschweigen anderer Menschenrechtsverletzungen noch furchtbarer zu machen.

Schon in den Nürnberger Kriegsverbrecher-Prozessen mußte Lordrichter Lawrence den unqualifizierten Versuch der Verteidigung zurückweisen, die Angeklagten durch Erwähnung alliierter Völker- oder Menschenrechtsverletzungen zu entlasten. Aufrechnen kann man mit Geld, nicht mit Menschenleben. Dieser Satz gilt allerdings nach 1945 ebenso wie vor 1945; ein Kindermord bei der Vertreibung ist nicht deswegen weniger schrecklich, weil auch Hitler Kinder ermorden ließ. Aufrechnungsversuche gewinnen nicht an Überzeugungs-

kraft durch den Hinweis, die eine Seite habe ihre Untaten zuerst, die andere erst danach begangen. Man sollte nicht vergessen, daß auch die Nazis ihre wahren Ziele und Methoden im »Ostraum« hinter der Maske eines Rächers zu verbergen suchten. Z. B. versprach Hitlers Erlaß vom 14. Mai 1941 Straffreiheit für Vergehen »aus Erbitterung« über die – zweifellos vorher begangenen – Greueltaten des sowjetischen Systems. Ähnliche Gedankengänge finden sich in dem berüchtigten Kommissarbefehl und in Tagesbefehlen fanatischer Nazigeneräle wie Walther von Reichenau (der deutsche Soldat als »Rächer für alle Bestialitäten«). Ebenso wie der Taschenspielertrick der Aufrechnung ist auch das Aktion-Reaktion-Spiel ein fragwürdiges Spiel; beide entspringen einem zutiefst inhumanen Denken.
f) Gemäß § 66 c der Strafprozeßordnung spricht der Vorsitzende bei der Vereidigung zum Zeugen: »Sie schwören, daß Sie nach bestem Wissen die reine Wahrheit gesagt und nichts verschwiegen haben.« Wenn der Zeuge etwas verschweigt, macht er sich des Meineids schuldig. Sieht man im Historiker den redlichen Zeugen der Zeitgeschichte, dann müssen für ihn gleiche Gesetze gelten, auch wenn keine Strafdrohung über ihm schwebt. Eine Geschichtsschreibung, die ohne Abstriche an der Wahrheit nicht glaubt auskommen zu können, richtet sich selbst.
g) Papst Benedikt XVI. betonte 1979 – damals noch als Kardinal Joseph Ratzinger – das Folgende: »Eine Liebe, die den Verzicht auf die Wahrheit voraussetzt, ist keine wahre Liebe. Sie hätte ein schlechtes Fundament. Aus der Psychologie wissen wir, daß Verschwiegenes und Verdrängtes im Menschen weiterwirkt und, wenn es keinen Ausweg findet, zur Vergiftung von innen her wird. Was im Leben des einzelnen gilt, das gilt auch für die Völker. Unterdrückte Wahrheiten werden zu gefährlichen Mächten, die den Organismus von innen vergiften und irgendwo herausbrechen. Nur die Annahme der Wahrheit kann heilen. Liebe braucht Wahrheit und darf nicht ohne sie sein.«[12]

3. Hinweise für den Leser

Allein die Ostdokumentensammlung des Bundesarchivs in Koblenz umfaßt nach einer Schätzung mehr als 13 Millionen Seiten[1] mit Berichten und anderen Dokumenten zum Thema Vertreibung. Hieraus die typischen Geschehensabläufe zu rekonstruieren, war die Aufgabe der »Dokumentation der Vertreibungsverbrechen«. Sie liegt seit 1974 vor und wurde in ihren wesentlichen Teilen von privater Seite veröffentlicht.[2] An ihr orientiert sich dieses Buch in erster Linie.

Die besten historischen Erörterungen werden aber schnell vergessen, wenn sie nicht auch die menschliche Dimension des Vorgangs aufzeigen. Es genügt z. B. nicht zu sagen: »Im KZ X starben soundso viele«; man muß auch die Überlebenden selbst zu Wort kommen lassen und ihren Lageralltag kennenlernen, ihre konkreten Nöte und Gefühle.

Die Augenzeugenberichte und andere zeitgeschichtlich bedeutsame Zitate sind meist als separate »Dokumente« in die einschlägigen Textstellen des Buches eingeblendet. Diese Berichte stammen überwiegend aus dem mehrbändigen Werk des ehemaligen Bundesvertriebenenministeriums »Dokumentation der Vertreibung der Deutschen aus Ost-Mitteleuropa«[3], das in allen größeren Bibliotheken aufliegt. Da aber darin nur ein Bruchteil des vorliegenden Materials veröffentlicht ist, wurde auch auf andere Werke zurückgegriffen, vor allem auf private Dokumentationen und Berichte und die unveröffentlichte »Gesamterhebung zur Klärung des Schicksals der deutschen Bevölkerung in den Vertreibungsgebieten« des Kirchlichen Suchdienstes in München[4], dessen Archivmaterial noch wesentlich umfangreicher ist als das des Bundesarchivs, ferner auf die Untersuchungen, die im Statistischen Bundesamt über die deutschen Vertreibungsverluste angestellt wurden.

Leider kann ich von mir nicht sagen, was Thukydides bei der Beschreibung des Peloponnesischen Krieges bemerkt: »Was mich betrifft, so habe ich ihn ganz miterlebt, war auch in dem geeigneten Alter, um alles zu verstehen, und richtete meine Aufmerksamkeit darauf, zuverlässige Kunde zu erlangen.« Ich habe daher eine Anzahl überlebender Verbrechensopfer ausfindig gemacht und befragt – weniger um zu verifizieren, was schon tausendfach belegt ist, sondern um die erwähnte menschliche Dimension des Geschehens zu erfassen.

In diesem Buch wurde versucht, zwischen Report und Analyse zu unterscheiden und Tatbestand einerseits (I. Teil) und Motive andererseits (II. Teil) so gut es ging zu trennen; während der I. Teil kommentarlos Fakten aneinanderreiht, waren im II. Teil eine politische und moralische Wertung und damit ein gewisser Stilwechsel unvermeidlich.

Der II. Teil hält sich nicht an den zeitlichen Ablauf der Ereignisse. Chronologisch gesehen hätte man wieder mit den sowjetischen Motiven anfangen müssen. Auf diplomatischer Ebene aber wurde die Liquidation der sudetendeutschen Volksgruppe zuerst beschlossen, so daß hier zum besseren Verständnis der Zusammenhänge die Kapitelfolge etwas anders ist.
Der III. Teil »Bewältigung« hat mehr journalistischen als historischen Charakter. Ich habe ihn nach einigem Zögern angefügt, weil ich wie Simon Wiesenthal glaube, daß Völkerhaß und Völkermord heute noch lange nicht der Vergangenheit angehören.
Für eilige Leser empfiehlt sich zunächst die Lektüre des historischen Überblicks (Kapitel 4) und der Resümees am Ende der drei Hauptteile (Kapitel 11, 17 und 19).

I. TEIL:

Tatbestand

4. Historischer Überblick

Die nachstehende Chronik ist eine Kurzfassung der »Zeittafel der Vorgeschichte und des Ablaufs der Vertreibung ...«, die 1959 in Bonn vom Bundesministerium für Vertriebene, Flüchtlinge und Kriegsgeschädigte herausgegeben wurde.
Es handelt sich um wörtliche Zitate, die nur z. T. durch Zusätze in Klammern erläutert sind, z. B. »Arciszewski (Chef des polnischen Exilkabinetts in London)«.

1938

29.9.1938	Münchener Abkommen (Großbritannien, Frankreich, Italien, Deutsches Reich) über Anschluß des Sudentenlandes an das Deutsche Reich.
Dezember 1938	Präsident Benesch und (späterer Minister) Ripka erörtern Ausweisung der Sudetendeutschen nach einem erwarteten erfolgreich verlaufenden Krieg.

1939

15.3.1939	Hitler besetzt die Tschechoslowakei; Errichtung des Protektorates Böhmen und Mähren.
1.9.1939	Deutscher Einmarsch in Polen.
17.9.1939	Note der Sowjetregierung an Polen und Einmarsch der Roten Armee in Ostpolen.
19.11.1939	General W. Sikorski (exilpolnischer Ministerpräsident) verkündet bei Presse-Konferenz in London: »Großbritannien und Frankreich stimmen zu, daß Polen in erster Linie eine längere Meeresküste, als sie ihm im Versailler Vertrag zugestanden worden sei, benötige.«

1941

22.6.1941	Das Deutsche Reich erklärt der Sowjetunion den Krieg. Deutsche Truppen marschieren in Rußland ein.
14.8.1941	Atlantik-Charta (Roosevelt und Churchill). Punkt 2 bestätigt: »Die unterzeichnenden Länder wünschen keine Gebietsveränderungen, die nicht mit den frei geäußerten Wünschen der betroffenen Völker übereinstimmen.«
15.8.1941	Beginn der Deportationen der Wolga-Deutschen nach Sibirien und Zentral-Asien, Auflösung der Republik der Wolga-Deutschen in der Sowjetunion.
24.9.1941	Die Sowjetunion und Polen (akzeptieren) nachträglich die Atlantik-Charta. Der exilpolnische Außenminister Raczynski, London, erklärt: »Die künftigen Grenzen Polens sollten Polens Lebensinteresse nach einem breiten Zugang zur See, genügend geschützt vor fremder Einwirkung, und ferner eine wirtschaftliche Entfaltung in einem der Zahl seiner Bevölkerung entsprechenden Verhältnis sichern.«
September 1941	Exil-Präsident Benesch fordert Ausweisung der Sudetendeutschen.
11.12.1941	Deutschland erklärt den USA den Krieg.
16.12.1941	Stalin und Molotow verlangen von Eden (britischer Außenminister) in Moskau Abtretung Ostpreußens an Polen.

1942

September 1942	Die britische Regierung teilt der tschechoslowakischen Exilregierung in London mit, daß sie im Prinzip nichts gegen eine Ausweisung der Sudetendeutschen einzuwenden habe.

1943

14.3.1943	Roosevelt erörtert mit Eden in Washington Überlassung Ostpreußens an Polen, Ausweisung der Deutschen aus Ostpreußen.
12.5.1943	Roosevelt gibt Benesch, der behauptet, bereits die russische Zustimmung zu besitzen, seinerseits Zustimmung zu der geplanten Ausweisung der Sudetendeutschen. Er spricht sich auch für Ausweisung der Deutschen aus Ostpreußen und aus Siebenbürgen aus.

6.6.1943	Botschafter Bogomolow (UdSSR) erklärt sich mit der Ausweisung der Sudetendeutschen einverstanden.
28.11.–1.12.1943	Konferenz von Teheran (Roosevelt, Churchill, Stalin) behandelt u. a. neue polnische Grenzen.
1.12.1943	Churchill schlägt die Oder-Linie als polnische Westgrenze und Abtretung ganz Oberschlesiens an Polen vor. Von der Neiße (westliche oder östliche) ist nicht die Rede. Roosevelt und Churchill stimmten Stalins Forderung nach dem Gebiet von Königsberg zu, der dann bereit war, Churchills Vorschlag zugunsten Polens anzunehmen. Roosevelt regt »Bevölkerungsaustausch« für die betroffenen Gebiete an, Stalin hält Durchführung für möglich.

1944

22.2.1944	Churchill informiert britisches Unterhaus, daß Polen im Norden und Westen zu Lasten Deutschlands Kompensationen erhalten werde, daß die Atlantik-Charta auf Deutschland keine Anwendung findet und daher Gebietsübertragungen und Grenzberichtigungen zu Lasten des Feindeslandes zulässig sind.
August 1944	Russische Truppen sind in Teilen Ostpreußens eingedrungen.
Oktober 1944	Volksdeutsche aus Nord-Siebenbürgen und Ungarn werden behördlich evakuiert nach Österreich und Schlesien; Beginn der Flucht aus dem Memelland und aus Ostpreußen nach Pommern.
21.11.1944	Internierung der Volksdeutschen und Liquidation ihres Besitzes in Jugoslawien beginnt.
10.12.1944	De Gaulle und Außenminister Bidault schließen in Moskau den sowjetisch-französischen Freundschaftsvertrag und kommen überein, das linke Rheinufer an Frankreich, Ostpreußen, Pommern und Schlesien an Polen fallen zu lassen.
15.12.1944	Churchill billigt vor dem britischen Unterhaus eine Ausweitung Polens nach dem Westen mit 200 Meilen Ostseeküste sowie die totale Austreibung der Deutschen aus den an Polen fallenden Gebieten. Starke Bedenken gegen Massenvertreibungen werden von einigen Abgeordneten erhoben.

17.12.1944	Arciszewski (Chef des polnischen Exilkabinetts in London) antwortet Churchill, verlangt Ostpreußen, Oberschlesien und Teile von Pommern für Polen, wünscht jedoch weder Breslau noch Stettin.
Dezember 1944 bis Januar 1945	Volksdeutsche aus Rumänien, Ungarn und Jugoslawien werden in die Sowjetunion verschleppt.

1945

3.–12.2.1945	Krimkonferenz in Jalta (Churchill, Roosevelt, Stalin): Polen soll durch beträchtlichen Gebietszuwachs im Westen und Norden für Abtretungen im Osten entschädigt werden. Die endgültige Festlegung der Westgrenze Polens ist bis zur Friedenskonferenz zurückgestellt worden. Ein Geheimprotokoll sieht als Reparationen u. a. die Verwendung von Deutschen als Arbeitskräfte vor.
28.2.1945	Maßnahmen gegen die in Polen zurückgebliebenen Deutschen und Volksdeutschen, wie Unterbringung in Arbeitslagern, Vermögensentzug u. ä., laufen an.
Februar 1945 bis April 1945	Massenverschleppungen von Deutschen aus den von der Roten Armee besetzten Gebieten nach der Sowjetunion.
Mai 1945 bis Juni 1945	Behördlich angeordnete, wilde Ausweisung der Deutschen aus polnisch verwalteten Gebieten östlich der Oder-Neiße-Linie durch polnische Miliz erzwungen.
8.5.1945	Bedingungslose Kapitulation der deutschen Wehrmacht und Abschluß der Kämpfe in Europa.
Mai 1945 bis Juni 1945	Aus den Gebieten östlich der Oder-Neiße-Linie vor den Kämpfen ausgewichene Deutsche versuchen in die Heimat zurückzukehren, vor allem aus der Tschechoslowakei und aus der russischen Besatzungszone in Deutschland.
14.6.1945	Beginn der Ausweisung der Sudetendeutschen auf Anweisung örtlicher tschechischer Militärkommandanten.
Ende Juni 1945	Alle Deutschen, die in einem Abstand von 100 bis 200 km östlich der Oder und der westlichen Neiße leben, werden plötzlich ausgewiesen.
17.7.1945 bis 2.8.1945	Konferenz in Potsdam (Stalin, Churchill/Attlee, Truman).

2.8.1945	Potsdamer Erklärung – Art. IX: »Die drei Regierungschefs bekräftigen ihre Auffassung, daß die endgültige Festlegung der Westgrenze Polens bis zu der Friedenskonferenz zurückgestellt werden soll.« – Art. XIII: »Die drei Regierungen erkennen an, daß die Überführung der deutschen Bevölkerung oder Bestandteile derselben, die in Polen, der Tschechoslowakei und Ungarn zurückgeblieben sind, nach Deutschland durchgeführt werden muß.«
7.8.1945	Schreiben von Propst Grüber, Berlin, an den Lordbischof von Chichester, England: »Gott schenke den Christen in aller Welt offene Ohren, die Notschreie der deutschen Menschen zu hören, die auf den Landstraßen sterben und verkommen.« – Tausende von Leichen spülen die Oder und Elbe ins Meer ... Tausende von Leichen hängen in den Wäldern um Berlin ... Tausende und Zehntausende sterben auf den Landstraßen vor Hunger und Entkräftung ... Kinder irren umher, die Eltern erschossen, gestorben, abhandengekommen.«
Oktober 1945 bis 1948	Austreibung der Deutschen aus Polen und aus den polnisch verwalteten deutschen Provinzen jenseits der Oder-Neiße-Linie (Einzeltransporte bis zum Jahre 1950).

1946

2.6.1946	Ansprache des Papstes zur Not der Kriegsgefangenen und Vertriebenen. Er fordert Schluß mit dem System der Gefängnisse und Konzentrationslager.

1948

24.3.1948	Die Konzentrationslager für Deutsche werden in Jugoslawien aufgehoben.

5. Opfer der Roten Armee

»Die Russen kommen!«

Für den Einmarsch der Roten Armee in Ostdeutschland hat das Bundesarchiv den folgenden charakteristischen Geschehensablauf rekonstruiert:

»Sowjetische Panzer, die in den Gemeinden erschienen, haben diese, wie allgemein berichtet wird, schnell wieder verlassen. Ihnen folgende Formationen besetzten unmittelbar darauf Städte und größere Landgemeinden, wo Kommandaturen gebildet wurden; von dort aus wurden in den nächsten Tagen Kommandos in die kleineren Landgemeinden entsandt. Soldaten und auch Offiziere drangen in die Häuser ein. Soweit sie deren Bewohner noch vorfanden, verlangten sie zunächst Uhren und andere Wertgegenstände, stürzten sich hemmungslos auf Frauen, um sie zu vergewaltigen, wobei weder Kinder noch Greisinnen verschont wurden. Sie schossen sie nieder, sofern sie sich wehrten, ebenso Ehemänner und Väter, die sie zu schützen versuchten. In dieser Weise vollzogen sich nach den Aussagen im Berichtsmaterial in den ersten Tagen nach der sowjetischen Besetzung die Mehrzahl der Erschießungen oder Tötungen auf andere Weise durch Dolchstiche und Erschlagen, denen eine große Zahl, möglicherweise sogar die Mehrzahl der Menschen, die durch die sowjetischen Truppen einen gewaltsamen Tod gefunden haben, zum Opfer fiel.«[1]

Da die Dokumentation des Bundesarchivs mehrere Jahre nach der entsprechenden Dokumentation des Bundesvertriebenenministeriums ausgearbeitet wurde, ergaben sich in einzelnen Punkten auch neue Erkenntnisse, z. B. beim Kreis der Opfer. Dazu vermerkt das Bundesarchiv:[2]

»Es wurden nicht, wie es in der einleitenden Darstellung zur ›Dokumentation der Vertreibung der Deutschen aus Ost-Mitteleuropa‹ heißt, ›von den Erschießungen durch einrückende sowjetische Truppen zunächst vor allem Personen betroffen, die exponierte Parteistellen innehatten oder bestimmten nationalsozialistischen Organisationen angehörten‹ und die offenbar durch die den sowjetischen Truppeneinheiten beigegebenen politischen Kommissare aufgespürt worden waren. Befanden sich doch unter den in den Gemeinden Zurückgebliebenen nur noch selten Personen, die exponierte Stellungen bekleidet hatten. In der Mehrzahl waren es Menschen:

- die nicht mehr hatten fliehen können, da die Räumung ihrer Gemeinden zu spät oder überhaupt nicht angeordnet worden war, oder
- Bewohner von Stadtgemeinden, für deren Räumung nur begrenzte Transportmöglichkeiten mit der Eisenbahn bestanden, oder

– Personen, die nicht fliehen wollten, wie vielfach Frauen, deren Männer bei der Wehrmacht waren und die sich mit ihren Kindern nicht von zu Hause entfernen wollten, oder
– körperlich Behinderte und alte Menschen, die die Strapazen der Flucht fürchteten;
– in Landgemeinden blieben aber auch Bauern zurück, die sich von dem ererbten Hof nicht trennen wollten.«

Opfer von Verbrechen wurden demnach zunächst Parteilose, Nazis und Antifaschisten ohne Unterschied. »Man konnte Enttäuschung und Verzweiflung derer erleben, die als Sozialisten und Kommunisten Feinde der Partei gewesen waren und den Tag der Besetzung oder, wie sie dachten, der Befreiung durch die Russen herbeigesehnt hatten.«[4] Später bildeten sich z. T. kurzlebige deutsche Verwaltungen aus Kommunisten und anderen Hitler-Gegnern.[5]

Nemmersdorf

Was 1944 in Nemmersdorf/Ostpreußen geschah, sollte sich bald hundertfach in anderen Teilen Ostdeutschlands wiederholen. Die Ereignisse von Nemmersdorf sind aber in zweifacher Hinsicht bedeutsam: Die Greueltaten in dieser Ortschaft gehören nicht nur neben den Morden von Katyn zu den gut dokumentierten Fällen sowjetischer Verbrechen im Zweiten Weltkrieg; sie waren auch mit ursächlich für die Flucht von Millionen vor der Roten Armee.[6]

Dok. 1

Bericht über russische Greueltaten in Nemmersdorf/Ostpreußen[7]

»Meine Volkssturmkompanie erhielt dann den Befehl, in Nemmersdorf aufzuräumen …
An dem ersten Gehöft, links von dieser Straße, stand ein Leiterwagen. An diesem waren 4 nackte Frauen in gekreuzigter Stellung durch die Hände genagelt. Hinter dem ›Weißen Krug‹ in Richtung Gumbinnen ist ein freier Platz mit dem Denkmal des Unbekannten Soldaten. Hinter diesem freien Platz steht wiederum ein großes Gasthaus ›Roter Krug‹. An diesem Gasthaus stand längs der Straße eine Scheune. An den beiden Scheunentüren waren je eine Frau, nackt in gekreuzigter Stellung, durch die Hände angenagelt. Weiter fanden wir dann in den Wohnun-

gen insgesamt 72 Frauen einschließlich Kinder und einen alten Mann von 74 Jahren, die sämtlich tot waren, fast ausschließlich bestialisch ermordet bis auf nur wenige, die Genickschüsse aufwiesen. Unter den Toten befanden sich auch Kinder im Windelalter, denen mit einem harten Gegenstand der Schädel eingeschlagen war. In einer Stube fanden wir auf einem Sofa in sitzender Stellung eine alte Frau von 84 Jahren vor, die vollkommen erblindet (gewesen) und bereits tot war. Dieser Toten fehlte der halbe Kopf, der anscheinend mit einer Axt oder Spaten von oben nach dem Halse weggespalten war.
Diese Leichen mußten wir auf den Dorffriedhof tragen, wo sie dann liegen blieben, weil eine ausländische Ärzte-Kommission sich zur Besichtigung der Leichen angemeldet hatte. So lagen diese Leichen dann 3 Tage, ohne daß diese Kommission erschien. Inzwischen kam eine Krankenschwester aus Insterburg, die in Nemmersdorf beheimatet war und hier ihre Eltern suchte. Unter den Ermordeten fand sie ihre Mutter von 72 Jahren und auch ihren alten schwachen Vater von 74 Jahren, der als einziger Mann zu diesen Toten gehörte. Diese Schwester stellte dann fest, daß alle Toten Nemmersdorfer waren.
Am 4. Tage wurden dann die Leichen in zwei Gräbern beigesetzt. Erst am nächsten Tage erschien die Ärzte-Kommission, und die Gräber mußten noch einmal geöffnet werden. Es wurden Scheunentore und Böcke herbeigeschafft, um die Leichen aufzubahren, damit die Kommission sie untersuchen konnte. Einstimmig wurde dann festgestellt, daß sämtliche Frauen wie Mädchen von 8 – 12 Jahren vergewaltigt waren, auch die alte blinde Frau von 84 Jahren. Nach der Besichtigung durch die Kommission wurden die Leichen endgültig beigesetzt.«

Folgendes hatte sich zugetragen:
Am 19. Oktober 1944 eroberten die Russen die Kreise Goldap und Gumbinnen in Ostpreußen. Am 5. November wurden sie durch eine Gegenoffensive wieder zurückgeworfen. Was die deutschen Soldaten in Nemmersdorf und anderen Gemeinden vorfanden, überstieg jedes menschliche Vorstellungsvermögen. Es ist nicht verwunderlich, wenn die Berichte über Nemmersdorf von den Westmächten zunächst für Propaganda gehalten wurden.[8] Beweismaterial ist aber mehr als reichlich vorhanden. Der Bericht einer internationalen Ärztekommission ist zwar verlorengegangen[9], dafür existieren Presse- und Fotoreportagen in- und ausländischer Journalisten[10], die sofort nach dem Vorfall verständigt wurden.

Im Genfer »Courrier« schreibt z. B. ein Schweizer Korrespondent am 7.11.1944[11] über seine Eindrücke aus Ostpreußen: »... Verstümmelung und Hinrichtung von Gefangenen und die fast vollständige Ausrottung der deutschen bäuerlichen Bevölkerung, soweit sie in ihrem Gebiet geblieben war ... In Brauersdorf habe ich selbst zwei Landarbeiter französischer Herkunft gesehen, ehemalige Kriegsgefangene, die ebenfalls massakriert wurden. Einer konnte identifiziert werden. Nicht weit davon dreißig deutsche Gefangene, die dasselbe Schicksal erlitten hatten. Ich verschone Sie mit der Schilderung der Verstümmelungen ...«

Außer einer großen Zahl anderer Berichte[12] von Augenzeugen interessieren hier vor allem die Ermittlungen der Wehrmacht-Untersuchungsstelle, einer Zentralstelle zur Ermittlung alliierter Völkerrechtsverletzungen im Zweiten Weltkrieg. Das Aktenmaterial dieser Stelle wurde erst sehr spät freigegeben und von einem amerikanisch-holländischen Forscherteam kritisch überprüft. Die Ergebnisse der Arbeit erschienen 1979 in Buchform.[13] Es würde zu weit führen, die Stellung der Heeresrichter, mit denen die Wehrmacht-Untersuchungsstelle besetzt war, im Dritten Reich im allgemeinen zu beschreiben oder ihr überraschend energisches Einschreiten gegen Verbrechen und Übergriffe deutscher Soldaten oder gar ihren verzweifelten Kampf gegen Judenmorde.[14] Als Fazit ist nur festzuhalten, daß auch im Fall Nemmersdorf kein Anlaß besteht, die Ermittlungen der Wehrmacht-Untersuchungsstelle in Frage zu stellen.

Dok. 2

Die »Wehrmacht-Untersuchungsstelle für Verletzungen des Völkerrechts« und ihre Beurteilung nach heutigen Erkenntnissen:

»Zusammenfassend führen die innere Folgerichtigkeit der Akten der Wehrmacht-Untersuchungsstelle, die heutigen Aussagen der damals beteiligten Personen und der Vergleich mit anderen historischen Quellen zu dem Ergebnis, daß die Wehrmacht-Untersuchungsstelle eine gewissenhafte justizkonforme Dokumentation betrieben hat, was vielleicht auch damit zu erklären ist, daß die beiden leitenden Personen, Johannes Goldsche und sein Vorgesetzter Dr. Rudolf Lehmann, Chef der Wehrmachtrechtsabteilung, alte Richter waren, die trotz ihrer herausgehobenen Stellungen der NSDAP nicht angehörten und dem Gedankengut des Nationalsozialismus fernstanden.«[15]

Gewisse Details der Nemmersdorf-Berichte sind aber trotzdem so unfaßbar, daß einzelne Historiker immer wieder den Drang verspürt haben, eine zusätzliche Bestätigung zu finden. Der amerikanische Historiker und Völkerrechtler de Zayas schreibt z. B.:[16] »Auf Berichte über deutsche Zivilisten, meistens Frauen, die an Scheunentore genagelt worden waren, stößt man hier und da in der umfangreichen Sammlung von Erklärungen in den Ostdokumenten. Dieser besondere Vorfall ist dem Verfasser in Gesprächen mit deutschen Flüchtlingen aus Ostpreußen und Schlesien bestätigt worden, aber auch von Belgiern, die als Kriegsgefangene in Ostpreußen gewesen waren und nach ihrer Befreiung 1945 durch die Rote Armee Zeugen solcher Vorfälle wurden.« Zu ergänzen wäre, daß die Kreuzigung von Frauen auch 1915 beim Völkermord an den Armeniern vorkam[17] – alptraumhafte Wiederholungen der Geschichte!

Vergewaltigung

Unter den Verbrechen der Roten Armee haben besonders die Massenvergewaltigungen den Abscheu der zivilisierten Welt erregt; z. B. schreibt der US-General Frank A. Keating über die Sowjetsoldaten:[18] »In vielen Fällen war ihr hemmungsloses Treiben dem der barbarischen Horden von Dschingis-Khan zu vergleichen.« Die Dokumentation des Bundesarchivs vermerkt dazu:[19]

»Es handelt sich bei den Vergewaltigungen von Frauen und Mädchen durch sowjetische Soldaten und Offiziere nicht etwa um Einzelfälle, sondern um ein Massenvergehen. Sie sind als eine der grauenhaftesten völkerrechtswidrigen Gewalttaten zu verzeichnen.

Sie haben in massenhaftem Ausmaß bei und nach der Besetzung der östlichen Reichsgebiete stattgefunden, auch in den Kreisen, die erst nach der Kapitulation der Wehrmacht besetzt wurden ... Nicht verschont blieben Schwangere, Minderjährige, Insassinnen von Altersheimen, Schwestern in Krankenhäusern und in Klöstern. Viele Frauen mußten in vielfacher Folge nacheinander Vergewaltigung erdulden, selbst bis zur Todesfolge. Auch wurden Frauen nach den Vergewaltigungen getötet und ihre Leichen in sadistischer Weise geschändet. Viele Frauen sind durch Geschlechtskrankheiten infiziert worden. In erheblicher Anzahl haben die Frauen Selbstmord verübt, um den wiederholten Vergewaltigungen zu entgehen.

Seitens der sowjetischen Kommandaturen ist zumindest in der ersten Zeit der Besetzung gegen die Vergewaltigungen nicht eingeschritten worden. Aber auch später hatten dort erhobene Klagen der Bevölkerung nur wenig Erfolg.«

Die Aussagen ehemaliger Kriegsgefangener in Deutschland bestätigen das kaum vorstellbare Ausmaß der Sexualverbrechen. So berichteten gefangene Engländer nach ihrer Rückkehr in die britische Besatzungszone:[20]

»Im Gebiet um unser Internierungslager, wo die Städte Schlawe, Lauenburg, Buckow und viele größere Dörfer lagen, vergewaltigten die Roten Soldaten in den ersten Wochen nach der Eroberung jede Frau und jedes Mädchen zwischen 12 und 60 Jahren. Das klingt übertrieben, ist aber die Wahrheit. Die einzigen Ausnahmen bildeten die Mädchen, denen es gelang, sich in den Wäldern zu verstecken, oder die genug Geistesgegenwart hatten, um eine Krankheit vorzutäuschen – Typhus, Diphtherie oder eine andere ansteckende Sache.«

Alexander Solschenizyn beschreibt in seinem Gedicht »Ostpreußische Nächte« sein Zusammentreffen mit einem deutschen Kommunisten, der die vermeintlichen russischen Befreier mit Brot und Salz begrüßt. Nach einigem Hin und Her wird er abgeführt – sicher ein Spion; man weiß ja, daß alle Deutschen Faschisten sind! Noch im Gehen bittet er, zu Hause nach seiner Frau zu sehen. Aber dort findet man nur noch Tote und Sterbende. Der Dichter beschließt die Episode:[21]

»Wer noch Jungfrau, wird zum Weibe,
und die Weiber – Leichen bald,
Schon vernebelt, Augen blutig,
bittet: ›Töte mich, Soldat!‹«

Auch die deutschen Mitglieder des sowjetisch gelenkten »Nationalkomitee Freies Deutschland« mußten – wie z. B. der »Frontbeauftragte« (deutschsprachiger Propagandist) Zahn – oft Szenen wie diese miterleben:[22] »In Schiedlow, südwestlich Oppeln, sah ich einmal zwanzig Rotarmisten vor der Leiche einer zu Tode geschändeten, sicherlich weit über 60 Jahre alten Frau Schlange stehen. Sie johlten und schrien und warteten darauf, ihre viehischen Gelüste an dem bereits leblosen Körper zu befriedigen. Das war das Fürchterlichste, was ich sah.«

Der Arzt Hans von Lehndorff notiert in seinem »Ostpreußischen Tagebuch«:[24] »Bald hatte keine von den Frauen mehr Kraft zum Widerstand. Innerhalb weniger Stunden ging eine Veränderung mit ihnen vor sich, ihre Seele starb, man hörte hysterisches Gelächter, das die Russen nur noch wilder machte. Kann man überhaupt von diesen Dingen schreiben, den furchtbarsten, die es unter Menschen gibt? Ist nicht jedes Wort eine Anklage gegen mich selbst? Gab es nicht oft genug Gelegenheit, sich dazwischenzuwerfen und einen anständigen Tod zu fin-

Dok. 3

Auf dem Bahnhof Allenstein 1945

Der Träger des Friedenspreises 1981 des Deutschen Buchhandels, der russische Bürgerrechtler und ehemalige Sowjetoffizier Lew Kopelew, berichtet von einem Gang durch den Bahnhof von Allenstein/Ostpreußen:[23]

Hin und wieder in Toter. Vor einem Personenwagen sah ich die Leiche einer kleinen Frau. Das Gesicht vom hochgerutschten Mantel bedeckt, die Beine, in den Knien angewinkelt, auseinandergerissen. Eine dünne Schneeschicht und ein schamhaft darüber geworfener Stoffetzen verhüllten kaum den verkrümmten, geschändeten Körper. Offenbar hatten mehrere sie vergewaltigt und dann getötet, vielleicht war sie aber auch so gestorben, im schrecklichen Kampf erstarrt …

Vom Nachbarwagen herüber plötzlich eine leise Altfrauenstimme: »Soldat, Soldat!«

Ich gehe hin, klettere auf den Wagen. Zwischen Kisten verschiedener Größe ein Nest aus Matratzen und Kissen. Darin eine in Schals und Tücher gewickelte Person, eine dunkle, schneegepuderte Kapuze, halb verborgen darin ein dreieckiges, verhutzeltes Gesichtchen. Große, helle Augen. Sie blicken ganz ruhig, verständig, sogar freundlich.

»Wie sind denn Sie hierhergeraten, Großmutter?«

Sie wundert sich nicht einmal, daß ich deutsch spreche. »Bitte Soldat, erschieß mich. Bitte sei so gut.«

»Wo denken Sie hin, Großmutter! Haben Sie keine Angst, es geschieht Ihnen nichts Böses.«

Zum wievielten Mal wiederhole ich nun schon diese Standardlüge! Nichts Gutes wird ihr geschehen.

»Wohin wollten Sie fahren? Haben Sie Verwandte hier?«

»Niemanden habe ich. Tochter und Enkel wurden gestern von euren Soldaten erschlagen. Der Sohn kam schon früher im Krieg um. Und der Schwiegersohn ist wahrscheinlich auch tot. Alle sind tot. Ich brauche nicht mehr zu leben, ich kann nun auch nicht mehr leben.«

Sie spricht ganz gelassen, einfach, ohne Phrase. Kein Jammern, keine Träne. Völliges Abgeschlossenhaben mit dem Leben. Nur von daher kann eine solche Ruhe kommen. Und, vielleicht, aus Demut und aus dem Bewußtsein menschlicher Würde.

Dok. 4

Leidensweg einer Frau

Die Verfasserin berichtet, wie sie zusammen mit anderen Frauen für Vergewaltigungen ausgesucht wird, die in einem dafür bestimmten Gebäude stattfinden sollen. Sie fährt fort:[28]
»Diese Vergewaltigungen wiederholen sich täglich zweimal, jedesmal mehrere Soldaten, bis zum 7. Tag. Der 7. Tag war mein schrecklichster Tag, ich wurde abends geholt und morgens entlassen. Ich wurde am Geschlecht ganz aufgerissen und hatte armstarkes Geschwulst vom Geschlechtsteil an beiden Oberschenkeln bis an die Knie. Ich konnte nicht mehr laufen und nicht liegen. Dann folgten noch 3 dieser schrecklichen Tage wie bis zum 6. Tag. Dann waren wir nach Ansicht der russischen Soldaten fertig und wurden nackt aus diesem Höllenraum herausgejagt. Andere Frauen traten an unsere Stelle. Eine ältere Frau gab mir eine Decke. Diese Scheußlichkeiten wurden im Beisein von 10 Frauen und oft auch im Beisein der eigenen Kinder durchgeführt. Meinen beiden Kindern blieb jedoch dieses erspart. In diesen schrecklichen Tagen erhielten wir kein Essen, sondern nur Alkohol und Zigaretten.
Danach mußten wir zur Unkenntlichkeit gemarterten Frauen uns sammeln und wurden auf den Todesmarsch nach … Preußisch-Holland gesetzt.
Man muß überlegen, daß wir keine Schuhe mehr an den Füßen hatten. Wir haben uns Sacklappen um die Füße gebunden, und ich nahm ein Kind auf den Arm und das andere an die Hand. Unter Begleitung russischer Soldaten wurden wir vorwärts getrieben …«
Anschließend beschreibt die Verfasserin die unmenschlichen Strapazen und die vielen Todesfälle des Marsches.
Zum Schluß berichtet sie von ihren bleibenden psychischen und physischen Schäden.

den? Ja, es ist Schuld, daß man noch lebt, und deshalb darf man dies alles auch nicht verschweigen.«
An einer anderen Stelle beschreibt der Arzt seine tiefe Dankbarkeit, als er vom Tod seiner Mutter hört; sie war sofort erschossen worden.[25]
Nach vorsichtigen Schätzungen sind allein im östlichen Deutschland mindestens zwei Millionen Frauen von Rotarmisten vergewaltigt wor-

den.[25a] Berücksichtigt man auch noch die sowjetischen Exzesse in Ungarn, Jugoslawien und Polen, so ist von der größten Massenvergewaltigung auszugehen, die Europa je gesehen hat.
Zum Schluß dieses Kapitels der Unmenschlichkeit sollte man an die Menschlichkeit der Russen erinnern, die sich der Raserei entgegengestellt haben. Lew Kopelew z. B. wurde verhaftet mit der Begründung: »Kleinbürgerlicher Humanismus, Mitleid mit dem Feind, Schwächung der Kampfkraft der Roten Armee«. Wegen seiner Kritik an den sowjetischen Verbrechen beim Einmarsch in Deutschland wurde auch Alexander Solschenizyn verhaftet und für acht Jahre in den Archipel GULAG verbannt.[26] Weitere Fälle sind überliefert.[27]

Tod auf der Flucht

Der Tod im Osten hatte viele Gesichter. Nemmersdorf war nur eines davon. Es sind folgende weitere Komplexe zu nennen:
1) Tod auf der Flucht durch Kälte, Erschöpfung, Hunger, Hungertyphus oder Vernichtung von Flüchtlingstrecks;
2) Tod in Gefängnissen und Lagern;
3) Zwangsarbeit und Deportation;
4) Verelendung und Hungertod der verbliebenen Bevölkerung.
Den Strapazen der Flucht erlagen meist kleine Kinder, Alte und Kranke. Bei der Vernichtung von Flüchtlingstrecks lassen sich Kampfhandlungen und Kriegsverbrechen nicht leicht auseinanderhalten. Es liegen Anhaltspunkte für Anweisungen an russische Tiefflieger vor, grundsätzlich auf Kolonnen zu schießen, »da dort Soldaten zu vermuten seien«. Flüchtlingskolonnen wurden außerdem oft durch Panzer beschossen. – Soweit die Panzerspitzen der Roten Armee Trecks überrollten, wurden diese meist von nachfolgenden Einheiten geplündert, wobei Tötungen und schwere Vergewaltigungen vorkamen.[29]
Gut dokumentiert ist die Versenkung von Flüchtlingsschiffen. Der Untergang der »Wilhelm Gustloff« mit über 9300 Todesopfern ist bis heute die größte Katastrophe der Schiffahrtsgeschichte geblieben. Von 6000 bis 7000 Flüchtlingen an Bord der »Goya« – die Mannschaften usw. nicht gerechnet – konnten z. B. nur 183 gerettet werden.[30] Zum Vergleich: Beim Untergang der »Titanic« starben 1513 Menschen. Sehr viele Flüchtlinge starben schließlich bei dem anglo-amerikanischen Luftangriff vom 13./14. Februar 1945 auf Dresden, wo sich neben über 600 000 Einwohnern Hunderttausende schlesischer Flüchtlinge aufhielten. Bei der Zahl der Bombentoten schwanken die Schätzungen zwischen 25 000 und 400 000.[31]

Wolfgang Schaarschmidt hat in seinem 2005 erschienenen Buch »Dresden 1945« die zahlreichen Schätzungen zusammengefaßt, das jeweilige Für und Wider abgewogen und letztlich Zahlenangaben zwischen 90 000 und 200 000 für denkbar gehalten. Zum Vergleich: Bei allen deutschen Luftangriffen auf England während des Zweiten Weltkriegs starben nach Erkenntnissen von Premierminister Tony Blair insgesamt 20 000 Menschen.[32]

Die moralische und völkerrechtliche Seite des Flächenbombardements von Wohnvierteln[33] soll hier nicht näher erörtert werden. Lediglich Gerhart Hauptmann sei zitiert, der damals schrieb: »Wer das Weinen verlernt hat, der lernt es wieder beim Untergang Dresdens.«

Internierung und Verelendung

Jenseits von Oder und Neiße zwang man die Zurückgebliebenen vielfach zu sog. Propagandamärschen[34], um ihre Wohnungen besser plündern zu können. Andere schickte man auf sog. Verschleppungsmärschen in Sammellager und große Gefängnisse. Auf diesen Märschen wurde erschossen oder erschlagen, wer wegen Erschöpfung nicht weiterkonnte.[35] Über die Zustände in den Lagern berichtet die Dokumentation der Vertreibungsverbrechen:[36]

»Tausende von Todesopfern forderten die unmenschlichen Verhältnisse in den sowjetischen Lagern und großen Gefängnissen. Als Beispiele seien hier angeführt das Lager Pr. Eylau und das Zentralgefängnis in Graudenz. Im Lager Pr. Eylau verstarben nach übereinstimmender Überlieferung ca. die Hälfte von 12 000 bis 14 000 Insassen im Jahre 1945 an Hungertyphus und anderen durch Hunger verursachten Krankheiten. Im Zentralgefängnis Graudenz, das 1945 als sowjetischer Gewahrsamsort für Deutsche diente, starben von ca. 8000 Insassen ca. 5000 an Ruhr und Flecktyphus.«

Die Fahndung nach Nazis bzw. dem, was die Sowjets darunter verstanden, verlief meistens planlos und willkürlich.[37] Sie diente offenbar in erster Linie dazu, Zwangsarbeiter für den Einsatz in der Sowjetunion zu bekommen. Dazu wieder die Dokumentation des Bundesarchivs:[38]

»Die Verhafteten wurden in Gefängnisse oder in sogenannte GPU-Keller verbracht und tage- und wochenlangen Verhören unter Bedrohung mit Schußwaffen unterworfen. Es fanden hier schwerste Mißhandlungen, in Einzelfällen mit Todesfolge, statt, um von den Verhafteten eine Unterschrift zu erzwingen, daß sie einer Parteiorganisation angehört haben, wie dieses durch zahlreiche Aussagen übereinstimmend überliefert ist. Die meisten der Verhafteten sind, wie dem Berichtsmaterial zu entnehmen ist, in die Arbeitslager der Sowjetunion verschleppt worden. Offenbar handelte es sich um Personen, die die von ihnen geforderte Unterschrift geleistet haben. Andere, von denen eine Erklärung über eine Zugehörigkeit zu NS-Organisationen trotz der Folterungen nicht zu erlangen war, wurden schließlich entlassen. Ausreichende Aussagen zur Klärung der Frage, ob Exekutionen bei bzw. nach den Verhören stattgefunden haben, waren im Berichtsmaterial nicht zu ermitteln.«

Das nördliche Ostpreußen hatte die Sowjetunion annektiert; hier wurde die Existenzgrundlage der Bevölkerung nach der Besetzung fast völlig zerstört: Krankenhäuser und Wohngebäude wurden verbrannt oder gesprengt, Lebensmittelvorräte vernichtet.[39] Das Vieh trieb man weg, ließ es aber bald verenden, und so lag an vielen Orten das tote Vieh herum, oft tote Bauern daneben – wie das Vieh. Am schlimmsten war es in den großen Städten, wo Flugblätter und Kapitulationsurkunden den Bürgern die Unversehrtheit von Gut und Leben versprochen hatten.[40] Neben Vergewaltigung und Plünderung gehörten hier vor allem Brandstiftungen zum Zeitvertreib der sowjetischen Besatzungssoldaten. Joachim Konrad z. B., der Stadtdekan von Breslau, ließ eine Brandwache aufstellen und registrierte bis etwa vier Wochen nach der Kapitulation täglich 20 bis 30 Großbrände in seiner Gemeinde.[41] Der Hunger war in den Großstädten so stark, daß viele Menschenfleisch aßen; auf dem Luisenmarkt in Königsberg wurden sogar Klopse aus Menschenfleisch angeboten, was mehrfach bezeugt ist.[42]

Von ca. 100000 zurückgebliebenen Königsbergern starben über 75000.[43] Charakteristisch ist eine Äußerung von Kindern, die ein Arzt in Königsberg vor typhusverseuchtem Wasser gewarnt hatte: »Ach was, ist ja ganz egal, woran wir kaputtgehen. Raus kommen wir ja doch nicht.«[44]

Ausführliche Berichte aus dem Ostpreußen jener Tage enthalten Lew Kopelews »Aufbewahren für alle Zeit« und Hans Graf von Lehndorffs »Ostpreußisches Tagebuch«; beide Bücher sind Werke von hohem zeitgeschichtlichem und literarischem Rang.

Die Wolgadeutschen

In seiner Geheimrede auf dem XX. Parteitag der KPdSU geißelte der Erste Parteisekretär Chruschtschow am 25.2.1956 die Deportation der kleinen islamischen[45] Völker asiatischer Herkunft im Nordkaukasusgebiet während des Krieges. Er sprach auch davon, daß die Ukrainer diesem Schicksal nur aufgrund ihrer großen Zahl entgangen seien.

Nicht erwähnt wurden vorerst die Krimtataren und die Wolgadeutschen, ganz zu schweigen von den Griechen aus dem Westkaukasus und den Koreanern aus dem Raum Wladiwostok, von deren Verschleppung selbst viele Historiker noch keine Kenntnis genommen haben.[46]
Bei den Wolgadeutschen dürfte Chruschtschows Vergeßlichkeit darauf beruhen, daß einige seiner engsten Freunde in die Aktion verstrickt waren.[47]

Dok. 5

Die Vernichtung der Wolgadeutschen Republik[48]

»Zum Chef des Deportationskommandos war Iwan Serow, langjähriger Leiter der NKWD in der SSR Urkaine, ernannt worden, ein Freund Chruschtschows. Er war beauftragt, nicht nur die Deportationen durchzuführen, sondern auch die Anschuldigungen entsprechend zu begründen. Serow ließ ein Bataillon von GPU-Fallschirmjägern in deutsche Uniformen stecken und diese über den deutschen Siedlungen abspringen. In der Meinung, deutsche Soldaten vor sich zu haben, die gekommen waren, um sie mit der Waffe in der Hand zu befreien, fielen die Wolgadeutschen auf diesen Trug herein. Dann kam der entsetzliche Augenblick, in dem die vermeintlichen Befreier plötzlich ihre Absichten erkennen und die Waffen sprechen ließen. Ein gräßliches Blutbad war die Folge. Wahllos wurden nun Männer und Frauen zusammengetrieben und zum Teil noch an Ort und Stelle erschossen. Große Gruppen anderer wurden als ertappte Saboteure und Spione weggeführt, Folterungen unterworfen, um für alle Fälle auch noch schriftliche Schuldbekenntnisse von ihnen zu erpressen. So sind Zehntausende von Wolgadeutschen als Kriegsverbrecher, gleich ob es sich um Frauen, Greise, Kinder, um Kommunisten, Funktionäre, Lehrer, Geistliche oder um Bauern oder Arbeiter handelte, in großen Massentransporten weggeführt worden. Vielfach wurden bereits auf dem nächsten Verladebahnhof Männer und noch halbe Knaben von ihren Familienangehörigen getrennt ...«
(Zitat aus Alfred Bohmann: Strukturwandel der deutschen Bevölkerung im sowjetischen Staats- und Verwaltungsbereich, Bd. 3 des Werks »Menschen und Grenzen«)

Wie die Krimtataren hat man auch die Bewohner der autonomen Wolgadeutschen Republik (Wolgadeutsche ASSR) und die anderen Rußlanddeutschen später verbal, aber nicht faktisch rehabilitiert. Insgesamt wurden mindestens 900 000 Rußlanddeutsche verschleppt. Dazu kamen nach dem Krieg noch ca. 300 000 zwangsrepatriierte Flüchtlinge.[49] Die Verschleppung der Rußlanddeutschen stellt die einzige Vertreibung von Westen nach Osten dar. Ziele waren der Ural, Sibirien oder andere asiatische Landesteile, vor allem Kasachstan. Sehr hohe Verluste an Menschenleben ergaben sich durch die katastrophale Unterbringung an den Zielorten (vor allem im Winter), durch ebensolche Zustände während des Transports und teilweise durch Massaker beim Abtransport wie im Fall der Wolgadeutschen.

Verschleppung zur Zwangsarbeit

»Paradoxerweise ist gerade jenes Land, das sich selbst ›sozialistisch‹ nennt und dessen Regierungsform als ›Arbeiterrepublik‹ bezeichnet wird, das Zentrum der umfangreichsten und schlimmsten Sklavenhaltung, die heute noch auf der Erde existiert.« Diese ernüchternde Feststellung mußte der amerikanische Gewerkschaftsbund (American Federation of Labor) in seinem Manifest vom März 1947 machen. Wenn hier von Sklaven gesprochen wird, so ist das nicht übertrieben, sondern eher untertrieben.

Am Vorabend des amerikanischen Bürgerkrieges kostete ein guter schwarzer Landarbeiter 1800 Dollar[50], ein stattliches Kapital, wenn man die damalige Kaufkraft des Dollars bedenkt. Aufgrund ihres Werts wurden die Sklaven immerhin gehalten wie wertvolle Haustiere. Kein Farmer hätte daran gedacht, seinen »Nigger« willkürlich zu töten oder verhungern zu lassen.

Anders die Sowjetunion: Ihr stand bis zur Linie Kiel – Triest die Sklavenjagd offen, ganz abgesehen von den Millionen deutscher Kriegsgefangener und russischer Flüchtlinge, die ihr von den westlichen Demokratien zugeliefert wurden; von ihnen wird später noch die Rede sein. Der Kurswert der Sklaven war minimal. Allein aus der deutschen Zivilbevölkerung wurde fast eine Million Menschen unter unmenschlichen Bedingungen zur Zwangsarbeit verschleppt.[51]

Von den sog. Reparationsverschleppten[52], der größten Gruppe innerhalb der Deportierten, starb fast die Hälfte – 45 Prozent.[53]

Arbeitssklaven holte sich die Sowjetregierung aus mehreren osteuropäischen Ländern, vor allem aus Rumänien, Ungarn, Polen und dem Baltikum. Was die deutschen Verschleppten anging, so kamen sie in erster Linie aus den Oder-Neiße-Gebieten, Polen und den deutschen

Sprachinseln auf dem Balkan. Auch geflüchtete Rußlanddeutsche wurden bekanntlich nach dem Krieg zwangsrepatriiert und z. T. als Zwangsarbeiter verwendet.

Allein auf den Transporten nach Rußland starben bis zu zehn Prozent der Deportierten an Hunger, Kälte und Mißhandlungen; meistens bildeten das Ende des Zuges zwei besondere Wagen für die Toten des Transports.[54] Aber der Transport war erst die Vorhölle. Über die Zustände in den Kolyma-Lagern, die zu den schlimmsten Lagern der Sowjetunion zählten, läßt Nikolai Tolstoy eine deutsche Jüdin zu Wort kommen; sie schildert das Los junger Frauen, die z. T. des ukrainischen Nationalismus verdächtig waren:[55] »Sie kamen als junge Mädchen an, doch Kolyma verwandelte sie sofort in vollausgewachsene Prostituierte ... Doch warum brachen die sowjetischen Offiziere, die die Sieb-

Dok. 6

Ordensschwestern bei der Zwangsarbeit

Einer der wenigen Briefe von Verschleppten, der im Westen ankam, ist der folgende einer Vinzentinerin:[56]

»Meine lieben Eltern! Nun gibt sich doch eine Gelegenheit, Euch ein Lebenszeichen zu schicken. Aber ob mein Briefchen ankommt? Ob Ihr mich schon gestorben glaubtet? ... Es ist so furchtbar, was wir etwa 1500 Schwestern durchmachen. Wir werden wie Tiere behandelt, mit Schlägen zur Arbeit und von ihr zurückgetrieben. Wir gelten weniger als Tiere, denn auf uns wird gar keine Rücksicht genommen, ob wir zusammenbrechen und tot liegen bleiben oder ob uns eine Wache zu Tode prügelt, ist ganz gleichgültig. Wortlos, mit mutlosem Herzen, fast stumm, wanken wir zur Arbeit. Und wenn die Arbeit nicht rasch genug vorangeht oder die Wache schlecht gelaunt ist, dann saust die Peitsche auf uns. Erst hatten wir an einer großen Brücke über den Dnjepr gearbeitet, schwerste Männerarbeit. Eisenbalken tragen und schieben, hoch über dem breiten Fluß. Wer zusammensank, bekam die Peitsche, wer liegen blieb, den stieß der Wärter hinunter in den Fluß. Den ganzen Tag schwerste Arbeit bei ganz trauriger Ernährung, nur etwas schlechtes Brot und eine dünne Suppe. Viele erliegen den Anstrengungen, und wir beneiden sie um den Tod. Gegenwärtig arbeiten wir in einem Bergwerk, den ganzen Tag unter der Erde, in schlechter Luft. Viele starben ...«

zehnjährigen verhörten, den Mädchen die Schlüsselbeine und traten ihnen die Rippen mit ihren schweren Militärstiefeln ein, so daß sie in den Gefängnislazaretten von Kolyma lagen und Blut spuckten?« Tolstoy fährt dann fort: »Das Leben der Frauen in Kolyma war unglücklich, aber kurz. Dafür sorgten Tuberkulose, Syphilis, Unterernährung und Selbstmord.«

Man schätzt, daß nach Ende des Zweiten Weltkriegs mindestens zwölf Millionen Zwangsarbeiter – Russen und Ausländer, Zivilisten und Kriegsgefangene – die düstere Welt der sowjetischen Lager, den Archipel GULAG, bevölkert haben.[57]

6. Unter polnischer Verwaltung

Vorspiele der Vertreibung

Im Fall Polens ist es schwer zu sagen, wann die Vertreibung angefangen hat. Immerhin wurde vor dem Zweiten Weltkrieg etwa eine Million Deutscher veranlaßt, das Land zu verlassen, die meisten davon in den zwanziger Jahren.[1] Als die Tschechoslowakei im September 1938 das gemischtnationale Olsagebiet an Polen abtreten mußte, verließ angesichts der unwirtlichen Behandlung durch die neuen Landesherren von den 17 000 Deutschen dieser Provinz über ein Drittel binnen elf Monaten fluchtartig seine angestammten Wohnsitze.[2] Am Vorabend des Krieges zählte man 70 000 Deutsche aus Polen in den Flüchtlingslagern im Reich, nicht gerechnet weitere Tausende in Privatunterkünften.[3]
Ursache des Exodus war die extrem nationalistische Minderheitenpolitik Warschaus. Der führende nationaldemokratische Politiker Stanislaw Grabski erklärte im Oktober 1919 im Hinblick auf die Deutschen in den neuerworbenen Gebieten, das »fremde Element« müsse von »14 oder sogar 20 v. H. auf 1½ v. H.« herabgedrückt werden (in Wirklichkeit gab es dort 35,4 Prozent Deutsche). In der Wahl der Mittel war man nicht kleinlich. Als Unterrichtsminister drückte Grabski zunächst die Zahlen der deutschen Schulen, während seine Kabinettskollegen dafür sorgten, daß das Erbrecht für Deutsche in einem breiten Grenzstreifen nicht mehr galt (Grenzzonengesetz), daß deutsche Bauernhöfe massenhaft enteignet und zwangsgeräumt wurden, von den tausendfach verfügten Ausweisungen und den übrigen Methoden der administrativen Diskriminierung ganz zu schweigen. In den Archiven des Völkerbunds in Genf lagern 20 Kästen mit Protesten und Petitionen ausgewiesener Deutscher aus der Vorkriegszeit.[4] Polen wurde so oft von internationalen Gremien und Gerichten wegen des Bruchs des Minderheitenschutz-Abkommens vom 28.7.1919 verurteilt, daß es sich schließlich 1934 von diesem Abkommen einseitig lossagte.[5]
Ähnlich erging es der Bevölkerung der weißrussischen, litauischen und ukrainischen Gebiete, die nach dem Ersten Weltkrieg zu Polen gekommen waren. Über eineinhalb Millionen Weißrussen hatten 1923 nur noch 37 Volksschulen; die Zahl der ukrainischen Volksschulen wurde von über 2600 auf 500 im Jahr 1931 heruntergedrückt, Militärsiedlungen wurden angelegt und Befriedungsaktionen der polnischen Armee mit beispielloser Brutalität durchgeführt; allein in der Woiwodschaft Lublin z. B. zählte man in einem Jahr 114 zerstörte ukrainische Kirchen. Die weißrussische Führungsschicht begann daraufhin zum Kommunismus, die ukrainische zum Nationalismus zu tendieren.[6]

Die ersten größeren Blutopfer forderte der sog. dritte polnische Aufstand in Oberschlesien im Mai und Juni 1921. Dabei handelte es sich um den polnischen Versuch, entgegen dem Ergebnis der international überwachten Volksabstimmung in Oberschlesien vollendete Tatsachen durch militärische Okkupation zu schaffen. Die Aktion war überwiegend von Freischärlern aus Polen und nicht von der polnischen Minderheit in Oberschlesien getragen. Die Operation wurde inoffiziell, aber tatkräftig von der Warschauer Regierung unterstützt. »Die Grenze zwischen Polen und Oberschlesien ist so frei passierbar wie unsere London Bridge«, schrieb am 10. Mai 1921 die »Times«. In dieser Zeit ereigneten sich zahlreiche Morde und Greueltaten an der deutschen Zivilbevölkerung.[7] Liest man heute z. B. die »Denkschrift der Deutschen Parteien und Gewerkschaften des Kreises Hindenburg O. S. über den 3. Polen-Aufstand« vom Jahr 1921, so glaubt man an manchen Stellen eine Miniaturausgabe der Ereignisse von 1945 vor sich zu haben.
Am 15. Mai 1927 meldete man aus Rybnik pogromähnliche Ausschreitungen gegen Deutsche.[8] Die feindselige Politik Warschaus gegenüber den Minderheiten – immerhin mehr als ein Drittel der Gesamtbevölkerung – steigerte sich zwischen 1919 und 1939 von Jahr zu Jahr.[9] Es gab Dörfer, in denen fast alle deutschen Häuser demoliert waren; in einigen ländlichen Gebieten übernachtete man aus Angst vor nächtlichen Überfällen in Wäldern und Feldern; deutschsprachige Zeitungen wurden in rascher Folge beschlagnahmt, es kam zu Massenentlassungen deutscher Arbeiter, und deutsche Kirchgänger und Schulkinder lebten in dauernder Furcht, unterwegs verprügelt zu werden.[10] Wer geglaubt hatte, es könne nicht mehr viel schlimmer werden, wurde nach Ausbruch des Krieges eines Besseren belehrt.
Bereits mehrere Monate vor dem Krieg hatten Rundfunk und Presse – mit Ausnahme der Linkspresse – einen nationalistischen Propagandafeldzug gegen die Minderheiten geführt, der in der Feststellung gipfelte, »daß im Kriegsfalle kein einheimischer Feind lebend entrinnen wird«. Die Rede von einer bevorstehenden »Bartholomäus-Nacht« ging um, und wohlmeinende Polen warnten deutsche Nachbarn, sich im Kriegsfall auf das Schlimmste gefaßt zu machen. Schon vor Kriegsbeginn wurden zwei große Konzentrationslager für die geplante Verschleppung von Deutschen und Angehörigen anderer Minderheiten eingerichtet, und am 1. September 1939 begann dann die angekündigte »Jagd auf Deutsche« (Polowanie na Niemcow).[11]
Bei den Ereignissen rund um den »Bromberger Blutsonntag« vom

3.9.1939, die im westlichen Polen bis zu 5000, im ganzen Land vielleicht 6000 Todesopfer[12] forderten, hat man immerhin den ersten Massenmord in der deutsch-polnischen Zeitgeschichte vor sich. Der Schwerpunkt dieses großen und z. T. sehr grausamen Pogroms lag im sog. polnischen Korridor, d. h. in dem Landstrich, den Polen im Versailler Vertrag als Zugang zum Meer erhalten hatte. Epizentrum war die Stadt Bromberg, aber auch aus dem Raum Lodz meldete man blutige Ausschreitungen.[13] Das Geschehen ist nicht nur durch die Ermittlungen der Wehrmacht-Untersuchungsstelle (vgl. letztes Kapitel) und mehrere tausend Aussagen überlebender Deutscher, sondern auch durch die beigezogenen ausländischen Pressevertreter und Ärzte zuverlässig bezeugt.[14]

Die meisten Morde wurden von Militär, Polizei und paramilitärischen Jugendeinheiten verübt[15], nur ein geringerer Teil von aufgehetzten Zivilisten.

Der Ablauf war meistens der gleiche. Es begann regelmäßig mit Verhaftung wegen Verdachts der Spionage und subversiver Tätigkeit oder mit Verschleppung ohne Angabe von Gründen. Die bisherigen Forschungen haben aber nur minimale Anhaltspunkte für die genannten Vorwürfe ergeben.[16]

Willkürliches Erschießen oder Erschlagen von Angehörigen der Minderheit standen oft am Ende der Maßnahmen, und auch Vergewaltigungen häuften sich. Kleine Dörfer im Grenzgebiet verloren bis zu 50 Prozent ihrer Bevölkerung. Im Osten des Landes ging es den Ukrainern übrigens nicht besser.[17] – Ein Kapitel für sich bildete die Verschleppung der Führungsschicht der Minderheiten:

»Über die Verschleppung liegt eine bisher unveröffentlichte ›Dokumentation der Verschleppungsmärsche der Deutschen aus Posen und Pomerellen im September 1939‹ im Bundesarchiv Koblenz vor. Diese Dokumentation ist keine Aneinanderreihung der Schilderungen vieler tausend Einzelschicksale, sondern eine Rekonstruktion des Gesamtkomplexes. Die polnischen Behörden hatten von langer Hand Listen zu inhaftierender Personen angelegt. Sie umfaßten die gesamte deutsche Intelligenz der beiden West-Wojewodschaften. An ihrer Hand wurden die Aufgeführten, soweit man ihrer habhaft werden konnte, am 1. und 2. September ohne richterlichen Haftbefehl inhaftiert. Dem folgten weitere Verhaftungen seitens kommunaler Organe. Im Kreise Samter, dessen Starost (Landrat) die Listen unter Verschluß behielt, wurden sieben Deutsche inhaftiert – im Nachbarkreis Obornik etwa siebenhundert, von denen nachweislich 231 dabei umgekommen sind. Die Verschleppten wurden nach Osten in Marsch gesetzt. Die Behandlung

Dok. 7

Die Zeit des Bromberger Blutsonntags

Erlebnisbericht von Else Zabel aus dem Dorf Hopfengarten, Kreis Bromberg, zitiert nach Rudolf Mühlfenzl (Hrsg.): Geflohen und vertrieben. Augenzeugen berichten, Königstein/Ts. 1981, S. 36ff.

»Um sieben Uhr abends bellten die Hunde. Vier Polen, drei waren bewaffnet, kamen auf unseren Hof. Sie lärmten laut und schwenkten ihre Karabiner. Als mein Mann in der Tür erschien, um sie zu fragen, was sie wollten, brüllten sie ›Hitlerschwein!‹. Sie schlugen ihn nieder. Dann forderten sie ihn auf, die Waffen herauszugeben. Waffen hatten wir aber nie besessen. Dann stießen sie meinen Mann zur Seite und traten in unsere Wohnung. Sie kamen in die Küche und rissen die Schubladen heraus, machten die Tür vom Küchenspind auf und durchwühlten alles. Sie warfen die Sachen auf den Fußboden. Dann rannten sie ins Wohnzimmer und in das Schlafzimmer. Auch hier rissen sie alle Schränke und Schubladen auf, brachen alles auf und warfen die Gegenstände auf den Fußboden. Die Sachen, die ihnen gefielen, steckten sie in ihre Taschen. Die Betten wurden aufgeschlitzt und aufgerissen. Dann schüttelten sie die Federn aus ... Nachdem die Polen nichts Belastendes gefunden hatten, schlugen sie wieder auf meinen Mann ein und traten ihn mit Füßen und johlten laut ›Hitlerschwein!‹. Dann wollten sie von ihm Geld und seine Taschenuhr ... Zuerst weigerte er sich, das Geld und die Uhr herauszugeben. Aber sie schlugen erneut auf ihn ein. Er blutete aus der Nase und dem Mund, hatte Platzwunden am Kopf. ...

Ich sah vom Blumengarten aus die Quälerei mit an. Ich durfte mich aber nicht bemerkbar machen, da mich die Polen wahrscheinlich genauso behandelt und noch vergewaltigt hätten. Das hatten sie mehrfach mit den Töchtern unserer Nachbarn gemacht, die auch Deutsche waren. Mein Mann fiel mehrmals hin, wurde aber mit Fußtritten und Kolbenschlägen wieder hochgetrieben. Unter großem Gejohle und Beschimpfungen wie ›Hitlerowiec, Schwab, deutsches Schwein‹ trieben sie meinen Mann vom Grundstück ... Die Polen schlugen weiter auf ihn ein, traten ihn und stachen mit den Bajonetten zu. Sie rissen ihn wieder hoch und trieben ihn vor sich her.

Ich war durch diesen Überfall und die Mißhandlungen meines Mannes so verängstigt, daß ich ohne Verpflegung und ohne Gepäck über die

angrenzenden Wiesen in eine Lehmgrube floh. Dort fand ich Nachbarn. Sie berichteten auch von Mißhandlungen. Inzwischen war es dunkel geworden. Die ganze Nacht hörten wir von weitem das Lärmen der Soldaten, das Weinen der Kinder, das Jammern der Frauen und der Mädchen. Zwischendurch fielen Schüsse. An mehreren Stellen des Ortes brannten die Häuser der deutschen Bauern …
(Nach dem Einmarsch der deutschen Truppen) fand ich meinen Mann tot, erschossen, erschlagen. Ich identifizierte ihn anhand seiner Kleidung. Er war fast bis zur Unkenntlichkeit zerschlagen. Er hatte klaffende Wunden in Rücken, Brust und Bauch. Kopf und Schulter waren blutverkrustet. In meinem Schmerz und meiner Ohnmacht bin ich zusammengebrochen …«

auf den Märschen durch Bewachungspersonal und Zivilpersonen war unmenschlich. Wer nicht mehr weiterkonnte, wurde totgeschlagen. Einzelne Marschgruppen wurden fast vollständig aufgerieben …«[18]
Wenn man bedenkt, daß diese Aktionen bereits vor dem Krieg geplant und vorbereitet wurden, so muß man als überholt betrachten, was Martin Broszat in seinem 1961 herausgekommenen Buch[19] schreibt: »Diese Übergriffe geschahen während der Panik der ersten Kriegstage unter den Bedingungen einer sich durch Rückzug und Räumung auflösenden Ordnung und des dabei herrschenden Erregungszustandes, nicht als geplante, mit kaltem Blut unternommene Ausrottungsmaßnahme.«
Abschließend ist zu erwähnen, daß der Bromberger Blutsonntag auch zum Schulbeispiel nationalsozialistischer Geschichtsfälschung wurde. Um einen Vorwand für brutales Durchgreifen in Polen vorweisen zu können, wurde die entsprechende Dokumentation des Auswärtigen Amts mit »etwa 5400 Morden« zurückgezogen und die frei erfundene »Zahl von 58 000 Toten und Vermißten allein als verbindlich« festgesetzt.[20] Dadurch sollte offenbar der Eindruck erweckt werden, alle 58 000 seien ums Leben gekommen.

Die Lage ab 1945

Nach dem Wüten der Sowjetsoldaten hörte 1945 im Osten der Schrecken nicht auf, er nahm nur andere Gestalt an. So wie dem Löwen die Hyänen folgen, so folgte der Roten Armee bald ein zusammengewürfelter Haufen polnischer Partisanen und Plünderer, frischgebackener Milizionäre und Marodeure. Über Zusammensetzung

und Motive dieses Personenkreises berichtet der II. Teil des Buches ausführlich.
Während in Polen selbst fast alle Deutschen in Konzentrationslager verbracht wurden, führte – wenn auch nicht im gleichen exzessiven Ausmaß – in den Oder-Neiße-Gebieten das Dekret vom 31.8.1944 über die »Strafzumessung für faschistisch-hitlerische Verbrecher« zu willkürlichen Massenverhaftungen.[21] Praktisch alle Verhafteten wurden auf denkbar brutale Weise mißhandelt, häufig bis zur Todesfolge, viele nach Belieben erschossen oder erschlagen.[22]
In der Nähe der Folterkeller der polnischen Miliz wollten oft die Bewohner der Nachbarhäuser ausziehen, weil sie die furchtbaren Schreie der Gefolterten nicht mehr aushalten konnten.[23]
In den Reichsgebieten waren es zunächst polnische Partisanengruppen, die in Gemeinden einzelne Personen erschossen. Mißhandlungen wurden Personen vielfach bei Durchsuchungen ihrer Wohnungen durch die Miliz oder in den sogenannten Prügelstuben der Gemeindemiliz oder bei Ausplünderungen durch polnische Zivilisten ausgesetzt.«[24]
General Eisenhower telegrafierte am 18. Okober 1945 nach Washington: »In Schlesien verursachen die polnische Verwaltung und ihre Methoden eine große Flucht der deutschen Bevölkerung nach dem Westen ... Viele, die nicht weg können, werden in Lagern interniert, wo unzureichende Rationen und schlechte Hygiene herrschen. Tod und Krankheit in diesen Lagern sind extrem hoch ... Die Todesrate in Breslau hat sich verzehnfacht, und es wird von einer Säuglingssterblichkeit von 75 Prozent berichtet ...«
Die In Anlehnung an die Judenpolitik der Nazis zwang man vielerorts in Ostdeutschland, vor allem aber in Westpolen, die Deutschen, bestimmte Armbinden oder Hakenkreuze an der Kleidung zu tragen[25], was willkürliche Übergriffe wesentlich erleichterte.
Auch katholische Priester[26] und aktive Nazigegner blieben von Gewalttaten nicht verschont. In einer Denkschrift der Glatzer Kommunisten heißt es z. B.:[27] »Die polnische Polizei wendet sich in den obbengenannten Gebieten in vielen Fällen mit aller Schärfe gegen die alten Kommunisten, gegen Antifaschisten, vereinzelt sogar gegen die politischen Häftlinge der Nazikonzentrationslager, weil nach ihrer Ansicht jeder Deutsche ein Faschist ist.«
In Niederschlesien trieb man die Dorfbevölkerung vielfach zu zwei- bis dreitägigen planlosen Märschen zusammen, welche die Plünderung der Wohnungen erleichtern sollten, aber auch viele Menschenleben kosteten, wie u. a. die Dokumentationen von Bundesvertriebenenmini-

sterium und Bundesarchiv belegen.[28] Im polnisch besetzten Teil Ostpreußens versuchte man möglichst viele Bewohner dazu zu bewegen, sich als autochthone Masuren, d. h. oberflächlich eingedeutschte slawische Ureinwohner, zu bekennen. Wer sich weigerte, wurde oft Opfer von Gewalttaten.[29]

Insgesamt gab es große Unterschiede im Schicksal der verschiedenen Ortschaften. Im Laufe der Zeit besserten sich die Zustände etwas, obwohl aus dem Jahr 1947 immer noch viele Todesfälle berichtet werden.[30] Zahlreiche Menschenopfer forderten auch die Zustände bei den Vertreibungstransporten. Robert Murphy, der politische Berater der US-Militärregierung in Berlin, schrieb dazu am 12. Oktober 1945 in einem Memorandum an das amerikanische State Department:[31]

»Allein auf dem Lehrter Bahnhof in Berlin haben unsere Sanitätsdienststellen täglich im Durchschnitt zehn Menschen gezählt, die an Erschöpfung, Unterernährung und Krankheit gestorben sind. Sieht man das Elend und die Verzweiflung dieser Unglücklichen, spürt man den Gestank des Schmutzes, der sie umgibt, stellt sich sofort die Erinnerung an Dachau und Buchenwald ein. Hier ist Strafe im Übermaß – aber nicht für die Parteibonzen, sondern für Frauen und Kinder, die Armen, die Kranken ...«

Dok. 8

Bertrand Russells Leserbrief an die »Times« vom 19. Oktober 1945[32]

»In Osteuropa werden jetzt von unseren Verbündeten Massendeportationen in einem unerhörten Ausmaß durchgeführt, und man hat ganz offensichtlich die Absicht, viele Millionen Deutsche auszulöschen, nicht durch Gas, sondern dadurch, daß man ihnen ihr Zuhause und ihre Nahrung nimmt und sie einem langen schmerzhaften Hungertod ausliefert. Das gilt nicht als Kriegsakt, sondern als Teil einer bewußten ›Friedens‹-Politik ... Im Potsdamer Protokoll wird vorgeschrieben, daß die Ausweisungen von Deutschen in ›geregelter und humaner‹ Weise durchgeführt werden sollten. Und es ist wohl bekannt – durch öffentliche Berichte wie durch Briefe, die zahlreiche britische Familien von Verwandten und Freunden in den Besatzungsarmeen erhielten –, daß diese Bedingungen von unseren russischen und polnischen Verbündeten nicht beachtet worden sind ...«

Lager

Noch mehr Tote als auf den Vertreibungstransporten und in den polnischen Polizeigefängnissen gab es in den Lagern. Aus einem vertraulichen Bericht von R. W. F. Bashford an das Foreign Office vom Jahr 1945 geht hervor:[33]

»Konzentrationslager sind nicht aufgehoben, sondern von den neuen Besitzern übernommen worden. Meistens werden sie von polnischer Miliz geleitet. In Swientochlowice (Oberschlesien) müssen Gefangene, die nicht verhungern oder zu Tode geprügelt werden, Nacht für Nacht bis zum Hals in kaltem Wasser stehen, bis sie sterben. In Breslau gibt es Keller, aus denen Tag und Nacht die Schreie der Opfer dringen.«

Zwar waren manche Lager klein oder bestanden nur eine kürzere Zeit, doch hat das Bundesarchiv für die Gebiete östlich von Oder und Neiße die erschreckende Zahl von 1255 Lagern ermittelt, ganz abgesehen von 227 Gefängnissen, in denen Gewalttaten an Deutschen begangen wurden.[34]

Allein im Lager Lamsdorf starben nach der – allerdings umstrittenen – Mitteilung des Lagerarztes von ca. 8000 Insassen 6048.[36] Unbeschreibliche Grausamkeit herrschte auch in anderen oberschlesischen KZs.[37]

Dok. 9

Selbstmord als Erlösung

Der Lagerarzt berichtet aus dem KZ Lamsdorf/Oberschlesien:[35]

»Am 15. September 1945 wurden 16 Männer vor einen Wagen gespannt und mußten unter ständigen Stockschlägen schwere Eisenteile im Nachbardorf holen. Sie konnten sich kaum halten vor Schwäche und Hunger. Unterwegs im Walde wurden auf diese Männer regelrechte Schießübungen veranstaltet, wobei die Hälfte der Unglücklichen unter Feuer in einen Teich gejagt wurde und darin ertrank. Die anderen, worunter sich auch der jetzt noch lebende Erhard Sch. befand, kehrten blutüberströmt und sich nur mühsam vorwärts schleppend zurück. Drei von ihnen hatten von den Schreckenserlebnissen die Sprache verloren. Einer schrie vor Schmerzen, weil er vier tiefe Bajonettstiche im Körper hatte. Aber er durfte nicht ins Revier oder ärztlich behandelt werden. Er erhängte sich in derselben Nacht neben der Schlafstelle eines Mithäftlings.«

Dok. 10

Zustände in polnischen Lagern aus richterlicher Sicht[44]

Auszug aus dem Urteil des Landgerichts Hannover vom 20. Dezember 1951 gegen einen deutschen KZ-Helfer (Aktenzeichen 2 KS 1/51 28 a 6/51):
»... Die Deutschen selbst waren im Lager getrennt nach Männern, Frauen und Kleinkindern, kinderlosen Frauen und Mädchen sowie Knaben im Alter bis etwa 15–16 Jahren untergebracht. Familien wurden rücksichtslos auseinandergerissen. Kamen die betreffenden Angehörigen dennoch einmal insgeheim zusammen und wurden sie dabei von der polnischen Miliz gefaßt, dann gab es dafür entsetzliche Prügelstrafen bzw. die Todesstrafe. Vergewaltigungen der Frauen durch Polen waren an der Tagesordnung. Die meisten Polen waren überdies geschlechtskrank. An Verpflegung gab es für die Deutschen täglich mittags $^1/_2$ Liter Wassersuppe, dazu morgens und abends 3 bis 4 alte, meistens faule, anfangs sogar ungekochte Kartoffeln und eine halbe Scheibe Brot ...
Andererseits spotteten die hygienischen und sanitären Verhältnisse im Lager aller Beschreibung, so daß eine große Läuseplage herrschte. Die Folge dieser Zustände war, daß viele Menschen am Flecktyphus verstarben. Zwar hatten die Polen den deutschen Lagerinsassen Dr. Esser, der von Beruf Arzt war, zum Lagerarzt gemacht. Jedoch hatten sie ihm keinerlei medizinischen Instrumente oder Medikamente zur Verfügung gestellt, ja sie hatten sogar die Medikamente, die Dr. Esser anfangs aus Abfallgruben und Trümmerhaufen mühsam zusammengesucht hatte, mit Füßen zertreten ... Infolge dieser Zustände allein verstarben schon viele Leute. Andere wieder wurden planmäßig aus nichtigen Anlässen von den Polen erschossen oder erschlagen. Wieder andere dienten den polnischen Partisanen als lebende Zielscheiben und wurden von den Polen gewissermaßen aus Spielerei erschossen.
... Bei diesen Zuständen lag die Sterblichkeitsziffer im Lager sehr hoch. Die untere Grenze war im allgemeinen bei etwa 10 Toten pro Tag, die obere Grenze bei etwa 30 Toten. Es gab allerdings auch Tage, wo die Polen darüber hinaus in ganz besonderer Weise gegen die Deutschen wüteten. Hierzu zählt einmal die erste Nacht, die der Angeklagte im Lager verbrachte. Er war mit einem Schub von etwa 60

bis 70 Leuten ... nach einem anstrengenden Fußmarsch gekommen. In der ersten Nacht veranstalteten die Polen mit diesen halb verhungerten Menschen eine sogenannte ›Nachtübung‹, wobei sie etwa die Hälfte der Menschen – und zwar solche, die nicht schnell ›auf-nieder‹ machen konnten – erschlugen ...«

Z. T. wurden Kinder von ihren Müttern getrennt, um die Arbeitskraft der Frauen besser ausbeuten zu können. »Die polnische Regierung betrachtete die von ihren Eltern getrennten deutschen Kinder als Staatseigentum und war bestrebt, sie zu polonisieren«, berichtet die Dokumentation der Vertreibung.[38] Dieser Tatbestand wird übrigens in der einschlägigen UNO-Entschließung vom 9. Dezember 1948 ausdrücklich als Form des Völkermordes bezeichnet.

Planmäßiges Erschießen der arbeitsunfähigen Alten und Kranken wird aus verschiedenen Lagern berichtet.[39] Das einträgliche Vermieten der Internierten durch die Lagerleitung an polnische Privatpersonen erscheint demgegenüber nachgerade harmlos, obwohl die Vorgänge bei der Vermietung[40] fatal an antike Sklavenmärkte erinnerten. Immerhin bekamen die Häftlinge eine Chance, auf diese Weise wenigstens vorübergehend dem Hunger und dem Terror der KZ-Schergen zu entgehen. Andererseits waren die billigen Arbeitskräfte für die Polen ein Grund, die Lager möglichst lange aufrechtzuerhalten.[41] Die Pforten der Lagerhölle schlossen sich nur langsam. Die großen Zentralarbeitslager wie Sikawa bei Lodz und Granowo bei Lissa wurden erst 1949/50 aufgelöst, ebenso das berüchtigte Lager Potulice bei Bromberg.[42]

Dieses Kapitel wäre aber nicht vollständig ohne wenigstens ein Beispiel für die Humanität einfacher polnischer Menschen: Eine der wenigen Überlebenden des Massenmords im ostpreußischen Nemmersdorf war eine gewisse Margot Grimm. Ihr Fluchtwagen mit dem Ehemann und sechs polnischen Landarbeiterinnen, die auf dem Grimmschen Hof gearbeitet hatten, wurde von sowjetischen Soldaten eingeholt, der Mann heruntergerissen und sofort erschossen. Die Arbeiterinnen retteten Frau Grimm das Leben, indem sie sich und ihre Bäuerin als Polinnen bezeichneten. Später legten sie der Frau als schützende Maskerade ihre Tücher um und halfen ihr beim Begraben des Mannes und schließlich bei der weiteren Flucht nach Westen.[43]

7. Böhmen und Mähren

Der Kreis der Opfer

Anders als Schlesier, Pommern und Ostpreußen hatten die Bewohner des Sudetenlandes schon Erfahrungen unter fremder Verwaltung sammeln können. Zugegeben, nicht immer die besten, aber immerhin waren Leben und Eigentum in den Jahren zwischen 1919 und 1938 im Prinzip unangetastet geblieben. Überwiegend erwartete man, daß es 1945 allenfalls so weitergehen würde wie nach dem Ersten Weltkrieg; denn gemessen an den Schrecken des Krieges und der Diktatur in anderen Teilen Europas waren sowohl Sudetendeutsche als auch Tschechen bis dato von dem Schlimmsten verschont geblieben. Die allgemeine Stimmung im tschechischen Volk wirkte ruhig und alles andere als besorgniserregend.

Im Krieg waren Ernährungsprobleme, Luftangriffe und Partisanenkämpfe im Tschechischen praktisch unbekannt.[1] Auch die Fronten hatten Böhmen – mit geringfügigen Ausnahmen im Westen – noch nicht erreicht, als Jodl in Reims die bedingungslose Kapitulation der Großdeutschen Wehrmacht unterschrieb. Da die Tschechen vom Wehrdienst freigestellt waren, nahm ihre Zahl im Krieg stark zu, während bei den Sudetendeutschen die Kriegsverluste die Zahl der Geburten überstieg. Zwar hatten die Nazis das Dorf Lidice zerstört, dort 186 Männer erschossen und eine weit höhere Zahl von Juden und Antifaschisten ermordet, doch im allgemeinen unterschied sich der braune Terror im »Protektorat Böhmen und Mähren« nur wenig von dem im Sudetenland.

Die Zeichen standen 1945 also auf Schönwetter – so glaubte jedenfalls der Mann auf der Straße. Zunächst schienen die Optimisten recht zu haben, denn der russische Einmarsch kam spät und verlief glimpflich. Wer von den vielen aufrechten Widerstandskämpfern hätte sich träumen lassen, daß schon bald einer der ihren, der führende Sozialdemokrat Wilhelm Nießner, das folgende Memorandum an die Prager Regierung würde richten müssen:[2]

»Aus allen Teilen der Republik kommen auch noch heute mir, der ich wohl der älteste unter den früher im Vordergrund unserer Bewegung Gestandenen bin, Hilferufe der treuesten meiner Genossen zu, die mich wegen des bitteren Leidens, das aus ihnen spricht, in tiefster Seele erschüttern. In den verschiedenen Lagern befinden sich noch immer viele meiner Gesinnungsgenossen, sie haben nicht nur die Freiheit, sondern auch ihre Wohnung und ihr bißchen Eigentum verloren.

Sozialisten und Antifaschisten, darunter solche, die als langjährige

Funktionäre der sozialistischen Parteien bekannt sind und von denen manche mit den Waffen in der Hand den nazistischen Banden im Jahre 1938 entgegengetreten sind, werden verhaftet, zusammen mit Faschisten aus ihren Wohnungen gejagt und unbekannt wohin abtransportiert. In der Ernährung sind die Antifaschisten mit den Faschisten auf dieselbe Stufe gestellt und beziehen die gekürzten Lebensmittelkarten, die sie zu einem Hungerdasein verurteilen. In vielen Orten müssen sie gleich den Faschisten des Erkennungszeichen ›N‹ (Nemec = Deutscher) tragen, das sie als diffamiert stigmatisiert.

Ein Dekret verordnet die Bildung antifaschistischer Ausschüsse, doch in manchen Orten ist jetzt nach Monaten damit noch kaum ein Anfang gemacht. In den Lagern bei den Abtransporten haben viele unserer Gesinnungsgenossen und Genossinnen ihr Leben eingebüßt ...«

Nur die wenigsten wußten, was der tschechoslowakische Exilregierungschef Eduard Benesch (Edvard Beneš) in seiner Rundfunkbotschaft an die Tschechoslowaken schon am 27. Oktober 1943 gesagt hatte: »In unserem Land wird das Ende des Krieges mit Blut geschrieben werden.« Auch General Ingr, der Befehlshaber der tschechoslowakischen Streitkräfte im Ausland, erklärte mit Blick auf die Sudetendeutschen am 3. November 1944 in einem Aufruf über den Londoner Rundfunk: »Wenn unser Tag kommt, wird die ganze Nation dem hussistischen Schlachtruf folgen: ›Schlagt sie, bringt sie um, laßt keinen am Leben!‹ ...«[3]

Daß diese Reden nach dem Krieg in Hunderttausenden von Fällen blutige Wirklichkeit wurden, läßt sich u. a. aus der Ansprache von Staatspräsident Benesch in Melnik am 14. Oktober 1945 ablesen:[4]

»In letzter Zeit werden wir aber in der internationalen Presse kritisiert, weil die Umsiedlung der Deutschen bei uns in einer unwürdigen und unzulässigen Weise durchgeführt werde. Wir tun angeblich dasselbe, was die Nazisten uns getan haben; dadurch würden wir unsere eigene nationale Tradition und unseren bisher unberührten sittlichen Ruf antasten. Wir würden angeblich einfach die Nazisten in ihren grausamen, unzivilisierten Methoden nachahmen. – Mögen diese Vorwürfe vielleicht in Einzelheiten wahr sein oder auch nicht, ich erkläre ganz kategorisch: unsere Deutschen müssen ins Reich fortgehen, und sie werden in jedem Falle fortgehen.«

Wenn sich jemand auf seine antifaschistische Vergangenheit berief, so hörte er nur allzuoft die lakonische Antwort: Deutscher ist Deutscher![5] Daß es der Prager Regierung nicht um Antifaschismus, sondern um tschechischen Nationalismus ging, zeigen auch die zahllosen Berichte über Nazigegner in tschechischen Lagern.[6] Rhona Churchill berichtet z. B. am 6.8.1945 in der »Daily Mail«:[7]

»Überall im Lande werden jetzt Konzentrationslager für Deutsche eingerichtet. Man schickt die Leute unterschiedslos hinein, während sie auf ihr Visum für Deutschland warten. Sogar deutsche Juden und Nazigegner, die erst kürzlich aus den Konzentrationslagern der SS befreit wurden, sind nicht sicher …«

In einigen Fällen kamen die Unglücklichen wieder in das alte Lager zurück, das sie noch aus der Nazizeit kannten. – Immerhin verdanken wir diesem Umstand interessante Einblicke; z. B. wird aus Theresienstadt die unglaubliche Tatsache berichtet, daß dort die Essensrationen nach 1945 etwa halb so groß waren wie vor 1945.[8]

Das Staatsbürgerschaftsdekret vom 2. August 1945 schuf zwar einige Bagatellprivilegien für deutsche Antifaschisten; z. B. erhielten sie statt der vorgeschriebenen weißen Armbinden für Deutsche rote Binden und durften auch einige Möbel mitnehmen, »soweit es die Transportverhältnisse zulassen«.[9]

Andererseits galt als Antifaschist nur, wer zwei Voraussetzungen zugleich erfüllte: Kampf gegen Nazismus und für die Tschechoslowakische Republik.[10] Außerdem war die Anerkennung oft von der Willkür örtlicher Behörden abhängig.[11] – Immerhin konnte der geschickte Sozialdemokrat Alois Ullmann erreichen, daß 82 600 sudetendeutsche Genossen in einer Sonderaktion ausgesiedelt wurden, davon 44 500 mit Möbeln.[12]

Die ungarische Volksgruppe in der Südslowakei wurde – einschließlich ihrer Antifaschisten – zunächst genauso verfolgt wie die Sudetendeutschen.[13]

Eine Tragödie eigener Art war das Schicksal der überlebenden sudetendeutschen Juden. (Übrigens zählten auch in Prag und anderen tschechischen Großstädten die Juden großenteils zur deutschen Sprachgruppe).[14] Mehrere tausend von ihnen gerieten nach Erkenntnissen des amerikanischen Gewerkschaftsbundes (American Federation of Labor) in die grausamen Mühlen der Deutschenverfolgung.[15]

Das Restitutionsgesetz vom 16. Mai 1946 bestimmte, daß enteigneter Besitz aus der Nazizeit nur an »national zuverlässige« Personen zurückzugeben sei. In einer späteren Verordnung des Innenministeriums vom 13. September 1946, die die Behandlung der Juden grundsätzlich regelte, wurde national unzuverlässiges Verhalten definiert als »Aktivität für den Zweck, die deutschen und ungarischen Interessen zu fördern« – gleichgültig ob vor oder nach 1918 –, z. B. durch die Errichtung deutscher oder magyarischer Schulen und anderer Einrichtungen, ebenso durch die wirtschaftliche und moralische Unterstützung irgendeiner irredentistischen Bewegung oder sogar nur die

Dok. 11

Neue Regierung – altes KZ

H. G. Adler, als rassisch Verfolgter in der Nazizeit Insasse des Lagers Theresienstadt in Böhmen, Verfasser des 950seitigen Standardwerks »Theresienstadt 1941–1945. Das Antlitz einer Zwangsgemeinschaft«, schreibt über das Ende des Krieges auf S. 218 seines Buches:
»Die Befreiung von Theresienstadt hat das Elend in diesem Ort nicht beendet. Nein, nicht allein für die ehemaligen Gefangenen, deren Leiden mit dem Wiedergewinn der äußeren Freiheit gewiß nicht abgeschlossen waren, sondern auch für neue Gefangene, deren Elend jetzt erst begann. In der ›Kleine Festung‹ wurden Deutsche des Landes und reichsdeutsche Flüchtlinge eingeliefert. Bestimmt gab es unter ihnen welche, die sich während der Besatzungsjahre manches hatten zuschulden kommen lassen, aber die Mehrzahl, darunter viele Kinder und Halbwüchsige, wurden bloß eingesperrt, weil sie Deutsche waren. Nur weil sie Deutsche waren …? Der Satz klingt erschreckend bekannt; man hatte bloß das Wort ›Juden‹ mit ›Deutschen‹ vertauscht. Die Fetzen, in die man die Deutschen hüllte, waren mit Hakenkreuzen beschmiert. Die Menschen wurden elend ernährt, mißhandelt und es ist ihnen um nichts besser ergangen, als man es von deutschen Konzentrationslagern her gewohnt war. Der Unterschied bestand lediglich darin, daß der herzlosen Rache, die hier am Werke war, das von der SS zugrunde gelegte großzügige Vernichtungssystem fehlte. Das Lager stand in tschechischer Verwaltung, doch wurde von ihr nicht verhindert, daß Russen gefangene Frauen vergewaltigten. Zur Ehre der Theresienstädter Juden sei gesagt, daß sich an diesen Gefangenen, die zum Straßenkehren und anderen niedrigen Arbeiten, aber auch zur Pflege von Flecktyphuskranken in die Stadt kommandiert wurden, keiner der alten Gefangenen vergriff, obwohl Russen und Tschechen dazu aufforderten.«

Beschäftigung von Deutschen oder Ungarn in führenden Positionen irgendeines Unternehmens.[16]
Auch schon deutsch gesprochen zu haben, genügte nach den Worten des Innenministers Nosek für den Vorwurf der Germanisierung.[17] Unmißverständlich hat es die Zeitung »Lidovy Vecernik« am 10. Oktober 1945 ausgedrückt, als sie auf einen Leserbrief in einer britischen Wochenzeitung antwortete:[18]

»Dem Verfasser unterlief in seinem Schreiben in ›Time and Tide‹ vom 6.10.1945 ein grundlegender Irrtum. Er begründete seine Information auf rassische Motive. Die Frage der tschechoslowakischen Staatsbürgerschaft wird in der Tschechoslowakischen Republik nur auf der Grundlage der Nationalität entschieden. In der Tschechoslowakei geht es lediglich um die Frage: Tscheche oder Slowake oder Deutscher und Ungar. Um nichts anderes. Wenn sich allerdings ein Jude zur deutschen Nationalität bekannt hat, muß er denselben Weg gehen wie jeder andere Bürger deutscher Nationalität ...«

Daß dieser Weg sogar ins KZ führen konnte, ist mehrfach belegt.[19] Zwar waren die überlebenden Insassen der NS-Lager offiziell von der Verfolgung ausgenommen, doch Willkür und antisemitische Vorurteile lokaler Stellen entwerteten nicht selten die papierenen Privilegien. Nach dem Krieg wurden für Deutsche diskriminierende Vorschriften erlassen, die spiegelbildlich den Judengesetzen der Nazis entsprachen: Kennzeichnung durch weiße Binden oder Stoffteile mit dem Buchstaben N = Nemec = Deutscher. Verbot der Benutzung öffentlicher Verkehrsmittel und Einrichtungen; Verbot, den Wohnort weiter als sieben Kilometer zu verlassen, drastisch gekürzte Lebensmittelrationen usw. All das mußten in zahlreichen Fällen deutsche Juden nun wieder über sich ergehen lassen[20], ... weil sie jüdische Deutsche waren.

Von Interesse ist in diesem Zusammenhang eine Beobachtung des früheren Theresienstadt-Häftlings H. G. Adler, von der er in seinem Buch über dieses Lager[21] berichtet: » ... In keinem von Hitler besetzten Lande, auch nicht in Deutschland selbst, kamen ›illegale‹ Rettungen von Juden so selten vor wie in dem Gebiet des ›Protektorates‹. Oft wurden Hilfsdienste sogenannter Freunde auch sehr teuer bezahlt.« – Vielleicht erklärt das z. T. die wiederholten Bemerkungen des tschechischen Lagerpersonals, Hitler habe schlecht gearbeitet; es seien immer noch (zu viele) Juden am Leben.[22]

Über die Zahl der aus derČSR deportierten deutschen Juden liegen widersprüchliche Zahlenangaben vor. Jedenfalls verbot erst am 10.9.1946 – also nachdem die Vertreibung fast schon abgeschlossen war – eine Verordnung des Innenministers ausdrücklich den »Abschub« von deutschen Juden in Transporten von Sudetendeutschen.[23]

Lager

Mit Sicherheit sind im tschechischen Machtbereich die meisten Todesfälle in den diversen Lagern und Gefängnissen vorgekommen. Nicht unerwähnt bleiben dürfen aber die sog. wilden Ausweisungen des Jahres 1945. Dabei wurden vor allem die Einwohner grenznaher Gemeinden bei unzureichender Verpflegung von prügelnden und schießenden Wachmannschaften zu Fuß aus der Heimat gejagt. Das größte Ereignis dieser Art war der Todesmarsch von 20 000 bis 30 000 Brünner Deutschen nach Niederösterreich Ende Mai 1945; mehrere Tausende kamen allein bei diesem Marsch ums Leben.[24]

Dok. 12

Aus einem tschechischen Konzentrationslager

Eine deutsche Ärztin berichtet aus dem Lager Olmütz-Hodolein.[27]
»Um den Leser nicht zu ermüden, greife ich nur einige Fälle heraus, deren Tod mir ob der tierischen Grausamkeit, mit der er ausgeführt wurde, besonders im Gedächtnis haftengeblieben ist. Das Folgende kann jederzeit im vollen Namen belegt werden.
Magistratsdirektor Dr. C. wurde, nachdem man ihn blutiggeschlagen hatte, getötet, indem man ihm einen Schlauch in den Rektum einführte und ihm so lange kaltes Wasser unter Druck in den Darm einströmen ließ, bis er starb.
Ing. H. wurde zweimal aufgehängt und zweimal wieder abgeschnitten, dann mit einer Riemenpeitsche mit Bleikugeln geschlagen, daß das Gebiet von musculus giutaeus maximus abwärts bis zur Achillessehne ein anatomisches Präparat von bloßgelegten Muskeln, Sehnen, Blutgefäßen und Nerven war. Darin wimmelten in den heißen Sommermonaten Tausende von Fliegenmaden … Der starke Eiweißverlust und eine hinzukommende Dysenterie machten der Qual endlich ein Ende. In den letzten Tagen vor dem Tode holte ich mir diesen Patienten auf den Armen aus dem Zimmer in den Verbandsraum. Er wog kaum noch 30 kg. Diese Methode, jemanden so sterben zu lassen, war eine der häufigsten. Drei Monate hindurch waren alle Marodenzimmer mit derart zugerichteten Menschen belegt. Bei der Ausdehnung der Wunden und der zerschlagenen Muskulatur war an eine Heilung nicht zu denken. Sie starben alle …
Der furchtbarste Fall war ein 13jähriges deutsches Mädchen, das vergewaltigt worden war und dem davon ein 30 cm langes Stück Darmschlinge aus der Scheide hing. Der tschechische Professor für Gynäkologie Dr. B. operierte das Mädchen doch. Es blieb auch am Leben. Da Dr. B. inzwischen verstorben ist, darf ich verraten, daß nach seinem Bericht der Täter ein Kapitän der tschechischen Armee war.«

In der Tschechoslowakei bestanden 1215 Internierungslager, 846 Arbeits- und Straflager sowie 215 Gefängnisse, in denen insgesamt 350 000 Deutsche festgehalten wurden.[25] Die Grausamkeiten in den Lagern übertrafen in vielen Fällen sogar die Brutalität der SS.[26] Ursprünglich wurden diese Orte des Schreckens ebenso unbefangen wie zutreffend Konzentrationslager genannt (Koncentracni tabor). Mit Rücksicht auf die Weltöffentlichkeit sprach man später von Internierungslagern, schließlich von Sammellagern. Das Etikett wechselte, die Zustände blieben.[28]

Allein im Hanke-Lager im Kreis Mährisch-Ostrau wurden bereits bis Anfang Juli 1945 350 Insassen zu Tode gefoltert.[29]

Die Methoden reichten vom simplen Totprügeln bis zur chinesischen Methode, nach der sich eine Ratte langsam in den Bauch des Gefolterten frißt.[30] Vieles, was sich in den Lagern abspielte, war so unbeschreiblich, daß man die europäische Geschichte um Jahrhunderte zurückverfolgen muß, um auf vergleichbare Zeugnisse menschlicher Grausamkeit zu stoßen. Es ist nicht verwunderlich, daß einige KZ-Häftlinge über Nacht weiße Haare bekamen und andere geisteskrank wurden.[31]

Auch nicht überraschend ist die mehrfache Mitteilung von Robert Murphy (politischer Berater der US-Militärregierung), die Militärstellen seien zunehmend besorgt über die antitschechische Einstellung unter den Soldaten, die im amerikanisch besetzten West-Sudetenland häufig Zeugen von tschechischen Übergriffen gegen Frauen und Kinder wurden. Wiederholt nahmen Amerikaner die Deutschen vor tschechischen Gewalttätern in Schutz.[32] Am 26.5.54 verurteilte ein amerikanisches Gericht der Alliierten Hochkommission den Leiter des KZ Budweis, Vaclav Hrnecek, der nach Westdeutschland geflüchtet war.[33]

Pogrome

Seit dem Mittelalter gab es in Prag eine starke deutsche Kolonie. Im Mai 1945 wurde sie vernichtet. Am Nachmittag des 5. Mai 1945 – fünf Tage nach Hitlers Selbstmord, einen Tag nach der Kapitulation der Wehrmacht in Norddeutschland und zwei Tage vor Unterzeichnung der Kapitulationsurkunde in Reims – brach in der tschechischen Metropole der Aufstand aus. Am 6. Mai begannen die Ausschreitungen gegen deutsche Zivilisten, die erst nach Kriegsende ihren grausigen Höhepunkt erreichten.[34]

Trotz der Unterstützung durch abgefallene Wlassow-Truppen (russische Verbände, die auf deutscher Seite gegen die Sowjets kämpften) gelang es den Aufständischen nicht, die deutschen Polizei- und Militäreinheiten niederzukämpfen. Lediglich der Prager Rundfunksender fiel in ihre Hände. Er spielte eine verhängnisvolle Rolle beim Anheizen der Pogromstimmung.[35] Überhaupt trug der Prager Aufstand mehr die Züge eines Pogroms als eines Freiheitskampfes.[35a]

Bemerkenswert an diesem Ereignis ist letztlich nur die Grausamkeit gegenüber der deutschen Zivilbevölkerung. An Todesarten für Deutsche werden überliefert:

- Erschlagen,
- Erdrosseln,
- Ertränken,
- Erstechen,
- Entmannen,
- Tottrampeln durch Menschen,
- Tottrampeln durch Pferde,
- Verbrennen bei lebendigem Leib,
- Verstümmeln auf verschiedenste Weise[36], ferner
- Vollpumpen mit Jauche,
- zu-Tode-Rollen in Fässern.[37]

Einzelheiten von der Ermordung schwangerer Frauen[38] sollen hier nicht wiedergegeben werden.

»Alle Tode der Erde, die Tode aller Jahrhunderte starben sie«, so hatte der Schriftsteller und Menschenrechtskämpfer Armin T. Wegener 1919 über die Armenier geschrieben.[39] Wer hätte damals geahnt, daß man diesen Satz schon so bald würde wiederholen müssen?

Douglas Botting schreibt in seinem Buch »From the Ruins of the Reich«: Tschechische Bürger, die den Drang verspürten, zu foltern oder zu töten, konnten ihre Opfer persönlich unter den Deutschen auswählen, die man wie lebender Hummer in einem Fischlokal in den Kellern der sogenannten Partisanen hielt.«[39a]

Pogrome ereigneten sich auch in anderen tschechischen Städten[40], z. B. in Budweis. Die Verfolgungen griffen bald auf die sudetendeutschen Städte über, vor allem in Nordböhmen. Über die Vorgänge in Aussig a. d. Elbe berichtet die Dokumentation des Bundesarchivs:[41] »Ein Geschehnis besonderer Art waren die Ausschreitungen in der Stadt Aussig am 31. Juli 1945, ausgelöst durch eine Explosion eines Lagers deutscher Beutemunition in dem dortigen Vorort Schönpriesen, die von den Tschechen als deutsche Sabotage-Aktion des ›Wehrwolfes‹ ausgelegt wurde. Mit weißen Armbinden gekennzeichnete Deutsche wurden auf den Straßen niedergeschlagen. Als nach Arbeitsschluß die Arbeiter der Firma Schicht AG über die Elbe-Brücke zu ihren Wohnungen eilten, wurden sie von der aufgehetzten Menge auf der Brücke

angegriffen, teils erschlagen oder in die Elbe geworfen. Auch Frauen und Kinder erlitten dasselbe Schicksal. Die Angaben über die Anzahl der Opfer dieser Ausschreitungen sind in den einzelnen Berichten unterschiedlich. Die Schätzungen betragen 700 bis 2700 Personen.«
Die Hintergründe des Massenmords werden wohl nie ganz aufgeklärt werden, doch spricht eine ganze Reihe von Indizien dafür, daß die Explosion von tschechischer Seite ausgelöst wurde[42], um die Liquidation der sudetendeutschen Volksgruppe zu beschleunigen. In einer Rund-

Dok. 13

Menschen als Strandgut[45]

Der deutsche Pfarrer Karl Seifert stand am Abend des 20. Mai in der Gegend von Pirna mit einigen Männern seiner Gemeinde am Ufer der Elbe. Er hatte dem zwischen Härte und Gutmütigkeit unberechenbar hin- und herschwankenden sowjetischen Kommandanten seines Ortes die Erlaubnis abgerungen, tote Deutsche zu bestatten, die Tag für Tag an dieses Ufer getrieben wurden. Sie kamen elbeabwärts aus der Tschechoslowakei. Und es waren Frauen und Kinder und Säuglinge, Greise und Greisinnen und deutsche Soldaten. Und es waren Tausende und Abertausende, von denen der Strom nur wenige an jenen Teil des Ufers schwemmte, an welchem der Pfarrer und seine Männer die Toten in die Erde senkten und ein Gebet über ihren Gräbern sprachen. An diesem Abend des 20. Mai geschah es, daß der Strom nicht nur solche Deutsche von sich gab, die zusammengebunden ins Wasser gestürzt und ertränkt worden waren, und nicht nur die Erdrosselten und Erstochenen und Erschlagenen, ihrer Zungen, ihrer Augen, ihrer Brüste Beraubten, sondern auf ihm trieb, wie ein Schiff, eine hölzerne Bettstelle, auf der eine ganze deutsche Familie mit ihren Kindern mit Hilfe langer Nägel angenagelt war. Als die Männer die Nägel aus den Händen der Kinder zogen, da konnte der Pfarrer nicht mehr die Worte denken, die er in den letzten Tagen oft gedacht hatte, wenn er sich mit den Tschechen beschäftigte und wenn Schmerz und Zorn und Empörung ihn übermannen wollten: »Herr, was haben wir getan, daß sie so sündigen müssen.« Dies konnte er nicht mehr. Aber er sagte leise: »Herr, sei ihrer armen Seele gnädig!«
(Zitat aus Jürgen Thorwald: Das Ende an der Elbe, neu erschienen in dem Sammelband »Die große Flucht«)

funkrede am 20. August 1945 erklärte Minister Ripka in Prag: »Wir erleben großangelegte Sabotageakte wie kürzlich in Aussig an der Elbe. Viele Angehörige unseres Volkes fühlen sich nicht sicher, bis sie wissen, daß die Deutschen fortziehen.« – Der Amerikaner Alfred M. de Zayas bemerkt dazu:[43] »Geradezu makaber klingt es, daß dieser Pogrom gegen die deutsche Bevölkerung von der tschechoslowakischen Regierung als Argument angeführt wurde, um die westlichen Alliierten zu einem beschleunigten Tempo der ›Umsiedlungen‹ zu veranlassen.«
Abschließend muß aber auch noch an diejenigen Tschechen erinnert werden, die sich trotz der Gefahr, als deutschfreundliche Kollaborateure verfolgt zu werden, nicht vom Weg der Menschlichkeit abbringen ließen. Der tschechische Philanthrop Premysl Pitter schuf sofort nach dem Krieg Heime für die überlebenden jüdischen Kinder aus Theresienstadt und begann bald darauf, auch deutsche Kinder aus tschechischen Konzentrationslagern zu retten und in seinen Heimen unterzubringen.[44]
Ebenso wie der deutsche Schriftsteller Armin T. Wegener, der nach seinem leidenschaftlichen Eintreten für die verfolgten Armenier sein Leben für die verfolgten Juden einsetzte, und der britisch-jüdische Verleger Victor Gollancz, der nach seinem publizistischen Kampf gegen den Ungeist des Nationalsozialismus zum engagierten Ankläger der Vertreibungsverbrechen wurde, bewies Pitter, daß mehr noch als die Unmenschlichkeit die Menschlichkeit eine konstante Größe der Geschichte ist.

8. Jugoslawien

Besonders tragisch war das Schicksal der Donauschwaben und anderer Jugoslawiendeutscher. Es wurde aufgrund jahrelanger Untersuchungen festgestellt, daß etwa 69 000 Jugoslawiendeutsche durch die Vertreibung umgekommen sind.[1] Bedenkt man, daß nach dem Abzug der deutschen Truppen weit weniger als die Hälfte der Volksgruppe im Land blieb[2], so ergibt sich weiter, daß von den Zurückgebliebenen rund ein Drittel getötet wurde. Große Grausamkeit kennzeichnete den Genozid.

Die jugoslawischen Plagen waren dreifach:
1) Deportation in die Sowjetunion,
2) Verhaftung und Massenerschießung,
3) Konzentrationslager.

Das Kapitel Deportation wurde schon unter »5. Die Opfer der Roten Armee« erörtert. Die Besonderheit der Deportation war in Jugoslawien, daß sie zu über 80 Prozent Frauen betraf, die man obendrein regelmäßig von ihren Kindern trennte; diese wurden dann in jugoslawische Lager verbracht.[3]

Beim Einmarsch der Russen kamen auch Vergewaltigungen und Erschießungen vor, aber nicht so oft wie in Ostpreußen oder Schlesien.[4]

Verhaftung und Massenerschießung

Die Machtübernahme der Partisanen nach dem deutschen Rückzug vollzog sich vielfach über die Zwischenstufe der sog. Ortspartisanen[5], d. h. gemäßigte Antifaschisten aus den betreffenden Gegenden. Letztere wurden aber bald von ortsfremden, den sog. regulären Partisanen abgelöst, und nun begannen willkürliche Verhaftungen und Massenerschießungen. Zu diesem Thema berichtet die Dokumentation des Bundesarchivs:[6]

»Bei den Verhaftungen wurde offensichtlich unterschiedlich vorgegangen: Nach dem Berichtsmaterial wurden insbesondere ehemalige Angehörige der Waffen-SS, der Deutschen Mannschaft (Ortswachen, die in deutschen Siedlungsgebieten 1941 nach Beendigung des Balkanfeldzuges gebildet worden waren), bei Volksgruppenorganisationen tätig gewesene Deutsche einschließlich Frauen, deutsche Bürgermeister und Verwaltungsbeamte, Angehörige der intellektuellen Kreise sowie die als besonders wohlhabend geltenden Bürger und Landwirte betroffen. Nach anderen Berichten fanden sich zunächst unterschiedslos alle deutschen Männer festgenommen. Die Verhafteten wurden unter Gewehrkolbenstößen in Gefängnisse oder verliesartige Kellerräume ge-

Dok. 14

Massentötungen in den Dörfern

Der Kaplan Paul Pfuhl berichtet aus Filipovo (Batschka):[8]
»Im Bewußtsein, nichts Unrechtes getan zu haben, blieben die Deutschen zumeist in ihren Dörfern zurück. Wohl in banger Sorge, wie es sein werde, wenn die Russen und die Partisanen kämen. Allgemein aber hoffte man, daß wahrscheinlich nur die ersten Tage ungewiß und schwer sein würden, daß es aber dann wieder zu geordneten Verhältnissen kommen würde ...
Ich war in dieser Zeit Kaplan in einer rein deutschen katholischen Gemeinde der Batschka, dem Gebiet also zwischen der Donau und der Theiß. Es war zweifellos die beste katholische Gemeinde des ganzen Siedlungsgebiets. Aus dieser Gemeinde von ungefähr 5000 Einwohnern gingen 40 Priester, über 100 Schwestern und eine große Zahl katholischer Lehrer und Organisationen hervor. Es war gleichzeitig die kinderreichste Gemeinde mit über fünf Kindern pro Familie (mehrere Familien mit zehn und noch mehr lebenden Kindern).«
Der Geistliche schildert dann, wie die Partisanen alle Männer des Dorfes zusammentrieben und aus 350 Personen 240 zur Tötung selektierten. Er zitiert einen Partisanen, der beim Massenmord dabei war. Dieser meint, die Filipovoer seien fromme Menschen gewesen: »Als man die Männer niederschlug (er selbst habe sich daran nicht beteiligt), da haben sie gebetet und sich gegenseitig Trostworte zugerufen. – Pfarrer Wagner war bis 1947 Kaplan in Stanischitsch. Er wurde eines Tages in Stanischitsch mit einem dortigen Serben bekannt, der bei der Liquidierung der Filipovoer Männer dabei war. Pfarrer Wagner versuchte, Näheres von ihm herauszubekommen, doch er ging nicht darauf ein und bemerkte nur: ›Strasno je bilo!‹ (Es war schrecklich!) Es waren unsere Besten, die so den Tod fanden: Familienväter mit zehn und mehr Kindern, unsere strammsten Jungmänner, die sich bis zuletzt erfolgreich der Rekrutierung zur SS widersetzten, ein Theologe, drei Priesterstudenten.«

schleppt – aus kleineren Gemeinden auch in größere Ortschaften getrieben –, zu Verhören gerufen, die unter brutalsten Mißhandlungen stattfanden, sodann geschlossen oder zum Teil zu einem vorher zur Exekution ausgehobenen Graben außerhalb der Gemeinde getrieben und dort erschossen.«

Lager

Nicht weniger unmenschlich als die Partisanenherrschaft in den jugoslawiendeutschen Dörfern war später die Behandlung der verfolgten Minderheit in den Lagern. Dort gab es in der Zeit zwischen Oktober und Dezember 1944 weitere Massenerschießungen. Dazu vermerkt die Dokumentation des Bundesarchivs:[7] »Zu diesen Exekutionen wurden teils nach Verhören, teils willkürlich Gruppen von Insassen herausgeholt. Erschossen wurden u. a. auch durch Krankheit und Schwäche arbeitsunfähig gewordene Deutsche. Unter dem Vorwand, sie für leichtere Arbeiten einzusetzen, waren Akademiker, Lehrer, Kaufleute veranlaßt worden, sich zu melden. Aber auch sie sind dann Opfer von Exekutionen geworden.«

Anfang Dezember 1944 sind dann in den Gemeinden wie in den Lagern die Massenerschießungen angeblich auf sowjetischen Einspruch hin eingestellt worden, wobei die Erfassung von Deutschen für Deportationen in die Sowjetunion den Hintergrund gebildet haben dürfte.

Etwa im Mai 1945 waren praktisch alle übriggebliebenen Jugoslawiendeutschen in Lagern interniert.[9] Die Zustände dort unterschieden sich nicht wesentlich von denen im polnischen und tschechischen Machtbereich. Bezeichnend ist, daß die Mißhandlung der Häftlinge erst 1947 offiziell verboten wurde.[10] Daß das Prügeln und vor allem das beliebte Auspeitschen[11] deswegen nicht sofort aufhörten, braucht nicht eigens betont zu werden.

Bemerkenswert sind auch die Protestnoten der US-Regierung betreffend die Behandlung amerikanischer Staatsbürger jugoslawiendeutscher Abstammung in den Lagern. Dort ist die Rede davon, daß Internierung in Konzentrationslagern ohne gerichtliches Verfahren und Sklavenarbeit gegen die Menschenrechte und die Gepflogenheiten zivilisierter Völker verstießen.[12] Ähnlich wie im Fall der polnischen Lager bedeutete aber gerade der Sklavenmarkt eine Überlebenschance für viele.[13]

Man unterschied offiziell dreierlei Lager: Zentralarbeitslager, Ortslager und Konzentrationslager für Arbeitsunfähige.[14] Die letzteren wurden inoffiziell auch Endlager oder Vernichtungslager genannt, weil dort die Sterberate ganz besonders hoch war. Dazu vermerkt das Bundesarchiv:[15] »Das größte Lager dieser Art, Knicanin (Rudolfsgnad), passierten ca. 33 000 Menschen, von denen nach geretteten Aufzeichnungen eines Lagerarztes 9503 verstorben sind, davon 8012 Erwachsene und 491 Kinder unter 14 Jahren. Als weitere Beispiele seien genannt: Gakovo mit 18 000 Insassen, davon ca. 8800 Todesfälle, Backi Jarek mit

Dok. 15

Mütter im KZ

Ein Augenzeuge berichtet aus dem jugoslawischen Konzentrationslager Gakovo:[17]

»Vielen Müttern brach das Herz, da sie mit ansehen mußten, wie ihre Kinder elend zugrunde gingen, ohne daß sie in der Lage gewesen wären, ihnen zu helfen. Viele Mütter sind Hungers gestorben, weil sie das bißchen Essen, das sie faßten, ihren Kindern gaben und lieber Hunger litten als die Kinder verderben ließen. Andere rafften sich auf, stahlen sich des Nachts aus dem Lager, um in den umliegenden Dörfern, bei Kroaten, Ungarn und selbst Serben, etwas Nahrung für ihre Kinder zu erbetteln. In diesen Tagen tauschten die Frauen alles, was sie noch an Wertsachen versteckt halten konnten. – Zum Ruhme der Kroaten, Ungarn und auch der Serben muß man anerkennen, daß sie im großen und ganzen sich sehr hilfsbereit zeigten und gerne etwas gaben. – Da es mancher dieser bettelnden Frauen geglückt ist, unbemerkt wieder ins Lager zu kommen, konnte wohl manches Kind, aber auch mancher Erwachsene vom Hungertod errettet werden. Oft aber kam es vor, daß sie von den Posten erwischt wurden, dann ging es ihnen schlecht. Was sie hatten, wurde ihnen weggenommen, man schlug sie oft bis aufs Blut und außerdem wurden sie noch für einige Tage in den Keller geworfen. Weil bald immer mehr Menschen sich aus dem Lager stahlen und betteln gingen, gab eines Tages der Kommandant den Befehl heraus, daß alle erschossen würden, die beim Betteln angetroffen würden. Trotz dieses Verbotes schlichen sich Frauen aus dem Lager.

In Krusevlje, einem Nachbarort, der ebenfalls in ein Lager umgewandelt worden war, wurden zwei Frauen gefangengenommen; man führte sie vor das Gemeindeamt, und dort wurden sie im Angesicht ihrer Kinder erschossen. Nachher wurden sie auf einen Schubkarren geladen und auf den Friedhof gebracht, während ihre Kinder nebenher gingen. Eine von diesen Frauen war noch nicht tot, unterwegs zum Friedhof kam sie zu sich, sah ihre Kinder neben sich und sagte ihnen: ›Kinder, eure Mutter muß sterben, weil sie euch so gern gehabt hat. Bleibt brav.‹ Es kam ein Partisane hinzu und schoß ihr aus seiner Pistole eine Kugel durch den Kopf. Später kamen ihre Kinder nach Gakovo ins Kinderheim. Als ich eines dieser Kinder dort fragte, ein Mädchen von ungefähr zwei Jahren: ›Rosi, wo ist deine Mutter?‹, sagte es: ›Schossen‹ (erschossen).«

18 000 Insassen und 6400 Todesfällen, Krusevlje mit 10 000 Insassen, davon rund 3000 Todesfälle.«

Der Suchdienst des Deutschen Roten Kreuzes hat 1562 Lager und Gefängnisse ermittelt, in denen Deutsche festgehalten wurden.[16]

Der Vollständigkeit halber sei noch vermerkt, daß ein Versuch Titos, Kärnten und die Südsteiermark an sich zu reißen, 1945 am Einspruch der Westmächte scheiterte. Man kann sich unschwer vorstellen, was die Annexion für die Bevölkerung bedeutet hätte[18].

9. Andere Gebiete

Rumänien

Die rund 100 000 Todesfälle, die das Statistische Bundesamt als Nachkriegsverlust der Siebenbürger Sachsen und der anderen Rumäniendeutschen errechnet hat[1], gehen fast ausschließlich auf das Konto sowjetischer Deportationen; im Durchschnitt überlebten dabei nur 55 Prozent.[2] Die Schätzungen schwanken allerdings z. T. stark.[3] Verschleppt wurde ohne Rücksicht auf die politische Haltung alles, vom SS-Mann bis zum aktiven Kommunisten.[4]

Die Rumänen verhielten sich im allgemeinen korrekt; Übergriffe waren selten. Plünderungen und einzelne Gewalttätigkeiten gab es vor allem in Gebieten, wo die deutschen Truppen auf ihrem Rückzug schon einen Teil der Bevölkerung evakuiert hatten.[5] Zu einer Vertreibung der deutschen Volksgruppe kam es nicht. Allerdings wurden unter kommunistischer Regie 1951 plötzlich ca. 40 000 Banater Schwaben zur Zwangsarbeit in die ostrumänische Baragan-Steppe deportiert, »unter Bedingungen, die den Gesetzen der Menschlichkeit und der Menschenwürde Hohn sprechen«, wie der Bundestag in seinem Protest vom 17. Oktober 1951 feststellte.[6]

Ungarn

Das Schicksal der Ungarndeutschen wird folgendermaßen beschrieben:[7]

»In Ungarn, wo die Zahl der Volksdeutschen rd. 600 000 betrug, floh ein kleiner Teil vor der Roten Armee nach Österreich. Rund 40 000 Deutsche wurden von den Russen in russische Arbeitslager verschleppt, aus denen die Mehrzahl nicht zurückkehrte. Die eigentliche Vertreibung der Deutschen, die im Potsdamer Protokoll gutgeheißen war, erfolgte im Januar 1946 zumeist ohne Ausschreitungen. Die Austreibung der Volksdeutschen aus Ungarn wurde aber nur zum Teil durchgeführt. Insgesamt wurden rd. 290 000 Deutsche ausgewiesen, 270 000 Volksdeutsche sind in Ungarn verblieben.«

In sowjetischer Sicht war Ungarn zwar auch ein Feindstaat. Da es aber in der Roten Armee keine gezielte Hetze gegen Ungarn gegeben hatte, gab es beim russischen Einmarsch etwas weniger Übergriffe und Verbrechen.[8] Allerdings litten die Magyaren auch unter Deportationen in die UdSSR. Aus ganz Ungarn wurden schätzungsweise 600 000 Menschen – Kriegsgefangene und Zivilarbeiter, Ungarn und Volksdeutsche – zur Zwangsarbeit nach Rußland verbracht.[9]

Die Haltung der ungarischen Regierung zur Vertreibungsfrage war schwankend, der regionale Ablauf sehr unterschiedlich. Vor allem aus dem Jahr 1947 werden allerdings Gewalttätigkeiten bei der Vertreibung berichtet, die stark an die Zustände in den Oder-Neiße-Gebieten erinnern.[10] Kardinal Mindszenty hat dagegen mehrfach scharf protestiert.[11]

Slowakei

Die Slowaken galten traditionsgemäß als deutschfreundlich, auch wenn es bei ihnen die verschiedensten Strömungen gab: Autonomisten und Prag-Anhänger, Kommunisten und Katholisch-Konservative.[12] Trotzdem mußte die Dokumentation des Bundesarchivs vermerken:[13] »Aus dem Gebiet der Slowakei waren nach dem dortigen Aufstand mehr als 80 % der Karpatendeutschen im Winter 1944/45 in die Sudetenländer evakuiert worden und teilten dann das Schicksal der dortigen Bevölkerung. Die Zurückgebliebenen wurden nach Besetzung der Slowakei durch die Rote Armee und Errichtung des neuen Regimes, sobald sie als Deutsche erkannt wurden, in Lager interniert und zum Arbeitseinsatz ›vermietet‹. Die Verhältnisse in den Lagern, die zumindest in den ersten Monaten unter Aufsicht ehemaliger Partisanen standen, unterschieden sich im allgemeinen nicht von denen in Böhmen und Mähren. Auch hier wird von hohen Sterblichkeitszahlen infolge Unterernährung berichtet sowie von Ausschreitungen teils sadistischer Art gegenüber den Insassen.«

Wenn es Massenverbrechen gab, wie etwa die Vernichtung eines ganzen Rücksiedlerzuges in Prerau/Mähren unweit der slowakischen Grenze am 18.6.1945[14], so waren meist kommunistisch beeinflußte Partisanengruppen beteiligt; im großen und ganzen fehlten die erschreckenden Begleitumstände der Vertreibung, wie sie aus Böhmen und Mähren berichtet wurden.[15]

10. Die Zahl der Opfer

Statistische Probleme

Wer sich mit der Zahl der Vertreibungsopfer beschäftigt, kann viel aus der Diskussion um die Statistik der Opfer von Hitlers »Endlösung der Judenfrage« lernen; sie ist seit jeher Tummelplatz von Apologeten und Rechtfertigungsliteraten. Georges Wellers[1] hat sich einmal die Mühe gemacht, die krassesten Beispiele zusammenzustellen. Er verweist auf R. Faurisson, für den es sich um einen »vorgetäuschten Völkermord« handelt. Richard Harwoods Buch »Did 6 Million Really Die?« – Anfang der siebziger Jahre in England stark verbreitet – schreibt von »Größenordnungen von Tausenden und nicht von Millionen«. Manfred Röder schätzt 200 000, F. Schlegel 300 000 bis 400 000, P. Rassinier 500 000 bis 1,5 Millionen, und so geht es fort.

Auch bei den seriöseren Schätzungen findet man noch eine gewisse Bandbreite[2], was keinen überraschen wird, der sich je mit den komplizierten bevölkerungsstatistischen Problemen der osteuropäischen Vielvölkerstaaten befaßt hat. Entscheidend bleibt, daß kleinere oder auch mittlere Abweichungen am Tatbestand des Völkermordes nichts ändern.

Ähnlich wie bei den Naziopfern liegen die Dinge bei den Vertreibungsopfern; auch hier schoß die Geschichtsklitterung – vor allem in der kommunistischen Propaganda – mächtig ins Kraut. Es durfte sich daher niemand wundern, trotz der Überfülle an Beweismaterial über östliche Rundfunkwellen[3] Töne wie diese zu hören:

»Es ist gut bekannt, daß der sowjetische Soldat gegen Kinder und Frauen nicht gekämpft hat, und bekannt ist auch, daß einzelne Fälle von disziplinären Ausschreitungen in unserer Armee aufs strengste bestraft wurden, obwohl es sich um Soldaten handelte, deren überwiegende Mehrheit nach Deutschland gekommen war, nachdem sie im Ergebnis der faschistischen Aggression Heim, Familie, die nächsten und teuersten Menschen verloren hatten. Keine andere als die Sowjetarmee nahm die Versorgung und die Belieferung der Zivilbevölkerung in den von ihr eingenommenen Gegenden auf sich, was unter den Verhältnissen jener Zeit die Rettung des Lebens von Millionen und Abermillionen Deutschen bedeutete.« (Der sowjetische Propagandasender »Radio Frieden und Fortschritt«, 23. Februar 1975)

»Man braucht nicht viel Phantasie, um zur Erkenntnis zu kommen, daß die rund um die sogenannte Dokumentation entfesselte Kampagne über an Deutschen begangene Verbrechen eine schamlose Geschichtsfälschung bedeutet.« (Radio Prag, 5. August 1974)

Auch das kommunistische Polen mochte hier offenbar nicht zurückstehen und verkündete durch Dr. Stanislaw Schimitzek, Warschau[4], die Schlußfolgerung, »... daß die Zahl der Verluste, welche die Zivilbevölkerung der Oder-Neiße-Gebiete vor dem Ende der Kampfhandlungen westwärts der Ostfront bzw. unmittelbar im Kampfgebiet erlitten hatte, ungefähr ebenso hoch war wie der Verlustsaldo der von tendenziösem Beiwerk gesäuberten Bevölkerungsbilanz. Es geht daraus auch hervor, daß die Ereignisse ostwärts der Front und die spätere Aussiedlung der noch zurückgebliebenen Deutschen auf die Höhe dieser Verluste keinen entscheidenden Einfluß haben konnten.«

Geschichtsklitterungen dieser Art werden, wie schon angedeutet, keinen Kenner überraschen. Erstaunlich ist allenfalls die Tatsache, daß auch nach dem Sturz der kommunistischen Diktaturen in Prag und Warschau die Verharmlosung der Verbrechen und die Leugnung der Opferzahlen z. T. ungebrochen anhält.

Glücklicherweise existieren über die Zahl der Vertreibungsopfer sehr sorgfältige wissenschaftliche Untersuchungen, die 1955 bis 1957 im Statistischen Bundesamt angestellt wurden und seither nur unwesentlich korrigiert werden mußten.

Grundlagen der Berechnung

Zuerst muß der betroffene Personenkreis abgegrenzt werden, d. h., die potentiellen Opfer von Vertreibungsverbrechen sind zu ermitteln. Allgemein wird heute eine Zahl von über 16,5 Millionen Deutschen für die Vertreibungs- und Deportationsgebiete in Ostdeutschland, Ost- und Südosteuropa (ohne die Sowjetunion in den Grenzen von 1937) angenommen, wovon auf das Reichsgebiet von 1937 9,29 Millionen, auf Danzig, Memel, Sudetenland und die anderen Regionen rund 7,25 Millionen entfallen.[5]

Es ist dies die Zahl der alteingesessenen Bewohner der genannten Gebiete, vermindert um die Kriegsverluste, also gefallene Soldaten, Bombenopfer usw. Was fehlt, sind die nach 1939 Zugezogenen und die Rußlanddeutschen.

Die rußlanddeutschen Siedlungsgebiete werden nach offizieller Sprachregelung als »Deportationsgebiete« bezeichnet. Im Rahmen dieses Buches besteht aber kein Anlaß, sie zu übergehen, zumal ihre Bewohner nicht nur von einem Ufer der Oder auf das andere, sondern von Europa nach Asien vertrieben wurden. Bei Hitlers Einmarsch in Rußland lebten nach amtlichen sowjetischen Unterlagen knapp anderthalb Millionen Deutsche im Land. Wegen der Tendenz der russischen Statistiker, die Zahl der Minderheiten möglichst niedrig erscheinen zu lassen, schätzt man die tatsächliche Zahl der Deutschen z. T. auf bis zu zwei Millionen Menschen.[6]

Das Schicksal der einheimischen Ostdeutschen teilten die Zugezogenen. Es waren dies einmal die Luftkriegsevakuierten. Man muß bedenken, daß z. B. aus Berlin insgesamt 1,5 Millionen evakuiert wurden. Allein in den Oder-Neiße-Gebieten zählte man 825 000 Evakuierte.[7] Dazu kommen noch die Evakuierten in den anderen Vertreibungsgebieten wie Sudetenland und »Warthegau«, die als wenig luftkriegsgefährdet galten. – Unter Berücksichtigung aller Umstände muß hier weit über eine Million Menschen angesetzt werden.

Bei der zweiten Untergruppe, den Zugezogenen aus den westlichen Landesteilen, findet man nur bruchstückhafte Angaben, etwa daß sich in den besetzten tschechischen Gebieten (»Protektorat Böhmen und Mähren«) 400 000 Reichsdeutsche aufhielten[8], daß schon 1940 im Sudetenland über 200 000 Deutsche zugezogen waren oder daß in Danzig und den besetzten polnischen Gebieten 460 000 (nach einer anderen Quelle 590 000) Reichsdeutsche lebten.[9] In diesem Zusammenhang ist auch an die zahlreichen Industriebetriebe zu erinnern, die aus den bombengefährdeten west- und mitteldeutschen Gebieten nach Osten verlegt wurden. Das bedeutet, daß ein bis 1,5 Millionen weiterer Bewohner vor 1945 in Wirtschaft und Verwaltung der Vertreibungsgebiete gearbeitet haben müssen, Familienangehörige inbegriffen.

Insgesamt ergibt sich ein Zugang von zwei bis 2,5 Millionen Menschen in den Vertreibungsgebieten, was mehrere Autoren[10] ausdrücklich bestätigen.

Die erste Zwischenbilanz lautet daher:

16,5 Mio.	einheimische Deutsche in allen Vertreibungsgebieten ohne Sowjetunion (Grenzen von 1937)
1,5 Mio.	Rußlanddeutsche (Mindestschätzung)
2,0 Mio.	zugezogene Deutsche aus den westlichen und mittleren Landesteilen (Mindestschätzung)
20,0 Mio.	deutsche Aufenthaltsbevölkerung in den Vertreibungs- und Deportationsgebieten gegen Ende des Krieges.

Diese Personenzahl ist doppelt so hoch wie die Zahl der seinerzeitigen Einwohner von Australien und Neuseeland zusammen. Sie entspricht etwa der seinerzeitigen Summe aller Einwohner der Republiken Irland, Finnland und Island und der Königreiche Norwegen, Schweden und Dänemark.[11]

Abgesehen von Resten der Ungarn- und Rumäniendeutschen gibt es das alte Ostdeutschland und die deutschen Sprachinseln im Osten heute nicht mehr. Noch niemals in der Geschichte ist eine so große Bevölkerung liquidiert und mit einem einzigen Federstrich aus Atlanten und Geschichtsbüchern getilgt worden – »Unperson« im Sinn von George Orwell.

Man wird vergeblich in der Geschichte nach Vergleichbarem suchen. Zu Zeiten des Neuassyrischen Reiches wurden unter Assurnasirpal (883–859 v. Chr.) und Assurbanipal (669–627 v. Chr.) 4,5 Millionen gewaltsam vertrieben.[12] Die nächstgrößere Gruppe dürften die 7,5 Millionen indische Flüchtlinge der Nachkriegszeit bilden.[13]

Es kann kein Zweifel daran bestehen, daß die Liquidation der deutschen Stämme und Volksgruppen im Osten die größte Völkervertreibung der Weltgeschichte darstellt.

Bilanz des Todes

Um die eigentlichen Vertreibungs- oder auch Nachkriegsverluste zu ermitteln, hat man im Statistischen Bundesamt alle Kriegsverluste (gefallene Soldaten, Opfer des Bombenkriegs usw.) aus den Bevölkerungsbilanzen zu eliminieren versucht und ist zu folgender Statistik der Vertreibungstoten gekommen:

Die deutschen Vertreibungsverluste
(ohne die Verluste der Rußlanddeutschen und der zugezogenen Bevölkerung; alle Zahlen abgerundet)

	In absoluten Zahlen	In Prozent der (deutschen) Einwohner
Ostpreußen	299 000	14
Ostpommern	364 000	20
Ostbrandenburg	207 000	35
Schlesien	466 000	10
Danzig	83 000	20
Baltische Staaten einschl. Memelland	51 000	21
Tschechoslowakei einschl. Sudentenland	272 000	8[14]
Polen	185 000	14
Ungarn	57 000	15
Jugoslawien	135 000	25[14]
Rumänien	101 000	12

Es ergibt sich eine Summe von rund 2,23 Millionen Todesopfern[15]. Die Schätzungen wurden »mit größter Vorsicht vorgenommen«, stellen also in der Regel Mindestzahlen dar.[16]

Die im Statistischen Bundesamt ermittelten Ergebnisse decken sich im wesentlichen mit der »Gesamterhebung zur Klärung des Schicksals der deutschen Bevölkerung in den Vertreibungsgebieten«, die der Kirchliche Suchdienst in München einige Jahre später (1965) vorlegte. Der Suchdienst hat 18 367 957 Personen aus den Vertreibungsgebieten (Stand 31.12.80) namentlich erfaßt.[17]

Nicht in der Bilanz des Statistischen Bundesamts enthalten sind die Verluste der verschleppten Rußlanddeutschen.

Sie werden heute auf mindestens 350 000 geschätzt und resultieren aus den Opfern, welche die Verschleppung von 900 000 Rußlanddeutschen in den asiatischen Teil der Sowjetunion während des Krieges und die Zwangsrepatriierung von über 270 000 geflüchteten Rußlanddeutschen nach dem Krieg kosteten.[18]

Bleiben noch die west- und mitteldeutschen Zuwanderer und Evakuierten in den Vertreibungsgebieten, deren Zahl weit über zwei Millionen lag. Grundsätzlich stellt die Dokumentation des Bundesvertriebenenministeriums fest, daß dieser Personenkreis ähnlich hohe Verluste zu beklagen hatte wie die einheimische Bevölkerung.[19] Nur in Einzelfällen, wie z. B. Ostbrandenburg, gelang wenigstens die bevorzugte Evakuierung der Bombenflüchtlinge.[20] Andererseits gab es besonders viele zugezogene Verwaltungsbeamte in Gegenden mit einer relativ hohen Verlustquote, z. B. in den besetzten tschechischen Gebieten. Während im Sudetenland nur 6,6 Prozent der Deutschen getötet wurden, waren es im ehemaligen »Protektorat Böhmen und Mähren« 14,5 Prozent.[21] Die Verluste der Zugezogenen insgesamt dürften daher – wenn überhaupt – nur geringfügig unter dem statistischen Mittel aller Vertreibungsgebiete liegen. Um aber jede Gefahr der Überschätzung auszuschließen, wird man die Menschenopfer der nichteinheimischen Deutschen etwa ein Fünftel unter dem allgemeinen Mittelwert von 14,3 Prozent ansetzen, also bei mindestens elf Prozent, was bei einer (Mindest-)Zahl von zwei Millionen 220 000 ausmacht. Es ergibt sich damit folgende Synopse:

Vertreibungs- und Deportationsverluste
der deutschen Zivilbevölkerung im Osten
(Zahlen in Millionen)

Ostdeutschland, Ost- und Südosteuropa (ohne Rußlanddeutsche und zugezogene Bevölkerung)	2,23
Rußlanddeutsche	0,35
Zugezogene Bevölkerung (nicht im Osten geboren)	0,22
	2,80

Lediglich am Rand sei vermerkt, daß die genannten Zahlen bei weitem nicht alle Nachkriegsverluste erfassen, die im Osten zu beklagen waren. An dieser Stelle wäre z. B. an die zahlreichen Gewaltverbrechen der Roten Armee während des Einmarsches in Mitteldeutschland[22] zu denken, die sich z. T. nicht von denen östlich von Oder und Neiße unterschieden. Zu nennen wären ferner die 185 000 Zivilpersonen, die nach 1945 in der Sowjetzone festgenommen, teilweise in den Lagern Buchenwald, Sachsenhausen usw. interniert und teilweise in die Sowjetunion abtransportiert wurden; von ihnen starb ein hoher Prozentsatz.[23]

Obwohl es auch im Westen Fälle völkerrechtswidriger und grausamer Behandlung von Kriegsgefangenen gab – in Frankreich kamen vermutlich 167 000, in den US-Lagern mindestens 100 000 ums Leben[24] –, verdient doch das tragische Schicksal der Kriegsgefangenen im Gewahrsam osteuropäischer Staaten besondere Erwähnung. Nach heutigem Erkenntnisstand muß man wohl von 1,335 Millionen Gefangenentoten in sowjetischem und 100 000 in jugoslawischem Gewahrsam ausgehen.[25]

Während zumindest Fachhistoriker wissen, daß infolge der fortgesetzten alliierten Lebensmittelblockade gegen Deutschland und Österreich nach dem Ersten Weltkrieg rund eine Million Menschen starb[26], gelang es erst dem kanadischen Journalisten James Bacque[27], die Öffentlichkeit auf die wesentlich höhere Zahl direkter und indirekter Hungeropfer (z. B. erhöhte Säuglingssterblichkeit, hungerbedingte Krankheiten und dergleichen) nach dem Zweiten Weltkrieg aufmerksam zu machen. Bacque kommt auf schier unglaubliche 5,7 Millionen in den vier Besatzungszonen Deutschlands. Auch wenn dies zu hoch gegriffen sein sollte, so erscheint doch mindestens eine Zahl von zwei Millionen realistisch.

Addiert man alle genannten Zahlen und die Vertreibungsopfer, so ergibt sich, daß 1945 und später 6 bis 10 Millionen unschuldiger Menschen sterben mußten. Damit liegen die Nachkriegsverluste sogar über den deutschen Diktatur- und Kriegsopfern 1933–1945.[27a]

Vergleich der Schätzungen

Wie zurückhaltend die beauftragten Behörden bei ihren Schätzungen zu Werke gingen, zeigen z. B. erstmals ausgewertete Statistiken der ehemaligen DDR, die wesentlich weniger Sudetendeutsche ausweisen als bisher angenommen. Es sind nach der Untersuchung von F. P. Habel in der Ex-ČSR nicht 272 000, sondern 460 000 Deutsche »verlorengegangen«.[28] Während beim Kirchlichen Suchdienst über 240 000 Verschwundene namentlich bekannt sind, sprach man in der deutsch-tschechischen Historikerkommission 1996 unbekümmert von nur 15 000 bis 30 000 Vertreibungsopfern.[28a]

Die einzig seriöse Korrektur nach unten ergab sich bei den Opfern der Jugoslawiendeutschen; neuere Detailuntersuchungen kamen hier auf 69 000 Zivilverluste.[28b] Das Gesamtergebnis des statistischen Bundesamtes bleibt aber im wesentlichen unberührt.

Durchaus realistisch erscheint daher die Angabe von drei Millionen bzw. »mehr als 3 Millionen« Vertreibungs- und Deportationsopfern, die sich in einer Anzahl seriöser Publikationen findet.[29] Soweit Zahlen unter 2,8 Millionen genannt werden, erklären sie sich regelmäßig daraus, daß nicht alle betroffenen Personengruppen einbezogen sind oder die Zahl von 2,23 Millionen umgekommener Einheimischer in Ostdeutschland und Osteuropa (ohne Rußland) einfach auf zwei Millionen abgerundet wird.

Zahlen unter zwei Millionen sind, soweit sie auf seriösen Untersuchungen beruhen, nur Teilgrößen[30] und ergeben sich z. B. bei einer Differenzierung zwischen Todesfällen aufgrund gezielter Tötungshandlungen einerseits und als Folge von Hunger, Erschöpfung, Selbstmord[30a] usw. andererseits.[31] Auch bei den Naziverbrechen haben Wissenschaftler untersucht, welcher Prozentsatz der Opfer durch direkte Ermordung starb und wie viele »an Überarbeitung, Seuche, Hunger und Elend« zugrunde gingen.[32] Keine dieser Spezialuntersuchungen erhebt Anspruch darauf, die gewonnenen Gesamtergebnisse zu korrigieren.

Per saldo ist festzustellen: Nach dem bisherigen Stand der Erkenntnisse liegen die Vertreibungsverluste (einschließlich der Deportationsverluste) der deutschen Zivilbevölkerung im Osten zwischen 2,8 und drei Millionen; das entspricht etwa der seinerzeitigen Einwohnerzahl der Republik Irland.

Definitionsprobleme

Das Statistische Bundesamt hat in seiner Untersuchung über die deutschen Vertreibungsverluste die Opfer auch als »Nachkriegsverluste« bezeichnet. Man könnte dagegen einwenden, daß die Verfolgung der Jugoslawiendeutschen 1944 begann und daß ein sehr großer Teil der Todesfälle, die auf sowjetische Rechnung gehen, vor dem Waffenstillstand eintrat. Dazu ist allerdings zu sagen, daß sich einmal die Morde in den Konzentrationslagern ganz überwiegend in der Nachkriegszeit abspielten; im Sudetenland z. B., das sehr spät besetzt wurde, dürften die Todesfälle überhaupt zu 99 Prozent in der Nachkriegszeit liegen. Auch die Verbrechen der Roten Armee spielten sich im wesentlichen hinter der Front ab in Gebieten, für die der Krieg schon vorbei war. Sie dienten der sowjetischen Politik der Entvölkerung der Gebiete und hatten nur wenig mit dem Krieg zu tun. – Gegen den Gebrauch des anschaulichen Worts »Nachkriegsverluste« ist nichts einzuwenden, da es sich um Verluste handelt, die nach den Kriegshandlungen eingetreten sind.

»In Kambodscha wiederholt sich heute Holocaust«, meinte 1979 der amerikanische Strafrechtsexperte Albert Blaustein.[33]

1982 bezeichnete Bundeskanzler Schmidt die Zigeunerverfolgung im Dritten Reich als Völkermord.[34]

Die Vorgänge bei der Umsiedlung der Krimtataren und der anderen »bestraften« Sowjetvölker hat der Friedensnobelpreisträger Sacharow als Genozid bezeichnet[35], ebenso Robert Conquest in seinem Buch »Stalins Völkermord«.[36]

In einer Grundsatzrede vor dem amerikanischen Repräsentantenhaus vom 16.5.1957[37] nannte Carroll Reece auch die Vorgänge bei der Vertreibung der Ostdeutschen Völkermord. Als Völkermord betrachtet sowohl das deutsche Strafrecht (§ 6 des Völkerstrafgesetzbuchs vom 26.6.2002) als auch die UNO-Resolution über den Genozid nicht nur die ganze oder teilweise physische Vernichtung bestimmter Gruppen, sondern auch andere Formen der Vernichtung der Identität der Gruppe.

Zweifellos ist die Identität der ostdeutschen Volksgruppen vernichtet; die Stämme der Ostpreußen, Schlesier, Pommern etc. existieren praktisch nicht mehr.[38]

Angesichts dieses Sachverhalts und angesichts der Millionenzahl von Toten erscheint das Wort Völkermord in doppelter Weise gerechtfertigt, was namhafte Völkerrechtsexperten wie z. B. Prof. Ermacora – jahrelang UN-Gutachter sowie Mitglied der Europäischen und der UN-Menschenrechtskommission – mehrfach bestätigt haben.[40]

Dok. 16

Der Tod eines Landes

Der amerikanische Diplomat und Historiker George F. Kennan beschreibt in seinen Memoiren den Zustand Ostpreußens nach 1945:[39] »Die Katastrophe, die über dieses Gebiet mit dem Einzug der sowjetischen Truppen hereinbrach, hat in der modernen europäischen Geschichte keine Parallele. Es gab weite Landstriche, in denen, wie aus den Unterlagen ersichtlich, nach dem ersten Durchzug der Sowjets von der einheimischen Bevölkerung kaum noch ein Mensch – Mann, Frau oder Kind – am Leben war, und es ist einfach nicht glaubhaft, daß sie allesamt in den Westen entkommen wären. Die Wirtschaft der Gegend war total zerstört. Ich selbst flog kurz nach Potsdam* mit einer amerikanischen Maschine in ganz geringer Höhe über die gesamte Provinz, und es bot sich mir ein Anblick eines vollständig in Trümmern liegenden und verlassenen Gebiets: vom einen Ende bis zum anderen kaum ein Zeichen von Leben. ... (Die Russen hatten aus dem Land) die einheimische Bevölkerung in einer Manier hinausgefegt, die seit den Tagen der asiatischen Horden nicht mehr dagewesen ist.«

* Potsdamer Konferenz vom 17.7.–2.8.1945

Erst 1999 schloß sich die deutsche Justiz in eindeutiger Weise der Rechtsauffassung Ermacoras an. Die Frankfurter Allgemeine berichtete dazu am 4. Mai 1999:
»Zum ersten Mal ist in Deutschland ein Angeklagter rechtskräftig wegen Völkermordes verurteilt worden. Der Bundesgerichtshof in Karlsruhe bestätigte im Ergebnis ein Urteil des Oberlandesgerichts Düsseldorf, das den bosnischen Serben Nicola Jorgić wegen der Ermordung von insgesamt 30 Menschen zu einer lebenslangen Freiheitsstrafe verurteilt hatte ... Der Bundesgerichtshof stellte klar, daß Völkermord nicht die Ausrottung einer ganzen Bevölkerungsgruppe voraussetze; das hatten die Verteidiger des Angeklagten behauptet. Die Richter hielten es vielmehr für maßgeblich, daß es Jorgić um die Vernichtung der nordbosnischen Muslime gegangen sei; auch das erfülle den Tatbestand des Völkermordes. Danach ist ausreichend, wenn jemand in der Absicht, eine nationale, rassische, religiöse oder durch ihr Volkstum bestimmte Gruppe ganz oder teilweise zu zerstören, Mitglieder der Gruppe tötet, ihnen schwere Schäden zufügt oder ›die Gruppe unter Lebensbedingungen stellt‹, die geeignet sind, deren Zerstörung herbeizuführen.«

11. Resümee

Als Fazit des historischen Tatbestands ist festzuhalten:
Die Vertreibung der Deutschen aus Ostdeutschland und Osteuropa in den Jahren 1945 bis 1948 war die größte und konsequenteste Völkervertreibung der Weltgeschichte; für über 20 Millionen Menschen bedeutete sie Flucht, Vertreibung oder Verschleppung, Mißhandlung oder Diskriminierung. 2,8 bis drei Millionen verloren dabei ihr Leben. Das Geschehen in den Vertreibungsgebieten ist als Völkermord zu bezeichnen.
Das Schicksal der Bevölkerung in den einzelnen Gebieten war verschieden; es unterschied sich oft sogar von Dorf zu Dorf.
In den Oder-Neiße-Gebieten und in Polen sind als wichtigste Todesursachen zu nennen:
1) Massenverbrechen beim Einmarsch der Roten Armee und in den ersten Wochen danach;
2) Vernichtung von Flüchtlingstrecks bzw. Tod auf der Flucht wegen Erschöpfung, Kälte usw.;
3) Tod in Gefängnissen und Lagern (allein im polnischen Verwaltungsbereich wurden 1255 Lager gezählt);
4) Zwangsarbeit und Deportation;
5) Verelendung und Hungertod der verbliebenen Bevölkerung, vor allem in Ostpreußen.
Die Bewohner der Wolgadeutschen Republik und der anderen deutschen Siedlungen im europäischen Rußland wurden ab 1941 zwangsweise nach Kasachstan, Sibirien und anderen Gegenden östlich des Urals umgesiedelt. Katastrophale Verhältnisse, vor allem beim Transport und an den Zielorten, forderten dabei hohe Opfer.
In Prag und anderen tschechischen Städten mit deutscher Minderheit fanden Pogrome von unerhörter Grausamkeit statt. Im Sudetenland, wo die Rote Armee sehr spät einmarschierte, starben die Menschen vor allem in den Konzentrationslagern an Mißhandlung, Folter und Hunger.
In Jugoslawien wurde die deutsche Bevölkerung von Partisanen durch Massenerschießungen und in Lagern fürchterlich dezimiert; von den im Land verbliebenen Deutschen starb jeder dritte. In Ungarn mußte etwa die Hälfte der deutschen Volksgruppe das Land verlassen. In einigen Sammellagern starben Menschen aufgrund unmenschlicher Zustände; die meisten Todesfälle jedoch ereigneten sich bei der Verschleppung von Zwangsarbeitern in die UdSSR.
In Rumänien waren die Verluste der deutschen Minderheit ganz über-

wiegend eine Folge sowjetischer Deportationen. Eine Vertreibung hat es dort nicht gegeben.

In den eingangs genannten Zahlen nicht enthalten sind die Opfer sowjetischer Gewaltverbrechen in und Deportationen aus Mitteldeutschland sowie die zugrunde gegangenen Kriegsgefangenen in Ost und West, schließlich die Opfer der alliierten Hungerpolitik (bei Einbeziehung auch dieser Personengruppen wären die deutschen Nachkriegsverluste auf weit über fünf, möglicherweise bis zu zehn Millionen zu beziffern).

Insgesamt liegt die Zahl der Nachkriegsverluste über der Zahl der deutschen Opfer von Diktatur und Krieg 1933–1945.

II. TEIL:
Motive

12. Tschechische Motive

Täter und Motive

Wer über die Motive der Vertreibung und der Vertreibungsverbrechen nachdenkt, sollte bei den Tschechen anfangen; denn die Liquidierung des Sudetenlandes und die Vertreibung seiner Bewohner wurde beraten und beschlossen, lange bevor man entschied, auch die Schlesier, Pommern und Ostpreußen aus der Liste der Stämme und Völker dieser Welt zu streichen. Das Verdikt über die Sudetendeutschen hat Signalwirkung für die folgende Entwicklung gehabt.
Wer waren nun die Tschechen, die im Frühsommer 1945 allmählich ins Sudetenland einströmten und dort die schwersten Verbrechen begingen, die es in der Geschichte der deutsch-tschechischen Beziehungen je gegeben hat?
Die Dokumentation des Bundesarchivs über die Vertreibungsverbrechen beschreibt den Täterkreis folgendermaßen:[1]
»An den hier gegenüber der deutschen Bevölkerung verübten Gewalttaten waren beteiligt:
- die teilweise kommunistisch beeinflußte Revolutionsgarde, ursprünglich gebildet aus Insurgenten während des Prager Aufstandes; ihre Angehörigen nannten sich Partisanen, obwohl sie größtenteils erst nach Beendigung der Kampfhandlungen der Garde zugeströmt waren;
- Soldaten und Offiziere der in der Sowjetunion unter General Swoboda gebildeten tschechischen Befreiungsarmee;
- die SNB (Wache der Nationalen Sicherheit), die die Funktion des Staatssicherheitsdienstes sowie der Gendarmerie und Polizei ausübte, und schließlich
- auf den Straßen der tschechische Mob.«

Dazu ergänzt eine andere Dokumentation:[2]
»Eine üble Rolle spielte dabei wieder die ›Revolutionsgarde‹. Sie hatte nach Beendigung der Kampfhandlungen einen starken Zulauf aus den-

jenigen Bevölkerungsschichten erhalten, die nun ohne ein persönliches Risiko sowohl an dem Nimbus, mit dem die Partisanen umgeben waren, als auch an den ihnen zugedachten Vorteilen im neuen Staat teilhaben wollten. Die Jugendlichen unter ihnen mochten noch aus patriotischem Gefühl oder ungestilltem Betätigungsdrang in die Reihen der Revolutionsgarde eingetreten sein. Unter den Älteren waren die aus bürgerlichen Schichten stammenden Anhänger, die im Kampf gegen die Deutschen eine nationale Befreiungstat gesehen hatten, nun entweder schon in ihren Zivilberuf zurückgekehrt oder in den Hintergrund gedrängt worden.«

Bevorzugte Beteiligung am Vermögen der enteigneten Deutschen und Ungarn hatte schon die provisorische tschechische Regierung in ihrem Programm vom 5. April 1945 den Partisanen versprochen.[3]

In einer Pressenotiz vom 11. August 1945[4] über »Privilegien für Mitglieder der Widerstandsbewegung« heißt es:

»Für Mitglieder der Widerstandsbewegung werden Posten als Staatsbeamte, in Betrieben, Fabriken und in staatlichen und privaten Geschäften reserviert werden. Sie werden bevorzugte Behandlung bei Erteilung von Handelslizenzen und Zuteilung von konfisziertem Land oder industriellem Eigentum der Deutschen erhalten. Das gilt auch mit Bezug auf freies Studium. Als Mitglieder der nationalen Widerstandsbewegung werden angesehen: Mitglieder der Auslandsarmee, der Partisanenabteilungen und der Widerstandsbewegung daheim.«

Es ist nicht verwunderlich, wenn kurz darauf ein anderes tschechisches Blatt schreiben mußte:[5]

»Heute ist jedermann ›Partisan‹. Der eine deshalb, weil er einen Partisanen gesehen hat, der andere deshalb, weil er von ihnen etwas gehört hat, der dritte deshalb, weil er sie angeblich unterstützt hat, der vierte erhielt im Mai eine Flinte in die Hand gedrückt, der fünfte arbeitete den ganzen Krieg über gegen die Deutschen usw. Jeder will für seine großartige Tätigkeit und seine Verdienste auch die größten Rechte in Anspruch nehmen. Überall bemüht er sich, sich vorzudrängen, und hat in sich nichts von dem, was der echte Partisan hat, was ihm blieb, was er aus den Bergen mitbrachte, aus dem Kampf, nämlich die brüderliche Liebe des einen zum anderen.

Wo sind denn die echten Partisanen? Sie sind schweigend in den Hintergrund gedrängt. Keiner von ihnen kämpfte dafür, daß er einmal in der befreiten Republik Vorteile dafür erhalte ...«

Für diesen neuen Typ, der sich sehr schnell in den Vordergrund schob und im Sudetenland eine verhängnisvolle Rolle spielte, erfand der tschechische Volksmund Namen wie »Fünf-Minuten-Partisanen«, »Räubergarden«, »Goldgräber (Zlatokopci)« usw.[6]

Über ihr Aussehen berichtet z. B. Alois Ullmann, ein sudetendeutscher Sozialdemokrat, der die Jahre zwischen 1938 und 1945 im KZ Dachau zugebracht hatte. Der prominente Hitler-Gegner beobachtete in Aussig kurz vor dem großen Pogrom das Eintreffen eines tschechischen Schlägertrupps und bemerkt dazu:[7] »Am Bahnhof sah ich gerade, wie einem aus Prag kommenden Zug ca. 300 Personen sehr zweifelhaften Aussehens entstiegen. Diese Leute waren ungefähr im Alter von 18 bis 30 Jahren, und ich bekam den Eindruck, daß wieder einmal irgendwo eine Strafanstalt entleert worden ist.«

Die Beteiligung der echten tschechischen Widerstandskämpfer an Verbrechen im Sudetenland war vergleichsweise gering. Einige von ihnen wurden sogar wegen »Kollaboration« eingesperrt, weil sie sich gegen die Verbrechen ihrer eigenen Landsleute gewendet hatten.[8]

Eine parallele psychologische Erscheinung findet man in Frankreich. Die französischen Widerständler, denen übrigens schon der sowjetische Chefpropagandist Ehrenburg mangelnden Deutschenhaß vorgeworfen hatte, verhielten sich nach dem Krieg viel nüchterner als andere Franzosen. »Eben weil sie in Konzentrationslagern gewesen waren, eben weil sie in Gefängnissen gewesen waren, waren sie nüchtern«, analysierte Professor Alfred Grosser, Paris, 1963 in einem Vortrag dieses Phänomen.

Andererseits liegen zahlreiche Berichte vor über tschechische Kollaborateure aus der NS-Zeit, die sich durch besondere Aktivität bei der Deutschenverfolgung rehabilitieren wollten, und auch über ehemalige deutsche SA-Männer, die sich nach 1945 als Kapos bei Folterungen hervorgetan haben.[9] In diesem Zusammenhang sei daran erinnert, daß es den Nazis im »Protektorat Böhmen und Mähren« gelungen war, mit einer Handvoll von ortsfremden Gestapo-Leuten das wohl dichteste Netz von einheimischen V-Männern aufzubauen, das es in Hitlers Europa gab.

Massive Propaganda tat ein übriges. Da man die Vernichtung des Dorfes Lidice schlecht als Grund für die Vernichtung einer ganzen (unbeteiligten) Volksgruppe heranziehen konnte, mußten chauvinistische Parolen nachhelfen. So hieß es in einer Broschüre der in Prag führenden »Nationalsozialistischen Partei« (die Benesch-Partei hieß zufällig genauso wie die Hitler-Partei): »Der Teufel spricht deutsch ... Es gibt keine guten Deutschen, es gibt nur schlechte und noch schlimmere, ... Derjenige tschechische Vater, der seine Kinder nicht zum Haß gegen die deutsche Lügenkultur und Unmenschlichkeit erzieht, ist nicht nur

ein schlechter Vaterlandsanhänger, sondern auch ein schlechter Vater ...«[10]
In einem Zeitungsartikel vom 15. August 1945 konnte man lesen:[11] »Der Deutsche hat keine Seele, und die Worte, die er am besten versteht, sind – nach Jan Masaryk[12] – die Salven von Maschinengewehren.«
Erwähnenswert ist auch das Beispiel des Prager Pogroms. Die Aufständischen sendeten über Radio Prag nonstop Haßparolen und Nachrichten über angebliche Greueltaten der Nazis, z. B.: »Die SS nagelt Kinder an die Wände.«[13] So glaubten manche Tschechen ein Gleiches tun zu müssen. Ein bezeichnender Vorfall wird aus der Gegend von Olmütz (Mähren) berichtet. Dort hatten deutsche Bauern erschossene tschechische Widerständler ausgraben müssen. Bei der späteren öffentlichen Aufbahrung der Leichen stellten sie fest, daß nachträglich die Nasen abgeschnitten und die Augen ausgestochen worden waren, um für Propagandazwecke Nazigreuel vorzutäuschen.[14]
Neben der Propaganda wirkte noch die Straffreiheit, die den Tätern schon früh verheißen und durch Gesetz vom 8. Mai 1946 dann auch offiziell gewährt wurde.[15] Dieses Gesetz Nr. 115 bestimmte in § 1:
»Eine Handlung, die in der Zeit vom 30. September 1938 bis zum 28. Oktober 1945 vorgenommen wurde und deren Zweck es war, einen Beitrag zum Kampf um die Wiedergewinnung der Freiheit der Tschechen und Slowaken zu leisten, oder die eine gerechte Vergeltung für Taten der Okkupanten oder ihrer Helfershelfer zum Ziele hatte, ist auch dann nicht widerrechtlich, wenn sie sonst nach den geltenden Vorschriften strafbar gewesen wäre.«

Rache für Naziverbrechen

Während die Motivation der Täter selbst an Hannah Arendts Wort von der Banalität des Bösen erinnert, ist für die Einstellung der verantwortlichen Politiker eher der Bericht einer amerikanischen Quäkerin über ihre Unterredung mit dem tschechischen Exilminister Stransky vom 28. November 1944[16] bezeichnend: »Stransky ... glaubt, die Verhältnisse im Sudetenland nach dem Waffenstillstand würden derartige sein, daß sich das deutsche Problem zum guten Teil ohne Transfer von selber lösen wird. Die sudetendeutsche Bevölkerung würde sogar ohne offiziellen Transfer drastisch reduziert werden ... Es wird ein schreckliches Elend geben (bude hrozna bida). Es wird daher erwartet, daß es in der ersten Periode nach der Befreiung im Sudetenland eine sehr hohe Sterblichkeit geben wird.«
Eingeleitet wurde die Entwicklung durch die Agitation des tschechischen Exilpräsidenten Benesch und ab Frühjahr 1945 durch die provi-

sorische »Regierung der Nationalen Front der Tschechen und Slowaken«, gegründet im slowakischen Kaschau (damals schon von den Sowjets besetzt), bestehend aus einer Koalition von Kommunisten und bürgerlichen Nationalisten.[17] Offizielle Begründung für die Liquidation der sudetendeutschen Volksgruppe war »Verrat an der tschechoslowakischen Nation« einerseits und kollektive Bestrafung wegen der Untaten der Nazis andererseits.[18]

Bei letzterem Gesichtspunkt ist zunächst zu bedenken, daß in Hitlers Planungen dem sog. Protektorat Böhmen und Mähren als »Luftschutzkeller und Waffenschmiede des Reiches« eine Sonderstellung zugedacht war. Zwar herrschte zwischen 1939 und 1945 auch in Prag der bekannte Individualterror totalitärer Diktaturen, doch der verheerende Massenterror, der in jenen Jahren den Boden Osteuropas mit dem Blut von Millionen tränkte, blieb dem tschechischen Volk durch glückliche Fügung erspart.

Bis 1945 lebten die Tschechen in einem äußerlichen Frieden, wie ihn damals außer den neutralen Staaten und vielleicht Dänemark kein weiteres Land in Europa kannte.[19] Man zählte zwei Millionen Tschechen in NS-nahen Organisationen. Partisanenkämpfe und Bombenangriffe waren praktisch unbekannt, und der russische Einmarsch in Böhmen in der letzten Woche des Krieges traf auf keinen nennenswerten Widerstand mehr. Der Leistungsgrad der tschechischen Arbeiter lag 15 bis 18 Prozent über dem der deutschen, der Viehbestand der Landwirtschaft Anfang 1945 über dem von 1938 und das Bevölkerungswachstum über dem der Vorkriegszeit.[20] In seiner Propagandarede vom 2.11.1944 in Wsetin konnte Ministerpräsident Krejci von der tschechischen Protektoratsregierung seinen Landsleuten vorrechnen, daß das tschechische Volk im Ersten Weltkrieg 200 000 Gefallene zu beklagen hatte, während es sich im Zweiten Weltkrieg bis dahin um 180 000 Köpfe vermehrt habe.[21]

Daß die Tschechen vom Wehrdienst freigestellt waren, ist nur dem Eigensinn Hitlers zu verdanken, der die entsprechenden tschechischen Angebote immer wieder ablehnte.[22] An Offerten hatte es nicht gefehlt. General Kalal, der Vorsitzende der tschechischen Soldatenverbände, und andere Rechtskreise hatten mehrfach vorgeschlagen, zumindest tschechische Freiwilligenformationen in den »Kreuzzug gegen den Bolschewismus« zu schicken. – Auch agrarische Kreise fühlten vor, ob sich nicht tschechische Bauern an einem Siedlungsprogramm in der Ukraine beteiligen könnten.[23]

Schon vor Hitlers Einmarsch in Prag hatte sich im Winter 1938/1939 die damalige tschechische Regierung bei den Nazis lieb Kind gemacht, indem sie ca. 30 000 Hitlergegner aus dem soeben besetzten Sudetenland, die in der Tschechei Zuflucht gesucht hatten, an Berlin auslieferte – z. T. noch in ihren tschechischen Uniformen.[24]

Behaglich konnte Hitler in einem seiner Tischgespräche feststellen[25], man könne die Tschechen schon jetzt zu fanatischen Anhängern des Reichs machen, wenn man ihnen als Feinschmeckern doppelte Rationen gebe und sie nicht in den Kampf im Osten schicke. Sie würden es dann als moralische Verpflichtung ansehen, in der Rüstungsindustrie und so weiter doppelt zu arbeiten.

Aber die Knödelidylle trügt. Man denke nur an das Blutbad von Lidice. – Die Ereignisse von Lidice sind bekannt: Schon 1941 hatte das tschechische Exilkabinett in London den Tod von Reinhard Heydrich beschlossen. Heydrich, de jure stellvertretender Reichsprotektor in Prag und de facto Vormund der tschechischen Protektoratsregierung, hatte durch eine raffinierte Politik von Zuckerbrot und Peitsche aus Böhmen und Mähren ein braunes Musterländle gemacht. Da es vor Ort an geeigneten Widerstandskämpfern fehlte, ließ man zwei Attentäter durch ein britisches Flugzeug absetzen. Nach dem Anschlag am 29. Mai 1942 ließen die Nazis das Dorf Lidice in Böhmen zerstören, wo sich die Täter auf der Flucht versteckt hatten. 186 Menschen[26] – alle Männer des Dorfes vom 15. Lebensjahr an – wurden von der tschechischen Ordnungspolizei in deutschem Auftrag erschossen, die übrigen Bewohner verschleppt. Einige Frauen kamen später in Lagern um; Beweise für eine Ermordung von Kindern aus Lidice konnten allerdings in den NS-Prozessen nicht gefunden werden.[27] Ähnliches ereignete sich später im Dorf Lezaky, wo 33 Einwohner erschossen wurden.

Gewiß zwei schwere Kriegsverbrechen, die nach Sühne verlangen. Auf welche Weise hat man nun die verletzte Rechtsordnung wiederhergestellt? Wenn man dem tschechischen Staatsoberhaupt Benesch glauben darf, durch Liquidation der sudetendeutschen Volksgruppe. – Abgesehen davon, daß auch die tschechische Okkupation des Sudetenlandes in den Jahren 1918/1919 das Leben vieler Unschuldiger gekostet hat[28], und abgesehen davon, daß man einen Mord an Unschuldigen nicht durch einen anderen Mord an Unschuldigen sühnen kann, verdienen auch die Relationen der »Sühne« Aufmerksamkeit.

Unter Zuhilfenahme amtlicher tschechischer Unterlagen und durch Augenschein vor Ort wurde ermittelt, daß im Sudetenland seit 1945 über 1000 Ortschaften verfallen oder ganz vom Erdboden verschwunden sind.[29] Satellitenbilder zeigen daneben das Ausmaß der Umweltzerstörung, die z. B. im böhmischen Erzgebirge – dicht gefolgt von Oberschlesien – den Europarekord erreicht haben dürfte.

Wer das Schlagwort »Rache für Lidice« ernst nimmt, muß sich zu einer gespenstischen Bilanz bekennen: hier ein bzw. zwei vernichtete Dörfer als Hochwassermarke des NS-Terrors, auf der anderen Seite 1000 ausgelöschte Ortschaften als Produkt der tschechischen Demokratie. Hier 219 erschossene Männer während des Krieges, dort 272 900 zu Tode gemarterte Männer, Frauen und Kinder im Frieden. Wegen dieser Tatsachenfeststellung sollte allerdings kein Ewiggestriger in unserem Land heimliche Genugtuung empfinden. Die Nazis haben mehr als einen traurigen Rekord der Unmenschlichkeit aufgestellt. Eben nur nicht in Böhmen.

Sicherlich hat das Naziregime eine beträchtliche Zahl tschechischer Antifaschisten und unbeteiligter Terroropfer auf dem Gewissen.[30] Allerdings herrschte der Gestapoterror in Hitlers ganzem Machtbereich; allein nach dem Attentat vom 20. Juli 1944 wurden in Deutschland Nazigegner zu Tausenden hingerichtet und eine viel größere Zahl mißhandelt und interniert. Besonders hart betroffen war das Sudetenland, wo sofort nach der Angliederung ans Reich im Jahr 1938 ca. 20 000 Antifaschisten verhaftet wurden. Tausende folgten bald nach und verschwanden z. T. auf Nimmerwiedersehen im KZ. Dazu eine Vergleichszahl: In ganz Deutschland zählte man Ende Juli 1933 nur 26 789 politische Häftlinge.[31] – Hilfswillige gab es bei Sudetendeutschen und Tschechen gleichermaßen und Opfer ebenso.

Apologeten und Verharmloser der Verbrechen an den Sudetendeutschen haben sich alle erdenkliche Mühe gegeben, eine spezielle Schuld dieser Volksgruppe zu konstruieren. Außer dem Altnazi und zeitweiligen Staatsminister für Böhmen und Mähren Karl Hermann Frank kam aber nicht viel mehr zum Vorschein als ein unbekannter Rechtsanwalt namens Hergl aus Reichenberg, der 1937 in einem Brief an Hitler die Vertreibung der Tschechen gefordert haben soll, und einige obskure braune Ehrendolch-Träger.[32] Daß die Stimmen für die Sudetendeutsche Partei (SdP) keine Stimmen für Hitler waren, hat kein geringerer als der Führerstellvertreter Rudolf Heß 1939 klargestellt: »… daß die Mitgliedschaft in der SdP nicht gleichzusetzen ist mit der Mitgliedschaft bei der NSDAP, weil die SdP keinen der Entwicklung der NSDAP vergleichbaren politischen Kampf geführt hat.«[33]

Als weiterer Grund für die durchgeführte Vertreibung der Deutschen wird die angeblich geplante (!) Vertreibung der Tschechen ins Feld geführt. Richtig hieran ist, daß das Dritte Reich von kriminellem Brainstorming aller Art voll war und daß einmal auch Hitler selbst gegenüber dem Präsidenten der tschechischen Protektoratsregierung, Dr.

Emil Hacha, von einer möglichen »Aussiedlung der Tschechen« gesprochen hat, um ihn gefügig zu machen.[34] Andere Äußerungen ergeben, daß dies nur als Einschüchterung gedacht war und daß keine konkreten Pläne hinter der Bemerkung des Diktators standen. Soweit ersichtlich, dachte Hitler an eine »Eindeutschung der Tschechei« in Jahrhundertdimensionen.[35]

Als letztes Argument wird manchmal die Kulturpolitik der Nationalsozialisten in Böhmen und Mähren genannt. Tatsächlich wurden die tschechischen Hochschulen nach Studentendemonstrationen geschlossen und bis Kriegsende nicht wieder eröffnet; die übrigen tschechischen Schulen blieben erhalten. Es war auch Hitlers Vorstellung, die tschechische Sprache »wieder auf die Bedeutung eines Dialekts zurückzudrängen«.[36] Kurioserweise ging Hitler dabei nicht soweit wie die französische Kulturpolitik in der Bretagne, im Elsaß und einigen anderen Regionen, wo die Schüler ihre Muttersprache nur als Fremdsprache lernen dürfen und wo auch im Kindergarten nur Französisch erlaubt ist.[37] Die alte Universität Straßburg wurde übrigens schon 1793/94 als »Hydra des Deutschtums« aufgelöst.[38] Als großen Erfolg feierten die Elsässer z. B. Anfang 1981 die grundsätzliche Anerkennung ihres Dialekts (!) als Teil des kulturellen Erbes[39] durch Kultusminister Lecat.

Daß hinter den »guten Gründen« der Befürworter der Vertreibung die wahren Gründe eines archaischen slawischen Nationalismus standen, ist von mehreren Prager Bürgerrechtlern anerkannt worden.[40]

Verrat an der Nation

Als zweites Vertreibungsargument der tschechischen Nationalisten diente der Vorwurf, die Sudetendeutschen hätten durch das Ausscheiden aus ihrem Machtbereich 1938 »Verrat an der tschechoslowakischen Nation« begangen. Bei diesem Anklagepunkt kommt man ohne ein gewisses Minimum an historischen Vorkenntnissen nicht weiter; daher in dem folgenden Kästchen etwas Geschichte im Zeitraffertempo.

Die Ereignisse rund um das Münchener Abkommen von 1938 hat Präsident Benesch später als sudetendeutschen »Dolchstoß in den Rücken des tschechoslowakischen Staates«[65] bezeichnet. Bei diesem Vorwurf ist an folgendes zu erinnern: Tatsache ist zunächst, daß man die Sudetendeutschen im Gegensatz zu den Saarländern (1935) nie gefragt hat, ob sie sich ans Reich anschließen wollten oder nicht; wie im Fall Österreich hat es darüber keine vorherige Abstimmung gegeben.

Das deutsch-tschechische Verhältnis im 20. Jahrhundert

1914: Gespräche zwischen dem russischen Außenminister Sasanow und dem späteren tschechischen Staatsoberhaupt Masaryk in Rotterdam. Masaryk fordert Einverleibung des Sudetenlandes und des Burgenlandes (als slawischer Korridor der künftigen Tschechoslowakei nach Jugoslawien[41]).
29. Oktober 1918: Die Abgeordneten aus Deutsch-Böhmen proklamieren ihr Gebiet als »eigenberechtigte Provinz des Staates Deutsch-Österreich« und setzen eine Landesregierung ein.[42] Andere sudetendeutsche Landesteile folgen ihrem Beispiel.
14. Dezember 1918: Tschechische Truppen marschieren in Reichenberg ein, der größten Stadt Deutsch-Böhmens.[43]
22. Dezember 1918: Masaryk unterscheidet in seiner ersten politischen Botschaft zwischen »bodenständigen Tschechen« und sudetendeutschen »Immigranten und Kolonisten«.[44]
4. März 1919: Blutbad tschechischer Milizsoldaten unter friedlichen Demonstranten, die Verbleib bei Österreich fordern; 54 Todesopfer, weitere bei späteren Demonstrationen.[45]
10. März 1919: Bericht des Vorsitzenden der US-Expertenkommission Archibald C. Coolidge für die Pariser Friedensverhandlungen.[46]
»... Würde man den Tschechoslowaken das ganze Gebiet zuerkennen, das sie beanspruchen, so wäre das nicht nur eine Ungerechtigkeit gegenüber vielen Millionen Menschen, die nicht unter tschechische Herrschaft gelangen wollen, sondern es wäre auch für die Zukunft des neuen Staates gefährlich und vielleicht verhängnisvoll ...
Das Blut, das am 4. März geflossen ist, als tschechische Soldaten in mehreren Städten auf die deutsche Menge feuerten, ist – obwohl es im Vergleich zu den Opfern, deren Zeugen wir geworden sind, nur ein Tropfen ist – auf eine Art und Weise vergossen worden, die nur schwer verziehen werden kann ...«
10. September 1919: Frieden von St. Germain-en-Laye. Die neuen Staatsgrenzen werden sanktioniert. Obwohl es in dem Vielvölkerstaat ČSR neben den Tschechen und 3,3 Millionen Deutschen nur 2,3 Millionen Slowaken gibt, wird als Staatsname Tschechoslowakei gewählt.
1. Juni 1920: Anläßlich der Eröffnung des Prager Parlaments erklärt der Deutsche Parlamentarische Verband:[47] »Die Tschechoslowakische Republik ist daher das Ergebnis eines einseitigen tschechischen

Willensaktes und hat diese Gebiete widerrechtlich und mit Waffengewalt besetzt ... Wir verwerfen daher die Fabel vom rein tschechischen Staate und von der ›tschechoslowakischen Nation‹.«

1934: Konrad Henlein, der Organisator der Sammelpartei SdP (Sudetendeutsche Partei), erklärt: »Wir stehen nicht an zu erklären, daß uns ein grundsätzlicher Unterschied vom Nationalsozialismus trennt. Wir werden niemals auf die Freiheit des Individuums verzichten.«[48]

1935: Wahlsieg der Sudetendeutschen Partei bei den letzten freien Wahlen.

1935/1936: Einstellung der Angriffe der Nazis gegen Konrad Henlein.[49]

1937: Arnold Toynbee nach einer Reise in die ČSR[50] im »Economist«: »Und was die Methoden betrifft, mit denen die Tschechen heute ihre Vorherrschaft über die Sudetendeutschen ausüben, so sind sie undemokratisch.«

April 1938: Henlein fordert in seinem Karlsbader Programm Autonomie für das Sudetenland etwa nach Schweizer Vorbild, wie sie bei den Pariser Friedensverhandlungen von tschechischer Seite angekündigt worden war.[51]

Juli 1938: Henlein trifft Hitler beim deutschen Turnfest in Breslau.[52]

Anfang September 1938: Inspektionsreise des britischen Regierungsbeauftragten Lord Runciman durch Böhmen und Mähren. Runciman berichtet von wirtschaftlicher, kultureller und administrativer Diskriminierung der Sudetendeutschen und befürwortet Selbstbestimmungsrecht dieser Volksgruppe.

15. September 1938: Geheimbrief des ČSR-Staatspräsidenten Benesch an seinen nach Paris entsandten Minister Nečas: Vorschlag einer Abtretung von 20 Prozent des Sudetenlandes, verbunden mit einer »Ortsverlagerung« des Großteils der Deutschen aus dem Restgebiet; dies ist Hitler als »letzte Konzession aufzuzwingen.«[53]

29. September 1938: Münchener Abkommen über Abtretung des Sudetenlandes durch die ČSR.[54]

Dezember 1938: Präsident Benesch und später Minister Ripka erörtern (Teil-)Vertreibung der Sudetendeutschen.[55]

März 1939: Hitler marschiert in Prag ein. Kommentar des britischen Botschafters Henderson:[55a] »Bis zum März, so habe ich in meinem anschließenden Bericht geschrieben, führte das Schiff des deutschen Staates die deutsche Nationalflagge. In diesen Märztagen hißte dann der Kapitän herausfordernd die Piratenflagge mit dem Totenkopf und gekreuzten Knochen und zeigte seine wahren Farben als prinzipienloser Feind des Friedens und der europäischen Freiheit.«

Ende 1939: Konkrete Pläne zur Vertreibung der Sudetendeutschen im tschechischen Exil in Paris.[56]

Oktober 1940: Benesch fordert »Aussiedlung von 1 Million Deutschen«.[57]

Mai – September 1941: Benesch »akzeptiert den Grundsatz des Bevölkerungstransfers«.[58]

1942: Benesch vor Militärs:[59] »Ein weiteres und ein brennendes Problem ist, wie wir die Deutschen loswerden sollen. Selbst glaube ich, daß es möglich sein wird, sich etwa zwei Millionen Deutscher zu entledigen. Das Problem wird sehr schwer sein. Am besten wird sein, es via facti zu erledigen, sonst durch Übereinkommen. Alle jungen Deutschen bis zu einem bestimmten Alter müssen weg …«

Sommer 1943: Benesch notiert in seinem Tagebuch: »Ist auch das Problem der nationalen Minderheiten in unserem Staate zu lösen … Ich sehe da nur die Möglichkeit einer radikalen Endlösung.«[59a]

Mai 1945: Benesch in einer Rede in Brünn.[60] »Es ist Ihnen und allen von uns klar, daß die Liquidierung der Deutschen hundertprozentig sein muß.«

Juli 1945: Benesch-Anhänger fordern Teile von Schlesien, Lausitz, Ostbayern, Niederösterreich und dem Burgenland.[61]

August 1945: Außenhandelsminister Ripka in Nachod: »Wir verlangen nur, was für unsere strategische Sicherheit unentbehrlich ist und was wir zur Überwindung unserer Transportschwierigkeiten brauchen. Wir verlangen, daß die Grenze vom Kamm unserer Berge auf den Fuß des Gebirges auf der deutschen Seite verlegt werden soll.«[62]

Frühjahr 1946: Während des Wahlkampfs in der Tschechoslowakei streiten Nationalisten und Kommunisten um die größeren Verdienste bei der Liquidierung der sudetendeutschen Volksgruppe und um die Priorität bei der Idee, wobei sehr frühe Vertreibungspläne zum Vorschein kommen.[63]

November/Dezember 1946: Auf der Konferenz des Außenministerrates in New York schlägt die Prager Regierung weitere Grenzberichtigungen zu Lasten Deutschlands im Norden und Westen vor.[64]

Tatsache ist weiter, daß Hitler später das Münchener Abkommen im vertrauten Kreis wiederholt als großen Rückschlag und nicht als Erfolg bezeichnet hat.[66] Es war ihm letztlich nicht um das Selbstbestimmungsrecht, sondern um dessen Gegenteil, um expansiven Kolonialismus gegangen. Dadurch, daß er das deutschsprachige Eger und das tschechische Prag nicht zugleich, sondern nur nacheinander angliedern konnte, hatte er die Maske fallen lassen müssen und sich die tödliche Gegnerschaft Londons zugezogen.

Nachdem die Sudetendeutschen 1919 wie 1938 nur Objekt und nicht Subjekt des Geschehens waren, kann man getrost alle Überlegungen ins Reich der Spekulation verweisen, ob sie vielleicht damals Hitler und die Trennung von Prag begrüßt haben oder ob sie beides abgelehnt haben oder ob sie nur Hitler abgelehnt haben usw. usw.

Immerhin schrieb der spätere tschechoslowakische Minister Ripka in seinem Buch »Munich Before and After«: »Die Mehrzahl der Sudetendeutschen sympathisierte nicht mit dem revolutionären Nationalsozialismus.«[67] Der tschechische Kommunistenführer Gottwald äußerte sich am 26. Oktober 1943 in der »Prawda« ähnlich.[68]

Unbekümmert um die historischen Tatsachen, fand Benesch für die Vernichtung der sudetendeutschen Volksgruppe nach dem Krieg folgende bündige Begründung:[69] »Unsere Deutschen hingegen haben den Staat verraten, die Demokratie verraten, uns verraten, die Menschlichkeit verraten und die Menschheit verraten.«

Seltsamerweise vergaßen die Chauvinisten, daß man ihre barbarischen Gedankengänge jederzeit zur Liquidation des tschechischen Volkes selbst hätte verwenden können, das nach ihrer eigenen Diktion eigentlich das alte k.u.k. Österreich »verraten« hat. Mit einer Dolchstoßlegende à la Benesch versuchten u. a. auch die Türken im Ersten Weltkrieg die Vernichtung der Armenier zu rechtfertigen. Entrüstet schrieb damals ein deutscher Beobachter:[70] »... daß armenische Soldaten zum Feinde übergegangen sind, mag auf Wahrheit beruhen; erscheint dies doch nur zu begreiflich nach der harten Unterdrückung ... Ähnliches ist auch bei den Mittelmächten mit polnischen und tschechischen Regimentern geschehen, und doch hat niemand bei uns daran gedacht, dafür Unschuldige zu bestrafen, etwa die gesamte polnische Bevölkerung Deutschlands in die Ostsee zu schütten oder die tschechische Bevölkerung Österreichs auf den Pässen der Hochgebirge, den Gletschern Tirols erfrieren zu lassen.«

Eine angebliche Tschechenvertreibung aus dem Sudetenland in den Jahren 1938 und 1939 als Rechtfertigung für den Völkermord an den Sudetendeutschen taucht in der Prager Argumentation erst sehr spät auf, z. B. bei Außenminister Dienstbier im Januar 1990, bei Botschafterin Vasaryova im Juni 1992 oder Dr. Eis in einem tschechischen Fernsehfilm im Oktober 1993.[71] 500 000 bzw. 835 000 bzw. »alle Tschechen« sollen vertrieben worden sein.

Die Wirklichkeit sah anders aus. Am Ende des Ersten Weltkriegs lebten im Sudetenland rund 200 000 Tschechen, die überwiegend als Industriearbeiter im 19. Jahrhundert zugezogen waren. Nach dem tschechischen Einmarsch im Winter 1918/19 kamen etwa 500 000 weitere Tschechen als Militärpersonen, Beamte oder Agrarkolonisten bzw. deren Familienangehörige ins Land. Nach Ende der tschechischen Fremdherrschaft zählte man am 17. Mai 1939 noch 320 000 Tschechen vor Ort.[72] Ein Teil der Einwanderer war also – teilweise fluchtartig – in ihre Heimat zurückgekehrt, wo die tschechischen Beamten und Militärs einen Anspruch auf Weiterbeschäftigung hatten.

Ein deutsch-tschechischer Staatsangehörigkeits- und Optionsvertrag gab den Vertragsparteien das Recht, unter bestimmten Voraussetzungen Angehörige der anderen Nationalität auszuweisen (hiervon wurde nur sparsam Gebrauch gemacht), garantierte aber die Eigentumsrechte.

Der tschechische Exodus läßt sich mit allem möglichen, vielleicht mit dem Rückzug der deutschen Protektoratsverwaltung bei Ende des Zweiten Weltkriegs oder der Heimkehr französischer Kolonialbeamter und Besatzungstruppen aus Afrika vergleichen, nur nicht mit einem Völkermord. Zutreffend bemerkt Friedrich Prinz in der »FAZ« vom 6.12.1996: »Als eine Art ›Verrechnungsscheck‹ für die Vertreibung und die dabei zu Abertausenden verübten Greueltaten ist dieser Bevölkerungstransfer von 1938/39 untauglich.«

13. Sowjetische Motive

Die Schule des Hasses

Frei erfundene Greuelpropaganda gehörte schon im Ersten Weltkrieg zur psychologischen Kriegsführung; man denke nur an die abgehackten Kinderhände in Belgien oder die Leichenfettfabriken in Deutschland. Ab 1941 knüpfte Moskau an diese Tradition an.[1] Aber bald erreichte die Propaganda eine neue, rassistische Dimension.

»Die Schule des Hasses«, so hieß ein Werk von Scholochow, das am 23. Juni 1942 in mehreren russischen Zeitungen abgedruckt wurde und großen Erfolg hatte.[1a] »Die Schule des Hasses« machte Schule, und unter den Literaten, Journalisten und Propagandisten in Moskau bildete sich mit allerhöchster Förderung tatsächlich so etwas wie eine Schule des Hasses gegen »den Deutschen«.

Alexej Tolstoj, Simonow, Surkow, Scholochow und Ehrenburg waren bald die Favoriten im Wettlauf um den Haßrekord. »Töte den Deutschen!« – in dieser Forderung schienen sich, wie ausländische Beobachter berichten, für die Sowjetmenschen alle Zehn Gebote zu vereinigen.[2] Nach Scholochow erntete Simonow Ruhm mit dem Gedicht »Tötet ihn!«[3], während Surkow mit dem Gedicht »Ich hasse« groß herauskam.[4]

Dem Schriftsteller und Propagandisten Ilja Ehrenburg aber wurde ein geniales Talent beim Schüren des Deutschenhasses bescheinigt.[7] Er ließ keine Zweifel daran aufkommen, daß nicht die faschistische Besatzungsmacht, sondern das deutsche Volk der Feind der Russen sei. Einmal schlug er vor, die Deutschen als Untermenschen zu behandeln[8], ein anderes Mal, die deutsche Rasse zu vernichten und den letzten »Fritz« (Deutschen) im Zoo auszustellen.[9] Er konstatierte: »Die Deutschen sind keine Menschen«; und: »Für uns gibt es nichts Lustigeres als deutsche Leichen.«[10] Ehrenburg gab auch die Devise aus: »Es genügt nicht, die Deutschen nach Westen zu treiben. Die Deutschen müssen ins Grab hineingejagt werden!«[11] Am 17.9.1944 schrieb er in der Frontzeitung »Unitschtoshim Wraga«:[12] »Die deutschen Frauen werden die Stunde verfluchen, in der sie ihre Söhne – Wüteriche – geboren haben. Wir werden nicht schänden. Wir werden nicht verfluchen. Wir werden nicht hören. Wir werden totschlagen.« Tatsächlich hat die Rote Armee Ehrenburgs Vorsätze – mit Ausnahme des »wir werden nicht schänden« – kurz darauf verwirklicht.

Die Deutschen betrachtete Ehrenburg schlicht als Pestbazillen und ihre Ausrottung als Segen für die Menschheit:[13] »Unter ihresgleichen betrachten die Mikroben wahrscheinlich Pasteur als einen Mörder. Aber

Dok. 17

»Töte den Deutschen!« – Sowjetische Flugblattpropaganda

Auszug aus Ilja Ehrenburgs Aufruf »Töte!«, in Zeitungen und als Flugblatt verbreitet, abgedruckt in Ehrenburgs Buch »Der Krieg« (Moskau 1943): »Die Deutschen sind keine Menschen. Von jetzt ab ist das Wort ›Deutscher‹ für uns der allerschlimmste Fluch. Von jetzt ab bringt das Wort ›Deutscher‹ ein Gewehr zur Entladung. Wir werden nicht sprechen. Wir werden uns nicht aufregen. Wir werden töten. Wenn du nicht im Laufe eines Tages wenigstens einen Deutschen getötet hast, so ist es für dich ein verlorener Tag gewesen. Wenn du glaubst, daß statt deiner der Deutsche von deinem Nachbarn getötet wird, so hast du die Gefahr nicht erkannt. Wenn du den Deutschen nicht tötest, so tötet der Deutsche dich. Er wird die Deinigen festnehmen und sie in seinem verfluchten Deutschland foltern. Wenn du den Deutschen nicht mit einer Kugel töten kannst, so töte ihn mit dem Seitengewehr. Wenn in deinem Abschnitt Ruhe herrscht und kein Kampf stattfindet, so töte den Deutschen vor dem Kampf. Wenn du den Deutschen am Leben läßt, wird der Deutsche den russischen Mann aufhängen und die russische Frau schänden. Wenn du einen Deutschen getötet hast, so töte einen zweiten – für uns gibt es nichts Lustigeres als deutsche Leichen. Zähle nicht die Tage. Zähle nicht die Kilometer. Zähle nur eines: die von dir getöteten Deutschen! Töte den Deutschen! – dieses bittet dich deine greise Mutter. Töte den Deutschen! – dieses bitten dich deine Kinder. Töte den Deutschen! – so ruft die Heimaterde. Versäume nichts! Versieh dich nicht! Töte!«[5]

Auszug aus dem Flugblatt »Schlag den Deutschen – den Satan!« (ohne Verfasserangabe):
»… Töte den Deutschen, wo du ihn antriffst. Schlag ihn auf der städtischen Straße, im Hause, spreng ihn mit der Granate, stich das Bajonett in ihn, die Mistgabel; spalt ihn mit dem Beil, setz ihn auf den Pfahl, zerschneid ihn mit dem Messer – schlag wie du kannst – ABER TÖTE! Töte ihn, und du rettest dein Leben und das deiner Familie. Töte ihn, und du rettest deine Heimat, dein Volk. Überall mußt du die Bestie schlagen! Wenn er haltmacht und schläft – zerfleische den Schlafenden. Passiert er den Wald, da möge er den Tod finden. Ist er unterwegs – eine Mine soll ihn zerreißen. Fährt er in der Eisenbahn – laß den Zug am Abhang entgleisen. Zerdrücke, zerspalte, zersteche ihn im Wald, auf dem Feld, auf Straßen, vernichte ihn überall! …«[6]

wir wissen, daß er, der die Mikroben der Tollwut und Pest tötet, der wahre Menschenfreund ist.«

Die kleinen Schreiber versuchten es den großen gleichzutun. Z.B. schrieb am 25.1.1945 der Reporter einer Frontzeitung:[14] »Es gibt kaum ein erziehenderes Beispiel als eine brennende feindliche Stadt. Man sucht in seiner Seele nach einem Gefühl, das dem Mitleid ähnlich wäre, aber man findet es nicht ... Brenne, Deutschland, du hast es nicht besser verdient. Ich will und werde dir nichts verzeihen von dem, was uns angetan wurde durch dich ... Brenne, verfluchtes Deutschland!«

Andere Aufrufe forderten ausdrücklich zur Vergewaltigung deutscher Frauen auf; besonders bei einem Gegenangriff der Wehrmacht im Raum Königsberg im Februar 1945 wurden zahlreiche einschlägige Papiere – Zeitungen, Flugblätter und Briefe sowjetischer Soldaten – erbeutet.[15] Auch sowjetische Kriegsgefangene bestätigten, daß die Politoffiziere ihnen schrankenlose Handlungsfreiheit gegenüber Frauen und Mädchen in Deutschland versprochen hatten.[16] Diese Politik in Verbindung mit der allgemeinen Haßpropaganda führte dazu, daß es, wie die Bonner »Dokumentation der Vertreibung der Deutschen« feststellt[17], in vielen Fällen nicht bei der Schändung blieb, sondern daß die deutschen Frauen anschließend getötet und mitunter auf sadistische Weise entstellt wurden.

Überdurchschnittlich viele Verbrechen wurden von den Soldaten der 3. Weißrussischen (Bjelorussischen) Front begangen. Von ihr wird später noch zu berichten sein. Ihr Befehlshaber, der Marschall Tschernjakowski, erließ anläßlich des Einmarsches in Ostdeutschland am 12. Januar 1945 folgenden Tagesbefehl:[18]

»Zweitausend Kilometer sind wir marschiert und haben die Vernichtung all dessen gesehen, was wir in zwanzig Jahren aufgebaut haben. Nun stehen wir vor der Höhle, aus der heraus die faschistischen Angreifer uns überfallen haben. Wir bleiben erst stehen, nachdem wir sie gesäubert haben. Gnade gibt es nicht – für niemanden, wie es auch keine Gnade für uns gegeben hat. Es ist unnötig, von Soldaten der Roten Armee zu fordern, daß Gnade geübt wird. Sie lodern vor Haß und vor Rachsucht. Das Land der Faschisten muß zur Wüste werden ...« – Marschall Schukow und andere agitierten ähnlich.[19]

Bezeichnend ist eine Stelle in dem offiziellen sowjetischen Werk »Die Geschichte des Großen Vaterländischen Krieges«, an der es heißt:[19]

»Eine der wichtigsten Aufgaben der politischen Arbeit war nach wie vor die Erziehung zum glühenden Haß gegen die faschistischen Okkupanten. Die Kommandeure und Politarbeiter begriffen sehr wohl, daß man keinen Feind besiegen kann, wenn man ihn nicht aus vollster

Seele haßt. In Flugblättern und Zeitungsartikeln wurden die Verbrechen der faschistischen Eroberer auf sowjetischem und polnischem Boden beschrieben.«

Daß die Verbrechen in Ostdeutschland nicht zwangsläufiges und »selbstverständliches« Ergebnis der Besatzungspolitik der Nazis (Pendelschlag-Theorie) waren und auch nicht die Folge eines ungezügelten wilden Temperaments (Untermenschentheorie), ergibt sich aus einer Reihe von Umständen:

1) Warum standen an der deutschen Grenze Schilder, auf denen zu lesen stand:[21] »Rotarmist: Du stehst jetzt auf deutschem Boden – die Stunde der Rache hat geschlagen!« Und warum wurde die antideutsche Agitation gestoppt, als die Oder-Neiße-Linie erreicht war?

2) Warum haben manche Einheiten die Bevölkerung mehrfach gewarnt: »Die nach uns kommen sind schlecht. Nach uns kommen Stalin-Schüler«?

3) Schon im Ersten Weltkrieg waren die Russen in Ostpreußen eingebrochen und hatten über 1000 Personen – teilweise unter Spionageverdacht – erschossen.[22] Aber was war das gegen die millionenfachen Verbrechen der Jahre 1944 und 1945?

Gegen Vergewaltigung wurde 1914 russischerseits energisch eingeschritten; die Täter wurden in der Regel hingerichtet.[23]

4) Schließlich berichtet die Dokumentation des Bundesarchivs:[24]

»Daß etwa das Ausmaß der Übergriffe mit der Intensität der vorangegangenen Kampfhandlungen in Verbindung stand, läßt sich allgemein nicht nachweisen. Eine Anzahl von Gemeinden, die als Schwerpunkte des Geschehens zu verzeichnen sind, waren kampflos besetzt worden. Auch waren in einzelnen Kreisen, in denen der deutsche Widerstand relativ gering war, eine größere Anzahl an Schwerpunkten und Übergriffen gegenüber der Bevölkerung festzustellen als in solchen, in denen harte Kämpfe stattgefunden hatten. Für das Ausmaß der Übergriffe war auf Grund der vorliegenden Materialien vielmehr in erster Linie entscheidend, in welchem Umfang eine Evakuierung der Kreise stattgefunden hatte bzw. in welchem Umfang zurückgebliebene oder auf der Flucht befindliche Bevölkerungsteile dort angetroffen wurden.«

Plötzlich wie sie aufgetaucht war, so verschwand die Schule des Hasses wieder. Die Gründe waren einleuchtend: Die Entvölkerung der Oder-Neiße-Gebiete, das wichtigste Ziel der Hetze, war weitgehend erreicht. Die eigene Besatzungszone bis zur Elbe ebenso zu verwüsten, wäre widersinnig gewesen. Außerdem brauchte man deutsche Hilfswillige, um in dieser Zone eine Verwaltung aufzubauen. Die Disziplin der Roten Armee verfiel; die Führung hatte die Truppe nicht mehr in der Hand. Man sah, wie die Alliierten im Westen leicht vorankamen, während die deutschen Truppen im Osten verzweifelt kämpften.[25] Hier schlugen sie sich eben nicht für Ruhm und Ehre, schon gar nicht für Führer und Partei, sondern schlicht für ihre Kinder und Frauen, deren furchtbare Schreie nur allzuoft über die Frontlinie nach Westen herüberhallten.[26] – In der sowjetischen Militärliteratur tauchen bei der Charakterisierung der deutschen Soldaten in dieser Zeit immer wieder Begriffe auf wie »erbitterter Widerstand«, »verzweifelter Kampf« oder »unglaublich hartnäckig«.

Vorboten des Umdenkens zeigten sich schon am 9. Februar 1945 in einem Leitartikel des »Roten Stern«[27], der sich mit den massenhaften Exzessen der Roten Armee befaßt:

»Unsere Soldaten werden es nicht zulassen, daß so etwas geschieht, nicht aus Mitleid mit dem Feind, sondern aus dem Gefühl für ihre persönliche Würde. Sie wissen, daß jeder Bruch der militärischen Disziplin nur die siegreiche Rote Armee schwächt ... Unsere Rache ist nicht blind. Unser Zorn ist nicht unvernünftig ... In einem Anfall blinder Wut ist man fähig, eine Fabrik im eroberten Feindgebiet zu zerstören – eine Fabrik, die für uns wertvoll sein kann. Eine solche Haltung spielt nur dem Feind in die Hände.«

Am 14. April 1945, als die Rote Armee die Flüsse Oder und Neiße erreicht hatte, erschien in der ›Prawda‹ der oft zitierte Artikel des Chefideologen des Zentralkomitees F. G. Alexandrow »Der Genosse Ehrenburg vereinfacht zu sehr«. Stalin persönlich hatte ihn angeordnet[28] und damit die Schule des Hasses geschlossen. Alexandrow wiederholte in scharfer Form noch einmal alle Vernunftgründe, die aus Moskauer Sicht gegen einen weiteren Amoklauf sprachen, beschuldigte Ehrenburg in kaum verhüllter Form, die Ausrottung der Deutschen gepredigt zu haben[29], und zitierte plötzlich wieder das Stalin-Wort: »Die Hitlers kommen und gehen, aber das deutsche Volk wird es immer geben.« Ehrenburg hatte seine Schuldigkeit getan – der Mohr konnte gehen. In seinen Memoiren versuchte der Propagandist später, sich als Verfolgter des Stalinismus und großer Humanist[30] zu präsentieren. Der Nachwelt freilich dürfte er als großer Opportunist und noch größerer Schreibtischtäter in Erinnerung bleiben.

Auch nach Alexandrows Grundsatzartikel in der »Prawda« nahmen die Verbrechen der Roten Armee nur langsam ab. Erst nach dem Waffenstillstand war die Erleichterung spürbar.[31]

Das Ergebnis der jahrelangen Agitation resümiert Sabik-Wogulow, ein ehemaliger Offizier der Roten Armee, mit folgenden Worten:[32] »In diesen Hetzartikeln und Flugblättern wurden die Schrecken, die die Henker Hitlers verbreiteten, eingehend geschildert und ausgemalt, so daß der russische Soldat der Meinung war, die Deutschen seien nur ausgemachte Schurken, Gauner und Verbrecher und daß es in ganz Deutschland keinen einzigen Deutschen gibt, den man nicht als seinen Feind betrachten müßte.«

In Ostdeutschland vermerkte z. B. Jurij Uspenski, ein anderer Sowjetoffizier, in seinem Tagebuch:[33] »Die Deutschen haben diese Greueltaten verdient ... Gewiß, es ist unwahrscheinlich grausam, Kinder zu töten, aber die deutsche Kaltblütigkeit ist hundertmal schlimmer gewesen.«

Daß ein Großteil der Roten Armee aufgrund der propagandistischen Beeinflussung in jedem Deutschen, ob Mann oder Frau, ob Greis oder Kind, einen Faschisten sehen mußte, haben die späteren Untersuchungen im Bundesarchiv ausdrücklich bestätigt.[34]

Sogar aus dem entlegenen Kasachstan berichtet eine verschleppte Rußlanddeutsche:[35] »Nun bringen sie uns in eine Schule im Kolchos Schulji. Da stehen schon viele Leute herum, bei denen wir Unterkunft finden sollen, meistens Bäuerinnen, die uns ansehen, als ob wir der Hölle entsprungen wären. Sie haben es schon oft gehört: die Deutschen sind Teufel. Sie gucken , ob wir wirklich Hörner haben, und wundern sich, daß wir wie ihresgleichen aussehen.«

... und die Freiheit zu töten

»Die plötzliche Allmacht und die Freiheit zu töten sind ein zu starker Wein für die Natur des Menschen; der Schwindel überfällt sie, der Mensch sieht rot, und alles endet in einem wilden Delirium«, berichtet der französische Historiker Taine aus dem Paris der Großen Revolution.[36]

Auch bei den Massenverbrechen der Roten Armee spielte »die Freiheit zu töten« eine entscheidende Rolle. Die Dokumentation der Vertreibungsverbrechen bemerkt dazu:[37] »Von erheblicher Bedeutung für das Vorgehen der sowjetischen Truppen gegenüber der Bevölkerung war schließlich die Handlungsfreiheit, die den Truppen nach Besetzung eines Gebietes von der sowjetischen Führung für eine gewisse Zeit gewährt wurde.« Während sogar in Hitlers Wehrmacht die Kriegsgerichte bei Vergewaltigungsfällen überraschend konsequent und scharf durchgriffen[38], wurde auf sowjetischer Seite in der Regel nicht gegen den eingeschritten, der ein Verbrechen beging, sondern oft genug gegen den, der es verhüten wollte. Noch im April 1945 stützt sich eine Anklage u. a. auf »Verteidigung der Deutschen und Hetze gegen den

Dok. 18

Sowjetmoral im Krieg

Der Bürgerrechtler Lew Kopelew schildert eine Diskussion mit einem kommunistischen Agitator während des Einmarsches in Ostpreußen:[44]

»Wir sind Materialisten, wir müssen uns klar darüber sein. Das heißt: was ist zu tun, damit der Soldat Lust zum Kämpfen behält? Erstens: er muß den Feind hassen wie die Pest, muß ihn mit Stumpf und Stiel vernichten wollen. Und damit er seinen Kampfwillen nicht verliert, damit er weiß, wofür er aus dem Graben springt, dem Feuer entgegen in die Minenfelder kriecht, muß er zweitens wissen: er kommt nach Deutschland und alles gehört ihm – die Klamotten, die Weiber, alles! Mach, was du willst! Schlag drein, daß noch ihre Enkel und Urenkel zittern!«

»Heißt das also, er darf Frauen und Kinder umbringen?«

»Was kommst du mit Kindern, Idiot. So was gibt's doch nur in Ausnahmefällen. Lange nicht jeder wird Kinder töten. Wir beide jedenfalls nicht. Aber wenn du schon davon anfängst: laß die, die es in blinder, leidenschaftlicher Aufwallung tun, auch kleine Fritzen* töten, bis es ihnen selbst über ist! Du hast doch ›Die Haidamaken‹** gelesen? Wie Gonta – erinnerst du dich – seinen eigenen kleinen Söhnen, weil sie katholisch waren, die Kehlen aufschlitzte? Das ist Krieg, Bruder, keine Theorie und keine Literatur. In Büchern, natürlich, da muß es das alles geben: Moral, Humanität, Internationalismus. Das ist alles schön und gut und theoretisch richtig. Aber jetzt laß erst mal Deutschland in Rauch und Flammen aufgehen, danach kann man dann wieder richtige und schöne Bücher schreiben über die Humanität und den Internationalismus.«

* Russischer Spitzname für Deutsche
** Historisches Epos von Taras Schewtschenko

Schriftsteller Ehrenburg«.[39] Auf andere Fälle wurde schon im 5. Kapitel (»Opfer der Roten Armee«) hingewiesen.

Zu der Haßpropaganda und den materiellen und sexuellen Anreizen (Plünderung, Vergewaltigung) kam also noch die totale Handlungsfreiheit.

Auch aus dem Kambodscha der Pol-Pot-Zeit wird berichtet, daß durch die offizielle Duldung des Terrors für jugendliche Kommunisten das Töten zum Spiel wurde, »das gleiche, wie eine Eidechse zu töten oder einen Schmetterling zu fangen«.[40]
Daß die Tötungshemmung auch im Durchschnittsmenschen viel geringer ist, als man normalerweise glaubt, hat Prof. Milgram in einem berühmt gewordenen psychologischen Experiment bewiesen, das heute in allen einschlägigen Lehrbüchern nachzulesen ist.[41] Ähnliches mußten die Richter nach dem Krieg in den großen NS-Prozessen gegen das Lagerpersonal feststellen:[42] »Von den Exzeßtätern abgesehen, waren die an den Massenmorden in den Vernichtungslagern Beteiligten in der Regel weder die Ungeheuer, als die man sie häufig hinstellt, noch die gleichsam antriebslos agierenden Partikel einer ferngesteuerten Terrormaschinerie, als die sie sich später selbst gerne sahen. Kaum einer von ihnen dürfte in einer unter rechtsstaatlichen Verhältnissen lebenden Gesellschaft kriminell geworden sein.«
Auch Alexander Solschenizyn berichtet in seinem »Archipel GuLag«[43], nach drei Wochen Krieg in Deutschland habe jeder Bescheid gewußt: Deutsche Mädchen dürfe man vergewaltigen und danach erschießen, und das gelte fast noch als kriegerische Tat.
Diese Mentalität vor allem hat sein Kollege Lew Kopelew vor Augen, wenn er schreibt:[45] »Es sind archaische Instinkte, die Kinder zu Tierquälerei veranlassen, grausame Instinkte – bei Knaben häufiger als bei Mädchen –, vormenschliches, animalisches Erbe aus der allerfrühesten Beziehung zur Welt. In ihrer vollsten Ausprägung treten diese Instinkte beim grausamen Feigling in Erscheinung. Und am schändlichsten, am gemeinsten ist jene Feigheit, die nicht nur grausam, sondern auch ehrgeizig ist, die sich prunkvoll ideologisch verbrämt. Sie erzeugt lebensfrohe Mörder und wollüstige Henker, die nicht nur schamlos und skrupellos zu Werke gehen, sondern sich dessen auch noch stolz-bescheiden rühmen, mit ihrer eigenen Grausamkeit prahlen in der Überzeugung, dem Staat, dem Vaterland, dem Gesetz oder sonst einem hohen abstrakten Begriff zu dienen.«

Die Täter
Zum Täterkreis wurde im Bundesarchiv ermittelt, »daß dem Berichtsmaterial zufolge Angehörige von Panzerverbänden im allgemeinen Gewaltakte an zurückgebliebener Bevölkerung in den Gemeinden nicht verübt haben. Was die Nachschubtruppen anbetrifft, so war ihr Vorgehen gegenüber der deutschen Bevölkerung im allgemeinen, zumindest in der ersten Zeit der Besetzung, unterschiedslos durch Ge-

walttaten gekennzeichnet, auch in den südlichen Teilen Schlesiens, die erst am Tage der Kapitulation besetzt worden sind, wenn dort auch das Ausmaß der Gewalttaten geringer gewesen ist als in Ostpreußen. Zuweilen gelang es einzelnen Offizieren und Soldaten, die Gewaltmaßnahmen ablehnten, das Vorgehen sowjetischer Einheiten gegenüber der Bevölkerung zu mildern bzw. einzelne Gewalttaten zu verhindern.«[46]

In dem Moskauer Standardwerk »Geschichte des Großen Vaterländischen Krieges«[47] heißt es:

»Vor dem Angriff verstärkten neue Kader die Politorgane. Bei den Politabteilungen der Divisionen, Korps und Armeen wurden Reserven von Parteiarbeitern geschaffen. Aus den rückwärtigen Truppenteilen und der Reserve kamen die besten Kommunisten und Komsomolzen in die Partei- und Komsomolorganisationen der Kampfeinheiten, besonders der Schützen- und Maschinengewehrkompanien ... Bei der 2. und 3. Bjelorussischen Front machten die Kommunisten und Komsomolzen fast die Hälfte des gesamten Personalbestandes aus.«

Dazu wiederum teilt das Bundesarchiv[48] mit: »Es dürften jene Truppenteile gewesen sein, vor denen, wie mehrfach berichtet wird, die in den Ortschaften Verbliebenen wie auch Flüchtlinge durch deutschsprechende Angehörige sowjetischer Panzereinheiten gewarnt wurden: ›Die nach uns kommen sind schlecht‹ oder ›Nach uns kommen Stalin-Schüler‹.«

Immer wieder hörte man Äußerungen gewalttätiger Sowjetsoldaten, sie wendeten sich nur gegen Kapitalisten. Der Kreis der Klassenfeinde wurde allerdings nach osteuropäischen Begriffen sehr weit gezogen; aus Görlitz berichtet Pfarrer Franz Scholz:[49] »Russische Soldaten sehen ja eine deutsche Arbeiterwohnung mit Wasserleitung, elektrischem Strom und Gas, Gardinen, Radio, Porzellangeschirr und Nähmaschine als Kapitalistenwohnung an.«

Der Ruf der Soldaten mongolischer Abstammung war besonders schlecht, was von russischer Seite auch zugegeben wurde.[50] Speziell aus Königsberg und Elbing sind Exzesse dieser Asiaten überliefert. Nach den bisherigen Aufklärungsversuchen vermutet man, daß sie mehrheitlich aus Sibirien stammten, wo die KP traditionsgemäß besonders stark ist.[51]

Die Deportation der Rußlanddeutschen und die sowjetische Nationalitätenpolitik

Die Deportation unbotmäßiger Völker als Strafe oder auch bloß als Vorbeugungsmittel läßt sich in der russischen Geschichte erstmals unter Iwan III. (1462–1505) sicher feststellen. Seitdem haben »wywod« (Wegführung) und »razwod« (Auseinanderführung) als Radikalmittel der Assimilation einen festen Platz in der Moskauer Politik.[52]

Später überwölbten die marxistisch-leninistischen Theoretiker die altrussischen Verschleppungspraktiken mit einem kunstvollen ideologischen Überbau.
Völker, Rassen und Nationen legte schon Marx auf die Waage des Fortschritts und prüfte, inwieweit sie dem Sozialismus, der Industrialisierung und der Revolution nützlich oder hinderlich waren. In letzterem Fall waren sie »reaktionäre Völker«, »sterbende Nationalitäten«, »Natiönchen«, »Völkerabfälle«, »konterrevolutionäre Nationen«, »ohne Zukunft«, »ohne raison d'être«, zumindest ohne Recht auf Unabhängigkeit. Eine Politik, die den historischen Fortschritt vorantreibt, lasse sich nun einmal nicht durchsetzen, ohne dabei »manch sanftes Nationenblümlein gewaltsam zu zerknicken«.[54] U. a. zählten Marx und Engels zu den reaktionären Nationen:[55]
Die Schweizer –
»... ein grenzenlos aufgeblasenes Volk von vorsintflutlichen Alpenhirten, vernagelten Bauern und schmutzigen Spießbürgern, – arm, aber rein von Sitten, dumm, aber fromm und wohlgefällig vor dem Herrn, brutal, breit von Schultern, wenig Gehirn, aber viel Wade.«
Die Norweger –
»... eine brutale, schmutzige, seeräuberische, altnordische Nationalität – in der sich die christlich-germanische Barbarei in ihrer ursprünglichen Gestalt beinahe bis aufs Eichelfressen erhalten hat.«
Die Polen –
die »nie etwas anderes in der Geschichte getan (haben) als tapfere krakeelsüchtige Dummheiten gespielt. Auch nicht ein einziger Moment ist anzugeben, wo Polen, selbst nur gegen Rußland, den Fortschritt mit Erfolg repräsentiert oder irgend etwas von historischer Bedeutung tat.«
Alle Balkanländer –
die unfähig zum Aufbau einer eigenen staatlichen Ordnung und zu ihrer Verteidigung seien. »Was wäre aus diesen zersplitterten kleinen Natiönchen, die eine so erbärmliche Rolle in der Geschichte gespielt haben, was wäre aus ihnen geworden, wenn sie nicht von Magyaren und Deutschen zusammengehalten und gegen die Heere Solimans geführt worden wären, wenn nicht ihre sogenannten ›Unterdrücker‹ die Schlachten entschieden hätten, die zur Verteidigung dieser schwachen Völkerschaften geschlagen wurden!«
Auch antisemitische Äußerungen von Karl Marx – vor allem aus seinen Briefen – ließen sich in Hülle und Fülle zitieren.[56] Die sozialistische Bewegung des 19. Jahrhunderts war bis zur letzten Dekade antisemitisch geprägt. Edmund Silberner, der diesem Komplex ein Buch gewidmet hat, schließt eine neuerliche Annäherung von Sozialismus und

Antisemitismus nicht aus.[57] Gegenüber Reichsaußenminister v. Ribbentrop ließ Stalin durchblicken, er warte nur auf das Heranreifen von genügend eigener Intelligenz, um mit dem Judentum als Führungsschicht Schluß zu machen.[58] Im August 1952 wurden 26 repräsentative Juden in einem Geheimprozeß verurteilt und hingerichtet. Am 13. Januar 1953 wurde ein jüdisches »Ärztekomplott« bekanntgegeben. Man nimmt an, daß der von Stalin beabsichtigte Spionage-, Terror- und Diversionsprozeß die Massendeportation der Juden einleiten sollte.[59] Der Tod des Diktators am 5. März 1953 bewahrte die Juden vor dem Schlimmsten.

Da der russische Kolonialismus nach der Oktoberrevolution der Festigung der Sowjetmacht und damit dem »Fortschritt« diente, war die nun folgende Entwicklung in der UdSSR vorgezeichnet. Scheinbare Ansätze von Föderalismus in der Ära Lenin zur Zeit der größten Gefährdung des Systems waren mehr taktische Schachzüge als echte Kurskorrekturen. Lenin selbst war zwar kein Antisemit und auch kein prinzipieller Gegner der Selbstverwaltung im sowjetischen Vielvölkerstaat[60], doch hatte er mit der Berufung Stalins zum Volkskommissar für Nationalitätenfragen den Bock zum Gärtner gemacht. Zu spät mußte er erkennen, daß die Revolution mit ihren föderalistischen Ansätzen »in diesem Meer des chauvinistischen großrussischen Packs ertrinken wird wie die Fliege in der Milch«.[61]

Einem russischen Zeitungsbericht von 1957 ist z. B. zu entnehmen: »Der erste Baschkirenkongreß trat am 19. Juli 1917 in Orenburg zusammen ... Es wurde die konterrevolutionäre Losung ›Baschkirien den Baschkiren‹ aufgestellt.«[62]

Von den dauernden Säuberungen und Befriedungsaktionen der dreißiger Jahre bei den kleineren Völkern und Volksgruppen in der Sowjetunion und der fast vollständigen Liquidierung ihrer Führungsschichten[63] bis hin zu Deportationen im Millionenmaßstab von Balten, Polen, Ukrainern, Tschetschenen, Kirgisen, Krimtataren und Wolgadeutschen führt eine gerade Linie, die u. a. Robert Conquest in seinem Buch über Stalins Völkermord sorgfältig belegt hat.[64]

Zwischen 1926 und 1959 hat sich z. B. die Zahl der Russen in der Ukraine verdoppelt; 1979 zählte man schon 21,1 Prozent Russen. In Lettland erhöhte sich ihr Anteil vom Einmarsch 1940 bis zum Jahr 1979 gar auf 32,8 Prozent und in der estnischen Hauptstadt Tallinn (Reval) gar auf fast 50 Prozent.[65] In der lettischen Hauptstadt Riga sind die Russen bereits in der Mehrheit.[65a]

Schon vor vielen Jahren hat W. Starlinger das Fazit gezogen, daß »heute aller Sowjetpatriotismus letzthin großrussischer Patriotismus«

ist und daß am Ende der einheitlich denkende und sprechende imperiale Großraum steht.[66] Das Schicksal der Rußlanddeutschen ist nur einer von vielen Meilensteinen am Weg des Sowjetimperialismus. Über den weiteren Verlauf dieses Weges machte sich z. B. Ayshe Seytmuratowa, eine tatarische Bürgerrechtlerin in den USA, wenig Illusionen:

»In Afghanistan geschieht nichts Neues. Dort führen die Russen nur weiter, was sie auf der Krim und in Zentralasien schon immer getan haben.«[67] – Allein bis 1982 töteten die Sowjets dem Vernehmen nach eine Million Afghanen; über vier Millionen sind nach Pakistan und Persien geflohen.[68] Der Zusammenbruch der Sowjetunion war für die Afghanen und andere Völker Rettung in letzter Minute.

Offizielle Motive

Nach diesem Exkurs zurück zu den Massenverbrechen der Roten Armee in Ostdeutschland. Nach offizieller sowjetischer Lesart hat es sie nie gegeben.

In seinem Opus »An der Spitze des Hauptstoßes« schreibt z. B. Marschall M. J. Katukow, zweifacher Held der Sowjetunion:[69] »Bevor wir in deutsches Gebiet einmarschierten, rief der Kriegsrat die Truppen auf, sich auf gegnerischem Territorium würdig zu verhalten ... Der Haß, den unsere Menschen gegen die Faschisten hegten, machte diesen Appell notwendig ... Doch dieser Haß durfte sich nicht gegen die deutsche Zivilbevölkerung richten ... Unsere Erziehungsarbeit war erfolgreich: Der Kriegsrat brauchte sich nicht mit unwürdigem Verhalten gegenüber der deutschen Zivilbevölkerung auseinanderzusetzen.«

Etwas offener gaben sich die Sowjetmarschälle gleich nach dem Krieg gegenüber westlichen Pressekorrespondenten. So berichtet Alexander Werth von seinem Interview mit Marschall Sokolowskij im Berlin des Jahres 1945:[70]

»Gewiß«, sagte Sokolowskij, »es sind eine Menge häßlicher Dinge passiert. Aber haben Sie etwas anderes erwartet? Sie wissen, was die Deutschen mit den russischen Kriegsgefangenen anstellten, wie sie unser Land verwüsteten, wie sie mordeten und raubten und plünderten. Haben Sie Maidanek oder Auschwitz gesehen? Jeder unserer Soldaten hat Dutzende seiner Kameraden verloren. Jeder von ihnen hat seine persönliche Rechnung mit den Deutschen zu begleichen, und im ersten Rausch des Sieges empfanden unsere Soldaten eine gewisse Genugtuung, wenn sie es den Frauen dieses ›Herrenvolks‹ zeigen konnten. Aber das ist jetzt vorbei. Wir haben diese Dinge weitgehend abgestellt. Im übrigen«, grinste er, »ist es auch nicht gerade so, daß die meisten

deutschen Frauen keusche Jungfrauen wären. Unsere Hauptsorge ist das erschreckende Ansteigen der Syphilis bei unseren Soldaten.«
Form und Inhalt der letzten Sätze bedürfen wohl keines Kommentars, so daß man gleich zur Sache kommen kann, nämlich den Leiden der Sowjetbürger im Zweiten Weltkrieg. Zwar hatten die Sowjets auf ihrem Rückzug im eigenen Land eine Taktik der verbrannten Erde betrieben, die sich nur wenig von der Hitlers beim Rückzug der Wehrmacht unterschied[71], zwar geht ein Teil der Millionenverluste der Roten Armee auf das Konto der Menschenverachtung ihrer eigenen Führer, etwa nach dem Motto: »Wenn wir an ein Minenfeld kommen, greift unsere Infanterie genauso an, als wäre es nicht da« (Äußerung von Marschall Schukow gegenüber General Eisenhower[72]), doch es ist unbestreitbar, daß Hitlers Einmarsch große Not über Millionen von Russen, Ukrainern und Weißrussen brachte.
Sokolowskijs Statement beginnt bei den russischen Kriegsgefangenen. Ihre Behandlung war tatsächlich vielerorts[73] schlecht, z. T. sogar skandalös. Seuchen und Hunger haben in den Lagern oft furchtbare Ernte gehalten. Das Schicksal der gefangenen Russen stellt eine der großen Tragödien unserer Zeit dar[74]; das Besondere dieser Tragik lag darin, daß die sowjetischen Gefangenen zwischen zwei unmenschlichen Diktaturen standen.
Während Hitler sich über das Los der Gefangenen keine Gedanken machte, erklärte Stalin:
»Es gibt keine russischen Kriegsgefangenen. Der russische Soldat kämpft bis zum Tod. Wenn er sich statt dessen gefangennehmen läßt, ist er automatisch aus der russischen Gemeinschaft ausgeschlossen.«[75]
Sicher hat die Behandlung der Gefangenen durch die Nazis viel böses Blut gemacht, doch scheint sich der Schrecken der beiden Systeme irgendwie die Waage gehalten zu haben; z. B. nehmen die Historiker an, daß die besetzten Gebiete der Sowjetunion mehr Kollaborateure als Partisanen hervorgebracht haben.[76] Eine andere Vergleichszahl: Während es im Ersten Weltkrieg bis 1917 der deutschen Propaganda nur gelang, ca. 2000 Gefangene – meistens Ukrainer – für das kaiserliche Heer anzuwerben, zählte man bis 1944 über eine Million russischer Soldaten, die sich zum Kampf gegen die Sowjets meldeten.[77]
Vor diesem Hintergrund ist es wenig wahrscheinlich, daß die millionenfachen Verbrechen an deutschen Zivilisten eine Folge der Zustände in den Gefangenenlagern der Nazis gewesen sein sollen. Gewichtiger erscheint da schon das Argument der Verwüstungen in den besetzten Gebieten und die z. T. schlechte Behandlung der Zivilbevölkerung durch die Besatzungsmacht. Aus der Fülle der Literatur soll hier Alex-

ander Werth herausgegriffen werden, weil er versucht hat, die Anklagen zu katalogisieren.[78] Als Hauptpunkte wären demnach zu nennen: schlechte Lebensmittelversorgung der Zivilbevölkerung – vielerorts bis zur Hungersnot –, ferner Deportation von sog. Fremdarbeitern nach Deutschland, exzessive Geiselerschießungen, Grausamkeit gegenüber politischen Gefangenen, Niederbrennen von Ortschaften in Partisanengebieten und schließlich der sog. Kommissarerlaß vom 13.5.1941, wonach politische Kommissare ohne Gerichtsverfahren sofort zu erschießen waren. Sicher ist der Katalog nicht vollständig, vor allem, wenn man an die koloniale Ausbeutung[79] der besetzten Gebiete und die arrogante Kolonialherrenattitüde mancher NS-Funktionäre denkt. Insgesamt deckt er sich mit den zahlreichen Beschwerden, die Militärs und sogar gemäßigte Nazis[80] über die Besatzungspolitik vorbrachten.

Es wäre vorschnell, wollte man nun schlußfolgern, es habe sich aufgrund dieser Umstände eine Art antideutscher Rassismus entwickelt. Interessant ist dabei eine amerikanische Umfrage unter 1000 verschleppten Russen (DPs), die in ihrer Heimat die deutsche Besatzung miterlebt hatten. Obwohl die große Mehrheit von einem allgemeinen Stimmungsumschwung und Enttäuschung über die vermeintlichen Befreier berichtet, wird doch sehr genau differenziert: Bei der Frage, wer von allen Deutschen sich am besten benommen habe, stimmten zehn für SS und SD, 69 für die Garnisonstruppen, 162 für die Zivilisten und 545 für die Frontsoldaten.[81]

Daß im Heer, abgesehen von einigen schwarzen Schafen, Hitlers völkerrechtswidrige Befehle überwiegend sabotiert wurden, war bald in Berlin bekannt[82] und blieb auch der russischen Bevölkerung nicht verborgen, die durchaus zwischen SS und Einsatzgruppen einerseits und regulären Truppen andererseits zu unterscheiden wußte. Ein Vierteljahrhundert unter der Schreckensherrschaft der Bolschewiki hatte das Auge der Russen geschärft für den Unterschied zwischen dem gewissenlosen Fanatiker und dem kleinen Mann, der ohnmächtig dem Treiben der herrschenden Clique zusehen muß. Die meisten Sowjetbürger hatten sich selbst allzuoft in der letzteren Rolle gesehen.

Die große Leidensfähigkeit des russischen Volkes war schon durch Lenins Terrorregime auf eine harte Probe gestellt worden. Diese Zeit liegt zwar heute weit zurück, aber gerade darum sollte man mit Solschenizyn[83] immer wieder daran erinnern, daß noch zu Lebzeiten Lenins so viele Unschuldige umgebracht wurden wie später in Hitlers Machtbereich (daß diese Tatsache nicht den Nationalsozialismus entlastet, sondern den Kommunismus belastet, bedarf keiner Betonung). Weitere

Millionen starben unter Stalin in Lagern, bei Deportationen, bei Säuberungen in Partei und Armee und im Zusammenhang mit der Zwangskollektivierung der Landwirtschaft. Churchill gegenüber gestand Stalin am 16.8.1942, daß allein die Kollektivierung zehn Millionen Menschenleben gekostet habe.[84] Zum 50. Jahrestag der sowjetischen Oktoberrevolution von 1917 veröffentlichten französische und belgische Wissenschaftler Erhebungen, die mit den Ergebnissen des Internationalen Roten Kreuzes übereinstimmen.[85] Danach forderte die Sowjetherrschaft bis dahin rund 49 Millionen Menschenleben. Nicht in diesen Zahlen enthalten sind die Opfer der frühen Kriege gegen Finnen, Balten, Polen usw. und die Opfer des Zweiten Weltkriegs.[86] Weltweit dürfte der Kommunismus 100 Millionen Menschen auf dem Gewissen haben.[87]

Ungeahnte Höhepunkte erreichte der sowjetische Terror gegen die eigene Bevölkerung, den Nikolai Tolstoy als Stalins geheimen Krieg bezeichnet hat, während des Zweiten Weltkriegs. Man nimmt an, daß über die Hälfte derer, die in der Sowjetunion zwischen 1941 und 1945 ums Leben kamen, Opfer des kommunistischen Terrors gegen Systemgegner, Verdächtige, nichtrussische Nationalitäten usw. wurden.[87a] Der Anglorusse N. Tolstoy hat in seinem Buch »Stalin's Secret War« den unbeschreiblichen Leiden der Menschen in der Sowjetunion unter den Massenmördern Hitler und Stalin ein würdiges Denkmal gesetzt.

In diesem Zusammenhang bedenke man vor allem die zahlreichen Konzentrationslager in der damaligen Sowjetunion und die Berge von Leichen ermordeter baltischer, polnischer und ukrainischer Menschen, welche die Sowjets auf ihrem Rückzug in Kowno, Lemberg, Glebokie, Dobromil, Sambor, Katyn und an vielen anderen Orten hinterlassen haben.[88] Man denke auch an die »Instrumente zum Brechen der Schienbein- und Armknochen, zum Zerquetschen der Hoden, zum Durchbohren der Fußsohlen, zum Abreißen der Nägel und der Haut von den Händen, zum Pressen der Nase, bis das Blut herausspritzt, an Elektrofolter-Geräte etc.«, die Rigaer Bürger nach dem Abzug der Sowjets im Gefängnis ihrer Stadt entdeckten.[88a] Wer wollte im Ernst davon ausgehen, daß der Anblick der NS-Konzentrationslager – so erschütternd, ja unfaßbar er objektiv war – für russische Soldaten absolut ungewohnt war und daß er ihre Psychologie so grundlegend verändert haben könnte, wie es uns Marschall Sokolowskij in seiner zitierten Äußerung zu den sowjetischen Massenverbrechen glauben machen will? Im übrigen erinnern die Formulierungen des Sowjetmarschalls in peinlicher Weise an die des »Führers und Oberbefehlshabers der Wehrmacht« in dem Erlaß über die Gerichtsbarkeit im Gebiet des

Rußlandfeldzugs (»Barbarossa«), der Straffreiheit bei Vergehen vorsah, die begangen wurden »aus Erbitterung über Greueltaten ... der Träger des jüdisch-bolschewistischen Systems«.[89] Es gehört schon viel Naivität dazu, anzunehmen, die Mehrzahl der Naziverbrechen in Rußland sei das Ergebnis einer solchen spontanen Erbitterung gewesen. Naturgemäß lag auf russischer Seite die Zahl der spontanen Ausschreitungen höher, doch ergibt das vorliegende Material[90], daß diese Fälle insgesamt eindeutig in der Minderheit waren.

Zu seiner Biographie des Sowjetmarschalls Schukow schreibt Viktor Suworow:

»Das Gebaren eines sowjetischen Soldaten in Deutschland nach dem Krieg war Ausdruck heiligen Zorns. Aber wir sollten dabei eine Nuance nicht vergessen: 1945 führten sich die Soldaten und Offiziere genauso auf, wie sie sich 1939 in Lwow, 1940 in Riga, Vilnius, Tallin und Kaunas aufgeführt hatten. Auch in Polen raubten, mordeten und vergewaltigten unsere Befreier. Wem und wofür wollten sie 1939 im »befreiten« Polen etwas heimzahlen?«[90a]

Per saldo waren die Massenverbrechen in Ostdeutschland im wesentlichen wohl das Ergebnis einer barbarischen Grundhaltung der Roten Armee, gesteigert durch antideutsche Hasspropaganda.

Der Historiker Martin Broszat hat die Frage nach den politischen Hintergründen der Vertreibung so beantwortet:[91] »Was zunächst vordergründig als rigorose Neuordnung des nationalen Verhältnisses erschien ..., war im Grunde weniger ein Akt souveräner polnischer Politik als Instrumentarium übergeordneter großräumiger sowjetischer Strategie in der östlichen Hälfte Europas.«

Die sowjetische Strategie wiederum definiert der amerikanische Diplomat George F. Kennan:[92] »Das aus einem guten Stück Deutschland herausgeschnitzte Polen mußte sich schon aus reinem Selbsterhaltungstrieb des Wohlwollens der Russen versichern, und zwar zu deren Bedingungen.« Daneben gab es auch noch andere Motive wie z. B. die Schaffung von sozialen Konflikten und revolutionärer Unruhe in Westdeutschland, die Herstellung eines Bundes von Verbrechen und Schuld zwischen Partei und Armee, die Vernichtung des – für die Rotarmisten vielleicht verführerischen – Glanzes kapitalistischer Errungenschaften im Westen[92a] oder die Beschwichtigung des polnischen Nationalismus wegen der Rückgabe der Gebiete mit ukrainischer und weißrussischer Bevölkerung, die Polen 1920/1921 annektiert hatte; aber sicher spricht Kennan den zentralen Punkt an. Nicht uninteressant ist hier vielleicht noch die Äußerung des US-Außenministers Byrnes, er habe auf der Potsdamer Konferenz seinen sowjetischen

Kollegen Molotow die polnische Expansion mit mehr Eloquenz verfechten hören als die Polen selbst.[92]

Die polnische Exilregierung in London hatte in ihrer Note vom 8.10.1943 an die britische und amerikanische Regierung ausdrücklich festgestellt:[94]

»Selbst wenn die Sowjetregierung die polnischen Forderungen nach deutschen Gebieten im Westen als Kompensation für territoriale Verluste, die Rußland Polen in dessen Ostgebieten auferlegt, gutheißen würde, so würden diese neuen Grenzen den polnischen Staat doch in Abhängigkeit von seinem östlichen Nachbarn bringen, und es würde der Sowjetunion erlauben, ihn als Sprungbrett für die Ausdehnung ihrer Herrschaft über Mitteleuropa im allgemeinen und Deutschland im besonderen zu machen.«

Daß die Moskauer »Schule des Hasses« und ihr unaufhörlicher Appell an Haß- und Tötungsinstinkte nicht nur militärischen Zielen diente, zeigt schließlich Stalins Taktik gegenüber seinen westlichen Alliierten. Auf der Konferenz von Jalta z.B. meinte Churchill am 7. Februar 1945, viele Engländer würden schockiert sein wegen der Vertreibung von Millionen Deutschen aus den Oder-Neiße-Gebieten. Stalin erwiderte:[95] »Dort sind keine Deutschen mehr. Wenn unsere Truppen kommen, rennen die Deutschen weg.«

Das gleiche Spiel wiederholte sich auf der Potsdamer Konferenz am 21.6.1945.[96] Auf einen entsprechenden Einwand von Präsident Truman betonte Stalin, nicht ein einziger Deutscher lebe in dem Territorium, das für Polen bestimmt sei. Darauf flüsterte Admiral Leahy, Trumans militärischer Chefberater, dem Präsidenten zu: »Natürlich nicht, die ›Bolschis‹ haben sie alle umgebracht.«

Als Fazit wäre festzuhalten:[97] »Das Geschehen in den Gebieten rechts der Oder war nicht das zufällige Ineinanderlaufen unzähliger Einzelaktionen aus dem Haß und dem Rachedurst und der Gier blindwütig gewordener Soldaten, sondern ein wohlvorbereitetes System zur Dezimierung und Vertreibung der Deutschen aus diesem Gebiet.« Mit anderen Worten: Die Vertreibungsverbrechen stellen nicht eine Häufung von Ausschreitungen dar, sondern eine neuartige Form staatlich gelenkter Liquidationspolitik. Der pseudospontane Charakter dieser Unmenschlichkeiten spielte später eine wichtige Rolle bei den propagandistischen Bemühungen Moskaus, sie als »verständliche Racheakte« zu rechtfertigen oder als »bedauerliche Einzelfälle« zu verharmlosen.

14. Anglo-amerikanische Motive und Kollektivschuld

Das anglo-amerikanische Deutschlandbild 1945

Vorweg ist festzustellen, daß von den englischen und amerikanischen Truppen im Zweiten Weltkrieg Kriegsverbrechen größeren Ausmaßes nicht begangen wurden.[1] Wenn man die brisanten Themen des Bombenkriegs, der Kriegsgefangenen im amerikanischen Gewahrsam und der US-Hungerpolitik der unmittelbaren Nachkriegszeit[2] ausklammert, so ist eher das folgende Zitat aus der tschechischen Zeitung »Svobodny Smer« vom 18. Juli 1945 für das Verhalten der Truppe charakteristisch. Dabei sei daran erinnert, daß die Amerikaner 1945 das westliche Sudetenland (Egerland, Böhmerwald) besetzt hatten und nicht selten die dortige Bevölkerung vor den Übergriffen der tschechischen »Goldgräber« in Schutz nehmen mußten.[3]

Die Pressenotiz lautet: »Es ist unmöglich zu begreifen, wie es noch Leute gibt, welche die Deutschen in Schutz nehmen wollen ... Was hilft es uns, wenn die Öffentlichkeit in Amerika unsere Meinung teilt, daß die Deutschen keine menschlichen Wesen sind, sondern nur Halbmenschen, oder wenn sie der These zustimmt, daß die Deutschen so behandelt werden müssen, wie sie es verdienen, wenn zur selben Zeit junge Leute aus Oklahoma oder Michigan über die Straßen zwischen Marienbad, Eger und Asch in ihren Sechszylindern reisen und kein Interesse zeigen ...«[4]

Die Stelle deutet auch schon an, in welcher Weise England und die USA in den Komplex der Vertreibungsverbrechen verwickelt waren: Unterstützt durch einen großen Teil der radikalisierten Presse, hatten die Regierungen dieser Länder der Sowjetunion und ihren späteren osteuropäischen Satelliten freie Hand gegeben, rund eine Million Menschen zur Zwangsarbeit nach Osten zu verschleppen und eine noch größere Zahl nach Westen zu vertreiben – Handlungen, die nach dem Londoner Vertrag vom 8. August 1945 über die »Verfolgung und Bestrafung der Hauptkriegsverbrecher der europäischen Achse« als Kriegsverbrechen bzw. Verbrechen gegen die Menschlichkeit galten (Titel II, Artikel 6, Buchst. b und c des Statuts zu Artikel 2 des Vertrages). Die katholischen Bischöfe der Vereinigten Staaten haben im Rundschreiben vom 17.11.1946 ihre Regierung auf die schwere Mitverantwortung für diese Vorgänge hingewiesen:[5] »Was jedoch eine Regierung beim Gebrauch ihrer eigenen Hoheitsrechte nicht tun darf, das darf sie auch nicht genehmigen oder gar in versteckter Form begünstigen, wenn es sich um eine andere Regierung handelt.«

Man wird den Sündenfall traditionsreicher Demokratien kaum verstehen, ohne sich die Gemütsverfassung der anglo-amerikanischen Staatsmänner und Publizisten gegen Ende des Krieges vergegenwärtigt zu haben. Eine der vielen Publikationen, die für die damalige Atmosphäre charakteristisch sind, ist der Bestseller von Louis Nizer »What to do with Germany«.[6] Nachdem der Autor festgestellt hat, daß man mit Fug und Recht die Italiener als musikalisch und die Schotten als sparsam bezeichnen könne, umreißt er den deutschen Charakter mit folgenden Worten:

»Die Deutschen haben eine Philosophie entwickelt, die aus dem Krieg eine Religion macht und aus Massenmord einen Kult. Sie betrachten es als ihre Mission, alle anderen Völker zu versklaven. Sie verwerfen die Lehre von der Heiligkeit des menschlichen Lebens und der Freiheit und ersetzen sie durch das Ideal des Krieges. Das einzigartige Phänomen des Pangermanismus ist es, daß seine Verschwörung gegen den Weltfrieden nicht nur Gangstertum oder Nihilismus darstellt.

Der Nazismus ist keine neue Theorie, geboren aus der Ungerechtigkeit des Versailler Vertrages oder aus wirtschaftlicher Notlage. Er ist ein Ausdruck deutscher Bestrebungen, die in Jahrhunderten ihren Niederschlag gefunden haben ... Es gab einen Kaiser vor Hitler und Bismarck vor dem Kaiser und Friedrich den Großen vor Bismarck – in der Tat sind 2000 Jahre deutschen Wesens dafür verantwortlich ... Ja, es gibt eine deutsche Verschwörung gegen den Weltfrieden und gegen jeden freien Menschen in jedem Land. Es ist eine Verschwörung, die in der Niederlage nie abgestorben ist. Sie ist dem Volk angeboren ...

Die deutsche Philosophie ist aus der Barbarei entstanden und durch Kultur verfeinert und gefährlicher gemacht worden. Sie bleibt jedoch die Philosophie von Zahn und Klaue, modernisiert durch Flugzeug-Zähne und Panzer-Klauen. Die Jahrhunderte haben sie nicht geändert. Der Evolution des Menschen, die seine geistigen Fähigkeiten entwickelt hat, haben die Deutschen getrotzt.«[7]

Man könnte diese Zeilen mit einem Achselzucken übergehen, etwa wie die entsprechenden Ergüsse wildgewordener Oberlehrer, mit denen das Dritte Reich so überreich gesegnet war, wenn nicht das Buch von Nizer die Lieblingslektüre von drei amerikanischen Präsidenten gewesen wäre. F.D. Roosevelt verteilte es an seine Kabinettsmitglieder, Eisenhower verteilte 100 000 Exemplare an die Truppe (die obigen Zitate stammen aus der Militärausgabe) und ließ alle Offiziere seines Stabes Aufsätze über das Buch schreiben, und Harry S. Truman schließlich hielt es für »eines der fesselndsten und aufschlußreichsten

Bücher«, die er je gelesen habe, und meinte: »Jeder in diesem Land sollte es lesen.«[8]

Die meisten öffentlichen Büchereien können das Werk von Nizer zwar nur auf dem umständlichen Weg der Fernleihe beschaffen, aber für zeitgeschichtlich Interessierte gilt noch heute, wenn auch unter geänderten Vorzeichen, der Rat Trumans: »Jeder sollte es lesen.«

Ähnliche Ideen wie Nizer verbreitete in England der Diplomat und Bestsellerautor Robert Vansittart. Als »Vansittartismus« bezeichnete man seine Mischung aus Kriegshysterie und rassistisch getönten Vorurteilen.[9]

Im Unterhaus konstatierte Clement Attlee am 1. März 1945 zur deutschen Frage:[10] »Sie haben die alten Schranken eingerissen, und deshalb sage ich, daß sie sich nicht auf das alte Europa berufen können. Falls sie sich fügen, falls sie wiedergutmachen müssen, haben sie kein Recht, die Grundlage der Moralgesetze zu beschwören, die sie selbst nicht beachtet haben, oder auf Mitleid und Gnade zu rechnen, die sie niemals anderen zuteil werden ließen.«

Das Baby in der Wiege hatte im Prinzip ebensowenig »auf Mitleid und Gnade zu rechnen« wie der Bonze in der Partei. Outlaws waren sie alle, und so konnte man ihre »unvermeidlichen Leiden« ohne »unangebrachte Bestürzung« zur Kenntnis nehmen.

Wie eine Kritik dieser Mentalität liest sich die Kanzelverkündigung der katholischen Bischöfe Westdeutschlands vom 30.1.1946:[11] »Die Austreibung ist mit furchtbarer Brutalität, unter Nichtachtung aller Menschlichkeit erfolgt ... Wir wissen, daß ... Deutsche furchtbare Verbrechen an den Angehörigen anderer Nationen begangen haben. Aber seit wann ist es erlaubt, an Unschuldigen sich zu rächen und Verbrechen durch Verbrechen zu sühnen? Man soll die wirklich Schuldigen zu unerbittlicher Rechenschaft ziehen. Aber wer will das Massensterben von Kindern, Müttern, alten Leuten verantworten?«

Was macht man mit Deutschland?

»Der bedrückendste Aspekt der gegenwärtigen Diskussion um die Zukunft Deutschlands ist die Freude, mit der die unmenschlichsten Vorschläge vorgetragen, und das sichtbare Vergnügen, mit dem sie von unseren Mitbürgern angehört werden.«[12] Diese Feststellung mußte im Mai 1945 Robert Hutchings, der Präsident der Universität Chicago, in einer Rede vor Studenten machen. In der Tat fielen die einschlägigen Projekte brutal bis grotesk aus. – Zunächst die groteske Version:

Noch vor dem amerikanischen Kriegseintritt veröffentlichte ein gewisser Theodore N. Kaufman das Buch »Germany Must Perish«, dessen Titel man mit »Deutschland muß untergehen« bzw. »Deutschland muß sterben« übersetzen könnte. Er wollte das deutsche Problem durch Sterilisierung aller Deutschen in zeugungsfähigem Alter gelöst wissen und fügte auch gleich eine Landkarte mit konstruktiven Vorschlägen bei, wie das ausgestorbene Land – einschließlich Österreichs – an die Nachbarstaaten verteilt werden könnte. Zur technischen Durchführung schreibt Kaufman:[13]

»Sterilisierung sollte nicht mit Kastration verwechselt werden. Es ist eine gefahrlose und einfache Operation, ziemlich harmlos und schmerzlos, die den Patienten weder verstümmelt noch zum geschlechtslosen Wesen macht... Wenn man bedenkt, daß solche gesundheitsfördernden Maßnahmen wie Impfungen und Serumbehandlungen als direkte Wohltaten für die Bevölkerung betrachtet werden, dann kommt man nicht umhin, die Sterilisierung des deutschen Volkes als eine große Gesundheitsmaßnahme der Menschheit zu betrachten, um sich FÜR IMMER gegen den Virus des deutschen Wesens (Germanism) zu immunisieren.«

Diese Stelle erinnert lebhaft an die Definition des obersten nationalsozialistischen Parteirichters Buch:[14] »Der Jude ist kein Mensch. Er ist eine Fäulniserscheinung.« Wieder ist man versucht, das Buch als Werk eines rassistischen Einzelgängers abzutun, und wieder hat man sich geirrt. Es liegen zwar keine Anhaltspunkte dafür vor, daß Roosevelt Mr. Kaufman persönlich gekannt oder gar seinen Plan inspiriert hat, wie Propagandaminister Goebbels verbreiten ließ[15]; allerdings wurde das Kaufman-Buch im Dritten Reich derart hochgespielt und auch in großen amerikanischen Blättern erörtert – z. B. im Nachrichtenmagazin »Time« am 24.3.1941 –, daß es dem Präsidenten nicht verborgen bleiben konnte. Daß Roosevelt dem Sterilisationsgedanken nicht grundsätzlich ablehnend gegenüberstand, ergibt sich aus einigen seiner Äußerungen und wurde erst gegen Ende der siebziger Jahre erneut belegt durch die persönlichen Aufzeichnungen und Unterlagen des amerikanischen Richters und Nürnberger Hauptanklägers Jackson[16], der zu den geistigen Vätern der Nürnberger Prozesse gezählt wird. Finanzminister Morgenthau überliefert z. B. folgende Äußerung des Präsidenten vom 19.8.1944: »Wir müssen mit den Deutschen hart sein. Das heißt mit dem deutschen Volk, nicht nur mit den deutschen Nazis. Wir müssen sie entweder kastrieren, oder mit ihnen so verfahren, daß sie nicht länger Menschen zeugen, die so wie bisher weitermachen.«[17]
S. Rosenman, der letzte Rechtsberater F. D. Roosevelts, hat berichtet, wie der Präsident amüsiert eine Maschine skizzierte, mit der die Sterilisierung massenhaft durchgeführt werden könne.[18]

Eine andere Probe seines Humors gab FDR auf der Konferenz von Teheran. Als Stalin die formlose Erschießung von 50 000 deutschen Offizieren und Technikern ohne Gerichtsverfahren verlangte, antwortete Roosevelt: »49 500!«[19] Auch die Regierung in London vertrat gegen Ende des Krieges die Meinung, »daß einer Exekution ohne Prozeß der Vorzug zu geben sei«.[20] Der Plan, dessen Durchführung sich nicht wesentlich von Hitlers berüchtigtem »Kommissarbefehl« unterschieden hätte, wurde buchstäblich erst in letzter Minute zu Fall gebracht.
Ernsthaft in der amerikanischen Öffentlichkeit diskutiert[21] wurde auch der Vorschlag des Harvard-Professors E. A. Hooton, den am 4. Januar 1943 die amerikanische Zeitschrift »Peabody Magazine« publizierte. In seinem »PM«-Aufsatz »Breed War Strain out of Germans« schlägt der Anthropologe Hooton vor, frei nach Mendels Gesetzen die »deutsche Aggressivität« aus dem Volk herauszuzüchten. Dieses Ziel könne erreicht werden, indem man Angehörige der alliierten Besatzungstruppen zu Ehen mit deutschen Frauen ermutige und außerdem die Einwanderung nichtdeutscher Menschen, vor allem nichtdeutscher Männer, nach Deutschland fördere. Das Gros der ehemaligen Wehrmacht solle währenddessen mindestens 20 Jahre lang im Ausland Zwangsarbeit leisten. Auf diese Weise ließe sich die Zahl der reinrassigen Deutschen (pure Germans) und damit die kriegerische Erbanlage der Mitteleuropäer in absehbarer Zeit drastisch reduzieren.
Ein weiterer menschenfreundlicher Plan, der allerdings nicht vollständig verwirklicht wurde, war der oft zitierte Morgenthau-Plan. Sein Kernstück bildeten – neben der Zerstückelung des besiegten Landes und einer teilweisen Vertreibung – die Zerstörung des Ruhrgebietes und die Verwandlung Deutschlands in ein Agrarland. Daß dadurch die Existenzgrundlage von ca. 30 Millionen entfalle und diese Menschen dann möglicherweise dem Hungertod preisgegeben seien, wie Kriegsminister Stimson am 4. September 1944 bei einem Essen im Hause Morgenthau einwendete, beeindruckte den Finanzminister wenig. Er erklärte: »Ich bin dafür, erst zu zerstören, und um die Bevölkerung werden wir uns dann in zweiter Linie Sorgen machen.« Auch seinen väterlichen Freund F. D. Roosevelt und dessen Frau plagten wenig Skrupel. Morgenthau fährt fort: »Ich konnte mit dem Präsidenten ruhig und ungestört sprechen, und ihm gefiel mein Vorschlag, auch Mrs. Roosevelt, die früher eine große Pazifistin war. Es macht ihr überhaupt keine Sorge.«[22]
Auch Churchill, der schon am 11.12.1941 öffentlich erklärt hatte, er wolle den Deutschen »eine Lektion erteilen, die auch in tausend Jahren nicht vergessen sein wird«, schloß sich nach kurzem Zögern dem Konzept des US-Finanzministers an.[23]

Dok. 21

Zur Psychologie des Kollektivschulddenkens

Auszug aus dem Essay des britisch-jüdischen Verlegers und Schriftstellers Victor Gollancz »Unser bedrohtes Erbe« (1946 in London erschienen).[29]
Der Verfasser hatte bereits Ende 1933 ein Braunbuch über die Untaten der Nazis herausgebracht. 1942 gründete er zusammen mit Eleanor Rathbone das Nationalkomitee für die Rettung der Opfer des Naziterrors. Ab 1945 beschäftigte er sich mit dem Terror in den Vertreibungsgebieten. 1960 wurde er mit dem Friedenspreis des Deutschen Buchhandels ausgezeichnet.

»Wenn mir der Platz zur Verfügung stünde, so könnte ich mich mit dem empörten Aufschrei über die Buchenwald-›Enthüllungen‹ befassen, die keinerlei Enthüllungen für alle die bedeuteten, die unentwegt seit 1933 bemüht gewesen waren, das Gewissen eines denkfaulen und zweiflerischen Publikums aufzurühren und das Wort für Männer und Frauen zu ergreifen, die, von der Außenwelt abgeschlossen und ohne eigene Stimme, unsagbare Qualen in jenen Lagern der Rechtlosigkeit erduldeten. Jetzt, so sagte man, wüßten wir nun endlich, daß die deutsche Nation als Ganzes schuldig wäre: warum nämlich hätte sie nicht, wofern es anders wäre, um jeden Preis sich gegen diese Verbrechen ausgesprochen und sich gegen Hitler aufgelehnt? Dabei kam man gar nicht auf den Gedanken, sich die Frage vorzulegen, was man denn selber unter ähnlichen Verhältnissen geleistet haben würde; man hielt nicht einen Augenblick inne, um sich innerlich darüber Rechenschaft abzulegen, ob man wohl, wofern der Preis, über den man so glatt dahinschwätzte, Tod oder Folter nicht nur für einen selbst, sondern auch für die eigenen Kinder gewesen wären – ob man auch dann noch, jenseits aller Zweifel, das hinreichende Maß von Heroismus besessen haben würde, um solche Gefahren auf sich zu nehmen. Man fragte sich nicht einmal, warum man denn Buchenwald, solange noch Friede herrschte, keinerlei Bedeutung beigemessen hatte, obschon das weder Tod noch Folter noch auch nur die Gefahr der Einkerkerung gekostet haben würde, wenn man damals seine Stimme hätte vernehmen lassen, sondern schlimmstenfalls einen Zeitverlust von wenigen Sekunden und den Verbrauch eines belanglosen Bruchteils von Energie. Anstatt auf diese Weise in sich zu gehen, schwelgte man schon lieber im Bewußtsein seiner eigenen Überlegenheit.«

Der Plan Morgenthaus, den ein Leitartikel der »Washington Post« 1944 in die Nähe von Fieberträumen (product of a fevered mind) gerückt hatte[24], wurde nach Roosevelts Tod endgültig[25] fallengelassen. Sein Geist schwebte allerdings noch lange über den Wassern. Er findet sich z. B. in der berühmten Anweisung an die amerikanischen Besatzungstruppen in Deutschland, der »Direktive JCS 1067«. Darin heißt es: »Es sollte den Deutschen beigebracht werden, daß Deutschlands skrupellose Kriegführung aus dem Geist des fanatischen Nazi-Widerstandes die deutsche Wirtschaft zerstört und Chaos und Leiden unvermeidlich gemacht hat und daß die Deutschen der Verantwortlichkeit nicht entrinnen können für das, was sie selbst über sich gebracht haben. Deutschland wird nicht besetzt werden zum Zweck der Befreiung, sondern als eine besiegte Feindnation.«[26]
Gefallen war auch der Plan, die Bewohner des Saarlandes zu vertreiben, den u. a. Eisenhower mit den Worten begrüßt hatte:[27] »Man sollte lieber die Deutschen alle aussiedeln, weil sie biologisch viel stärker als die Franzosen sind« – eine Phrase, die ohne weiteres aus Hitlers Tischgesprächen stammen könnte.
Was blieb, war allerdings schlimm genug und ging teilweise über Morgenthaus Planungen hinaus: Das Verdikt über 20 Millionen Deutsche in den Vertreibungs- und Deportationsgebieten, »der unmenschlichste Beschluß, der jemals von zur Verteidigung der Menschenrechte berufenen Regierungen gefaßt wurde«, wie Anne O'Hare McCormick am 13.11.1946 in der »New York Times« schrieb.[28]

Die Kollektivschuldtheorie

Die unterschwellig rassistischen Töne wurden ab 1945 in der Deutschlanddebatte allmählich leiser. Was blieb, war die Kollektivschuldtheorie, die nach dem Krieg heftig diskutiert wurde. Wesentlicher Inhalt dieser Hypothese ist der Vorwurf, »die Deutschen« hätten
1) Hitler gewählt, obwohl sie wußten, was die Wahl bedeutete;
2) sie hätten den Weltkrieg herbeigewünscht und
3) die Judenverfolgung und andere Verbrechen aktiv gefördert oder zumindest gebilligt;
4) insgesamt seien sie blinde Gefolgsleute Hitlers gewesen und hätten es unterlassen, Hitler rechtzeitig zu stürzen.
Nachdem sich die große Mehrheit der Bevölkerung auf diese Weise schuldig gemacht habe, sei es den Verwaltungsaufwand nicht wert, die wenigen Nichtschuldigen herauszufinden[30]; das deutsche Volk sei daher als ganzes zu verurteilen etwa wie eine schuldige Einzelperson im Strafprozeß.

In einer Zeit, in der vielfach schon die individuelle Schuld des Straftäters als überholt gilt, wird diese Betrachtungsweise manchem wie ein Fossil aus grauer Vorzeit vorkommen. Trotzdem sollte man es nicht versäumen, den Vorwürfen Punkt für Punkt nachzugehen, so wie es schon die katholischen Bischöfe auf der Fuldaer Bischofskonferenz im August 1945 und der Freiburger Erzbischof Gröber in seinem Hirtenbrief zur Kollektivschuldfrage vom 21.9.1945 getan haben.[31]

1) Der Schuldspruch beginnt mit der Feststellung, »die Deutschen« hätten Hitler gewählt. Dazu ist zu bemerken, daß die Nazipartei bei den letzten freien Wahlen am 6. November 1932 nur 33 Prozent der Stimmen bekam. Die Wahlen vom März 1933, bei denen Hitler über 43 Prozent für sich verbuchen konnte, werden von den meisten Historikern nicht mehr zu den freien Wahlen gezählt, weil damals schon aufgrund der »Verordnung zum Schutz von Volk und Staat« die wichtigsten verfassungsmäßigen Rechte nicht mehr galten; die starke Kommunistische Partei war verboten und Hitler Kanzler einer Rechtskoalition; offiziell herrschte der Ausnahmezustand und inoffiziell der braune Straßenterror; einen Monat vor der Wahl wurden die ersten »wilden« KZs eingerichtet.
Um die Wahlergebnisse zu deuten, muß man den zeitgeschichtlichen Hintergrund sehen, und der war zu Anfang der dreißiger Jahre mehr als düster. Im September 1932 zählte man fünf Millionen Arbeitslose, im Januar 1933 sechs Millionen. Der Lebensstandard des Jahres 1933 war auf den Stand von 1882 zurückgefallen.[32] Blutige Straßenschlachten mit zahlreichen Toten und Verletzten waren an der Tagesordnung. Wenn man bedenkt, daß z. B. die italienischen Kommunisten 1976 in einer Zeit relativer Prosperität und Ruhe 34 Prozent der Stimmen erringen konnten, dann erscheinen die 33 Prozent der Nazistimmen bei der letzten freien Wahl äußerst bescheiden. Es kommt hinzu, daß der Kommunismus den Wählern der siebziger Jahre schon millionenfache Proben seines blutigen Könnens geliefert hatte, während die Nationalsozialisten eine neue Partei verkörperten und ihre mörderische Karriere erst vor sich hatten. Aus dem Wahlergebnis vom November 1932 die Sehnsucht der hungernden Arbeitslosen nicht nach Brot und Arbeit, sondern nach Krieg und Völkermord abzuleiten, ist wohl schlichtweg absurd.
Bliebe noch das Versagen der bürgerlichen Koalitionspartner Hitlers. Daß ihre eigenen Parteien bald verschwanden, zeigt sehr deutlich, daß diese Politiker ebenfalls nicht aus Liebe zur totalitären Staatsform gehandelt hatten; sie waren einem ganz banalen Irrtum aufgesessen – dem

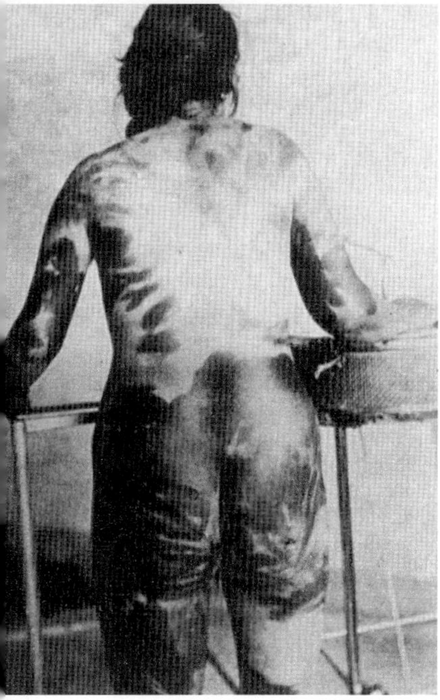

Vorspiele der Vertreibung

Während des polnischen Versuchs, entgegen dem Ergebnis der international überwachten Volksabstimmung von 1921 in Oberschlesien gewaltsam vollendete Tatsachen zu schaffen (sog. 3. Polen-Aufstand), kam es zu blutigen Ausschreitungen gegen die deutsche Bevölkerung.

links oben: Schwer mißhandelte Oberschlesierin.

rechts oben: Getöteter Eisenbahner.
unten: Die ersten Flüchtlinge. Insgesamt wurde zwischen 1919 und 1939 aus den polnisch gewordenen Gebieten rund 1 Million Deutsche durch Ausweisung oder auf andere Weise verdrängt.

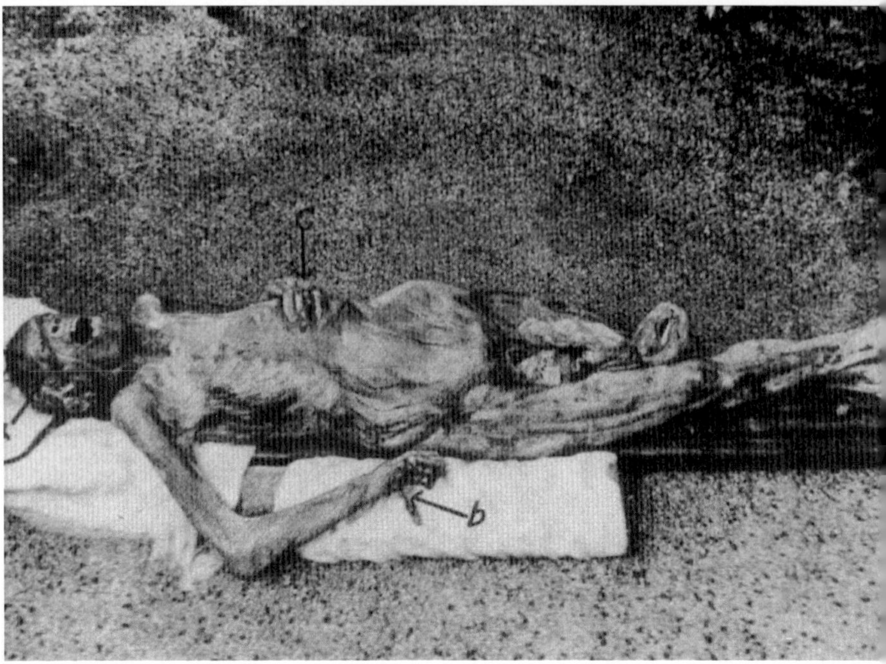

Ermordete Schwangere. Noch im Todeskampf begann die Geburt.

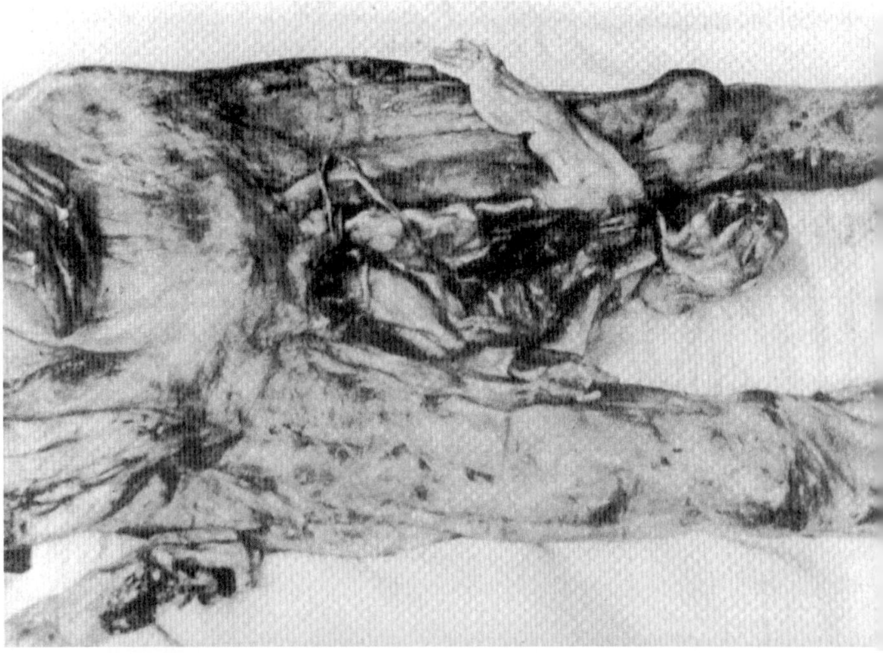

:r Bromberger Blutsonntag
. September 1939).

i Ausbruch des 2. Weltkriegs ereigneten sich Polen zahlreiche Gewalttaten gegenüber :utschen, Ukrainern und Angehörigen anderer nderheiten. Die Intelligenzschicht dieser Belkerungsgruppen wurde nach vorbereiteten ten zum großen Teil in Lager gebracht.

›en: Erschossene Geiseln
:hts: Opfer von Pogromen.

e evangelische Kirche in Bromberg-Schwedenhe wurde am 3. September 1939 angezündet. hon vor dem Krieg war es häufig zu Ausıreitungen gegen die Minderheiten in Polen kommen; bei Befriedungsaktionen der polniıen Armee im Distrikt Lublin z.B. wurden in ıem Jahr 114 ukrainische Kirchen zerstört.

Eduard Benesch,
Chef der tschechoslowakischen Exilregierung in London. Er erreichte als erster die Zustimmung der Alliierten zur Vertreibung von Deutschen.

Ilja Ehrenburg,
sowjetischer Schriftsteller und Propagand
Verfasser des Aufrufs »Töte!« und zahlreic
ähnlicher Appelle.

Lew Kopelew versuchte, Verbrechen der Roten Armee in Ostpreußen zu verhindern; er wurd u.a. wegen »Mitleids mit dem Feind und kleinbürgerlichen Humanismus« abgeurteilt.

links: Kopelew als Sowjetoffizier,
rechts: als Schriftsteller und Bürgerrechtler nach dem Krieg.

›en: **Henry Morgenthau jun.,**
;-Finanzminister. Nach ihm wurde der
orgenthau-Plan benannt.

ıten: **Victor Gollancz,**
itischer Verleger, 1933 einer der frühe-
:n Warner vor den Gefahren des Na-
ınalsozialismus, 1945 einer der ersten
itiker der Vertreibungsverbrechen.

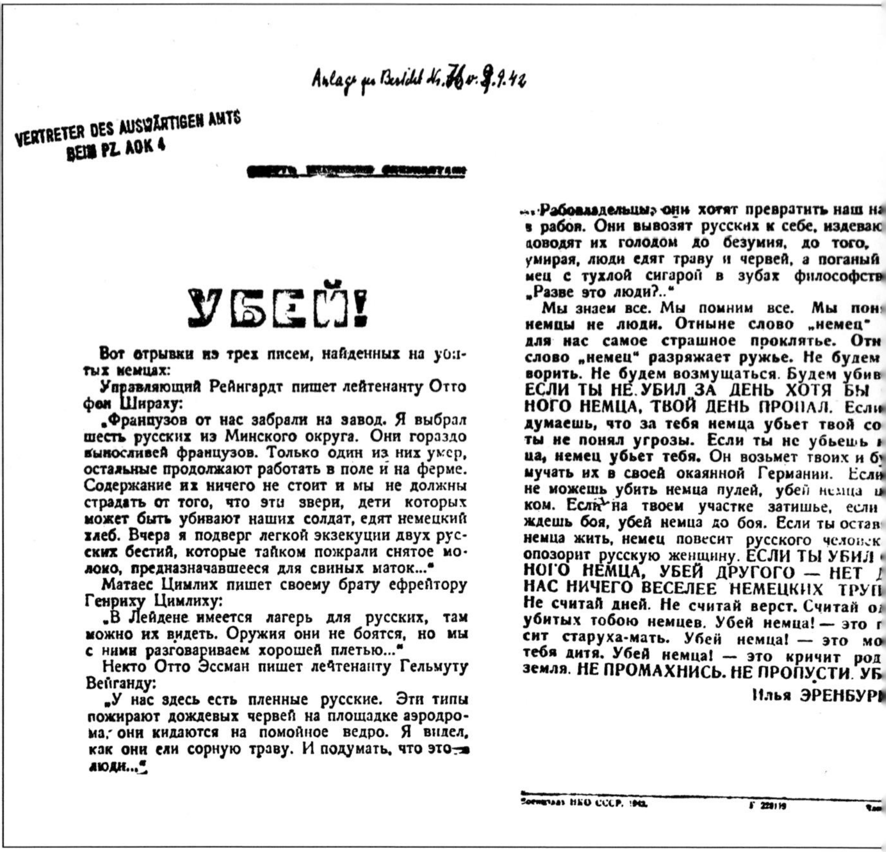

Anlage zu Bericht Nr. 76 v. 9.9.42

VERTRETER DES AUSWÄRTIGEN AMTS
BEIM PZ. AOK 4

УБЕЙ!

Вот отрывки из трех писем, найденных на убитых немцах:

Управляющий Рейнгардт пишет лейтенанту Отто фон Шираху:

„Французов от нас забрали на завод. Я выбрал шесть русских из Минского округа. Они гораздо выносливей французов. Только один из них умер, остальные продолжают работать в поле и на ферме. Содержание их ничего не стоит и мы не должны страдать от того, что эти звери, дети которых может быть убивают наших солдат, едят немецкий хлеб. Вчера я подверг легкой экзекуции двух русских бестий, которые тайком пожрали снятое молоко, предназначавшееся для свиных маток...“

Матаес Цимлих пишет своему брату ефрейтору Генриху Цимлиху:

„В Лейдене имеется лагерь для русских, там можно их видеть. Оружия они не боятся, но мы с ними разговариваем хорошей плетью...“

Некто Отто Эссман пишет лейтенанту Гельмуту Вейганду:

„У нас здесь есть пленные русские. Эти типы пожирают дождевых червей на площадке аэродрома, они кидаются на помойное ведро. Я видел, как они ели сорную траву. И подумать, что это — люди...“

...Рабовладельцы, они хотят превратить наш на
в рабов. Они вывозят русских к себе, издеваю
доводят их голодом до безумия, до того,
умирая, люди едят траву и червей, а поганый
мец с тухлой сигарой в зубах философств
„Разве это люди?..“

Мы знаем все. Мы помним все. Мы пон
немцы не люди. Отныне слово „немец“
для нас самое страшное проклятье. Отн
слово „немец“ разряжает ружье. Не будем
ворить. Не будем возмущаться. Будем убив
ЕСЛИ ТЫ НЕ УБИЛ ЗА ДЕНЬ ХОТЯ БЫ
НОГО НЕМЦА, ТВОЙ ДЕНЬ ПРОПАЛ. Если
думаешь, что за тебя немца убьет твой со
ты не понял угрозы. Если ты не убьешь
ца, немец убьет тебя. Он возьмет твоих и б
мучать их в своей окаянной Германии. Если
не можешь убить немца пулей, убей немца
ком. Если на твоем участке затишье, если
ждешь боя, убей немца до боя. Если ты остав
немца жить, немец повесит русского человек
опозорит русскую женщину. ЕСЛИ ТЫ УБИЛ
НОГО НЕМЦА, УБЕЙ ДРУГОГО — НЕТ
НАС НИЧЕГО ВЕСЕЛЕЕ НЕМЕЦКИХ ТРУП
Не считай дней. Не считай верст. Считай о
убитых тобою немцев. Убей немца! — это
сит старуха-мать. Убей немца! — это мо
тебя дитя. Убей немца! — это кричит род
земля. НЕ ПРОМАХНИСЬ. НЕ ПРОПУСТИ. УБ

Илья ЭРЕНБУР

Воениздат НКО СССР. 1942. Г 228119

oben: Ehrenburgs Aufruf »Töte!« als Beuteflugblatt. Im Text heißt es u.a. »Die Deutschen sind keine Menschen ... Für uns gibt es nichts Lustigeres als deutsche Leichen.«

rechts: Plakat in Breslau 1945

Sonderbefehl

für die deutsche Bevölkerung der Stadt Bad Salzbrunn einschliesslich Ortsteil Sandberg.

Laut Befehl der Polnischen Regierung wird befohlen:

1. Am 14. Juli 1945 ab 6 bis 9 Uhr wird eine Umsiedlung der deutschen Bevölkerung stattfinden.
2. Die deutsche Bevölkerung wird in das Gebiet westlich des Flusses Neisse umgesiedelt.
3. Jeder Deutsche darf höchstens 20 kg Reisegepäck mitnehmen.
4. Kein Transport (Wagen, Ochsen, Pferde, Kühe usw.) wird erlaubt.
5. Das ganze lebendige und tote Inventar in unbeschädigtem Zustande bleibt als Eigentum der Polnischen Regierung.
6. Die letzte Umsiedlungsfrist läuft am 14. Juli 10 Uhr ab.
7. Nichtausführung des Befehls wird mit schärfsten Strafen verfolgt, einschließlich Waffengebrauch.
8. Auch mit Waffengebrauch wird verhindert Sabotage u. Plünderung.
9. Sammelplatz an der Straße Bhf. Bad Salzbrunn-Adelsbacher Weg in einer Marschkolonne zu 4 Personen. Spitze der Kolonne 20 Meter vor der Ortschaft Adelsbach.
10. Diejenigen Deutschen, die im Besitz der Nichtevakuierungsbescheinigungen sind, dürfen die Wohnung mit ihren Angehörigen in der Zeit von 5 bis 14 Uhr nicht verlassen.
11. Alle Wohnungen in der Stadt müssen offen bleiben, die Wohnungs- und Hausschlüssel müssen nach außen gesteckt werden.

Bad Salzbrunn, 14. Juli 1945, 6 Uhr.

Abschnittskommandant
(-) Zinkowski
Oberstleutnant

Ausweisungsbefehl aus Bad Salzbrunn, Schlesien.
Geburtsort Gerhart Hauptmanns.

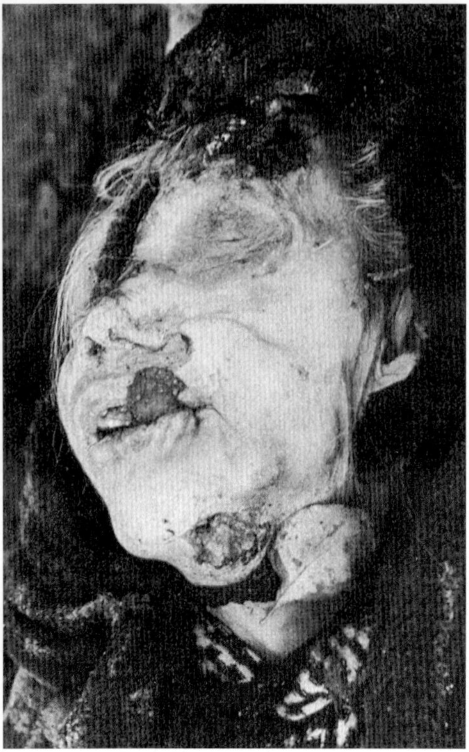

Opfer sowjetischer Gewaltverbrechen
Ostpreußen

»Von den Deutschen sind nur Greise und Kinder da, junge Frauen sehr wenig. Doch werden auch diese totgeschlagen«
(aus einem sowjetischen Feldpostbrief, Bundesarchiv-Militärarchiv Bestand H 3/1177).

Die Bilanz von Nemmersdorf. Neben der Massenerschießung polnischer Offiziere im Wald von Katyn gehören die Greultaten der Roten Armee in Nemmersdorf/Ostpreußen und die Ausrottung der dortigen Bevölkerung zu den bestdokumentierten sowjetischen Verbrechen im 2. Weltkrieg.

Ähnliches wie in Nemmersdorf spielte sich später an vielen anderen Orten ab. Hier eine ausgelöschte Familie in Metgethen (westlich von Königsberg).

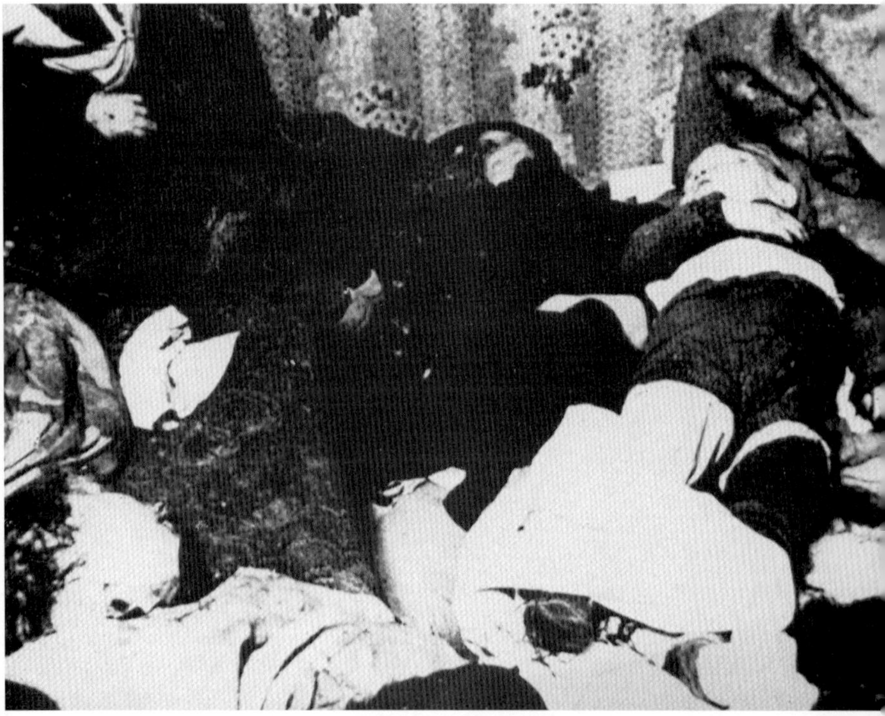

ɨi Temperaturen bis zu mi-
ɪs 22° mußten unzählige
enschen um ihr Leben lau-
n.

Beschossene Trecks. Sowjetische Tiefflieger hatten Anweisung, auf die Flüchtlingskolonnen zu schießen.

Überladenes Flüchtlingsschiff. Auf einigen Schiffen zählte man bis zu vier Menschen pro qm. – Die Versenkung der »Wilhelm Gustloff« und die Versenkung der »Goya« sind bis heute die größten Schiffskatastrophen der Geschichte geblieben.

Die Toten von Dresden. Bei dem anglo-am kanischen Luftangriff auf die mit Flüchtlin überfüllte Stadt am 13./14. Februar 1 starben auch Tausende Flüchtlinge.

Überfüllter Flüchtlingstransport

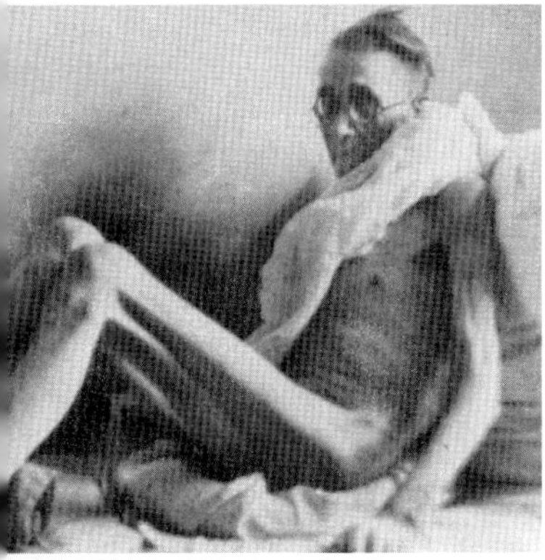

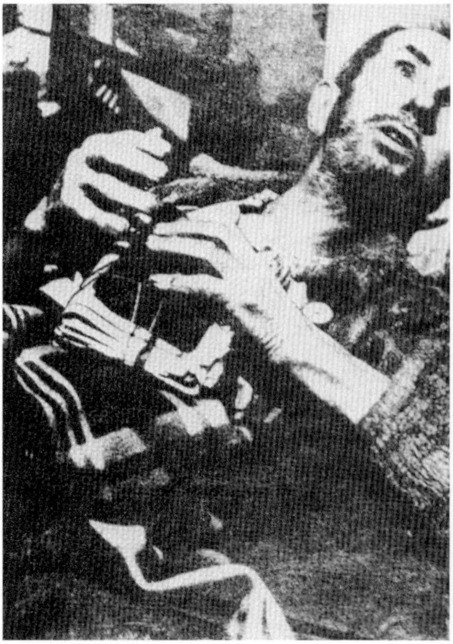

Hunger und Elend ...
lassen die Menschen den Ekel überwinden.
Im unteren Bild Hungernde an einem Pferdekadaver. Nach dem Einmarsch der Roten Armee war in Ostpreußen die Not so groß, daß viele zu Kannibalen wurden. Auf dem Luisenmarkt in Königsberg bot man sogar Klopse aus Menschenfleisch an.

Prag 1945.

oben: Deutsche bei Straßenarbeiten. Bei dieser Gelegenheit waren die Zwangsarbeiter oft den Gewalttaten des Pöbels ausgesetzt.

unten: Improvisiertes Massengrab für erschlagene Deutsche.

Pogrom in Landskron (Böhmen).

Die Deutschen warf man in einen Löschteich; wer aus dem Wasser lebend herauskam, wurde erschossen.

em sudetendeutschen Fografen Mader gelang es, imlich einige Aufnahmen n Gewaltverbrechen zu achen; andere bezahlten ren Mut mit dem Leben. – ie alle Sudetendeutschen ußte Mader das Abzeichen (für Nemec = Deutscher) agen. Die entsprechende chechische Vorschrift war n Judengesetzen des Dritn Reiches nachgebildet.

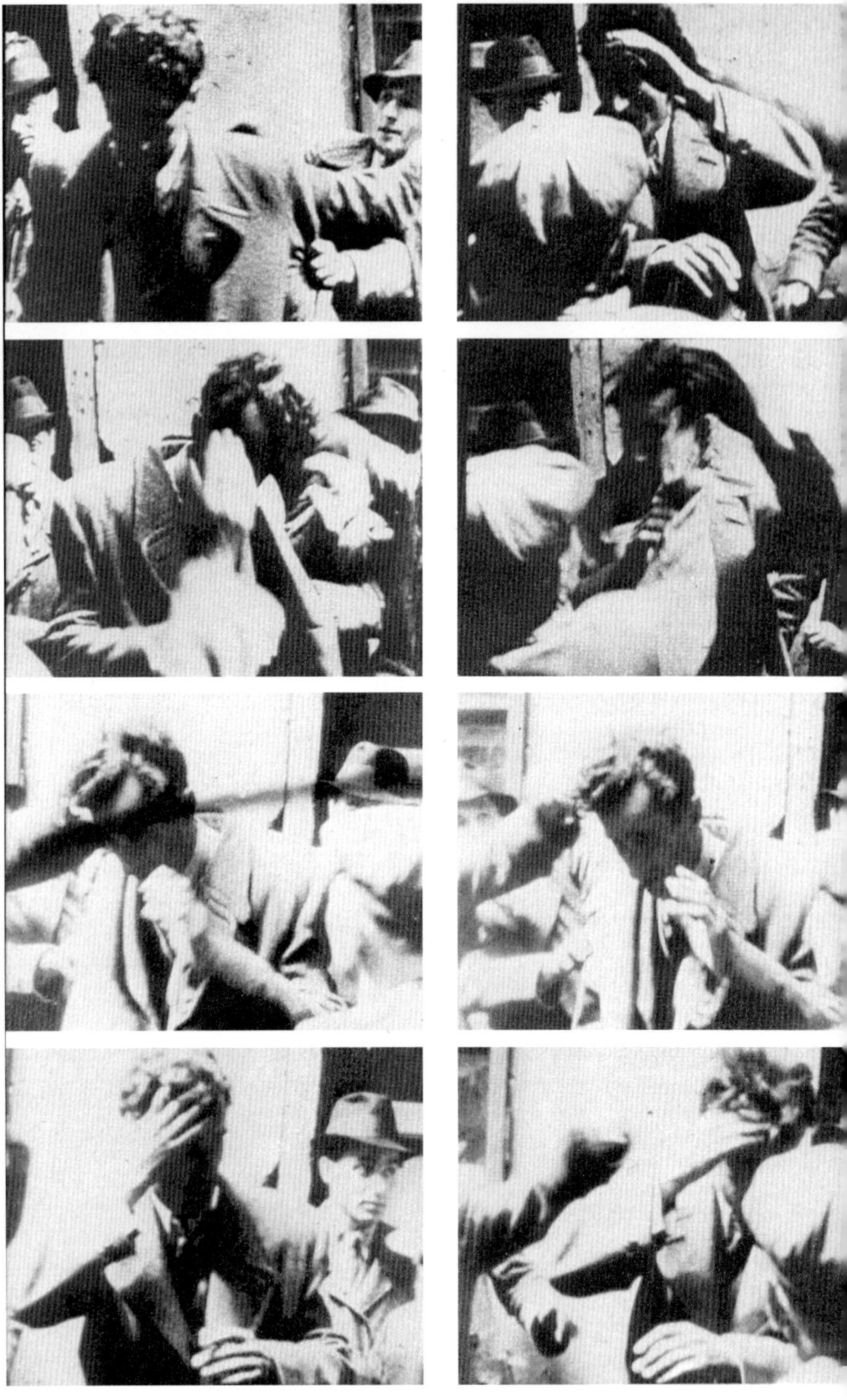

Mißhandlung eines Sudetendeutschen durch Tschechen

Nach einem Pogrom in Westböhmen.

oben: Sterbender Sudetendeutscher.

unten: Überlebende junge Frau; im Angesicht von Toten und Sterbenden und unter dem Eindruck der erlittenen Mißhandlungen steht sie unter schwerer Schockwirkung. Alles Menschliche ist aus dem zerschlagenen Gesicht gewichen.

Verhaftung von Hitler-Gegnern in Graslitz (nördlich von Eger) durch die Nazis. Allein im Jahr 1938 wurden 20.000 sudetendeutsche Antifaschisten in Gefängnissen und Konzentrationslagern interniert.

Verhaftung von Sudetendeutschen durch die Tschechen im Jahr 1945. Unter denen, die in KZs oder Gefängnissen verbracht wurden, befanden sich auch »deutsche Juden und Nazigegner, die erst kürzlich aus den Konzentrationslagern der SS befreit wurden«, wie Rhona Chuchill am 6. 8. 1945 im Daily Mail feststellen mußte.

Die sog. Kleine Festung von Theresienstadt (Böhmen), ein ehemaliges KZ der Nationalsozialisten, wurde 1945/1946 zu einem Ort des Schreckens für Tausende von Deutschen.
Dem mutigen tschechischen Philanthropen Premysl Pitter gelang es, zahlreiche deutsche Kinder aus dem KZ Theresienstadt zu retten.

Deutsche Häftlinge beim Ausheben eines Massengrabs im tschechischen KZ Theresienstadt. Nach einem Besuch in der ČSR erregte der britische Labour-Abgeordnete Richard R. Stokes Aufsehen durch seine Mitteilung, daß in tschechischen Lagern die Essensrationen unter denen des NS-Konzentrationslagers Bergen-Belsen lagen.

Nach dem Krieg in Miröschau bei Pilsen.

oben: Deutsche Wehrmachtsangehörige im tschechischen Gewahrsam müssen auf allen Vieren kriechen. Der Bewacher mit Reitpeitsche trägt deutsche Uniformstücke.

unten: Die Gefangenen werden gezwungen, sich gegenseitig zu schlagen.

oben: Das Ende durch Genickschuß.

unten: Die Ermordeten werden in eine Grube im Schloßpark von Miröschau geworfen.

Kultursterben im Sudentenland.

oben: Verfallene Gebäude in Arnsdorf, Kreis Außig.

rechts: Die Pfarrkirche in Niedergeorgental, Bezirk Brüx, diente dem Vernehmen nach als Zielscheibe für Schießübungen von Panzern.

Tito-Partisanen in Klagenfurt am 16. Mai 1945. Auf den Transparenten steht u.a. geschrieben: »Wir fordern: Freies Kärnten in Titos Jugoslawien.«

Das jugoslawiendeutsche Kind Herta Gärtner starb am 3. April 1946, wenige Tage nach seiner Ankunft in Österreich.

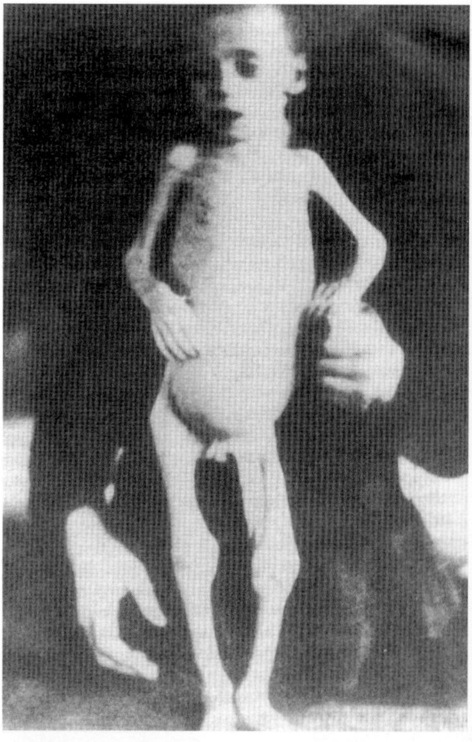

Flüchtlingsfrauen

Verbrecheropfer leiden lebenslang. Nach Erkenntnissen des amerikanischen Psychotherapeuten Lawrence Sank ist es »unmöglich, aus einer solchen menschlichen Extremsituation ohne inneren Schaden hervorzugehen.« Wer über ein halbes Jahr in einem Konzentrationslager zubringen mußte, trägt in der Regel bleibende körperliche und seelische Schäden davon. »Für die meisten, die überlebten, war es Seelenmord.«

gleichen Irrtum wie die seriösen, wohlinformierten westeuropäischen Zeitungen, die am Vorabend der braunen Machtergreifung dringend empfohlen hatten, die NSDAP als relativ stärkste Partei an der Regierung zu beteiligen[33], und die z. T. heute dafür plädieren, die italienischen, französischen oder iberischen Kommunisten an der Macht zu beteiligen. Auch aus dem Mund ausländischer Politiker war zum Stichwort »Hitler« Erstaunliches zu hören; so sprach Churchill von ihm 1935 in Worten der Bewunderung »für den Mut, die Beharrlichkeit und die vitale Kraft, die ihn befähigen, allen Mächten und Widerständen, die seinen Weg versperrten, zu trotzen oder sie herauszufordern, sie zu versöhnen oder sie zu überwinden«. Noch 1938 meinte er, die bisherigen Leistungen des »Führers« seien weltgeschichtlich als Wunder anzusprechen; wenn Großbritannien im Krieg unterlegen wäre, hätte er gewünscht, daß es einen Hitler gefunden hätte, damit dieser es zurück zu der ihm gebührenden Stellung unter den Nationen geführt hätte. Der amerikanische Präsident Herbert Hoover, der britische Außenminister Sir John Simon und Avery Brundage, Präsident des Amerikanischen Olympischen Komitees, fanden bis weit in die dreißiger Jahre hinein respektvolle Worte für die Leistungen des Diktators, und der britische Expremier Lloyd George betrachtete Hitler als den größten lebenden Deutschen, einen deutschen George Washington. Auch auf dem Kontinent war man z. T. sehr optimistisch. Der französische Außenminister Barthou z. B. sah in dem Diktator einen »wahren Friedensfreund«, während sein Landsmann, der Schriftsteller Jules Romains, ihn als »Genie« betrachtete.[33a] Das US-Magazin »Time« schließlich kürte Hitler zum »Mann des Jahres 1938«.

2) Aber haben nicht die Deutschen 1939 ihre angeborene Kriegslust bewiesen und damit eine 2000jährige Tradition fortgesetzt? Hat nicht der preußische Militarismus zum Krieg gedrängt? Ein Hitler-Zitat, das der Widerständler Fabian von Schlabrendorff überliefert hat, ist in diesem Zusammenhang recht aufschlußreich:[34]
»Als ich noch nicht Reichskanzler war, habe ich geglaubt, der Generalstab gleiche einem Fleischerhund, den man fest am Halsband halten müsse, weil er sonst jeden anderen Menschen anzufallen drohe. Nachdem ich Reichskanzler wurde, habe ich feststellen müssen, daß der deutsche Generalstab alles andere als ein Fleischerhund ist. Der Generalstab hat mich immer hindern wollen, das zu tun, was ich für nötig hielt. Der Generalstab hat der Aufrüstung, der Rheinlandbesetzung, dem Einmarsch in Österreich, der Besetzung der Tschechei und schließlich dem Krieg gegen Polen widersprochen. Der Generalstab

hat mir abgeraten, gegen Frankreich offensiv vorzugehen und gegen Rußland Krieg zu führen.«

Bei einer anderen Gelegenheit sagte Hitler von seinen Generälen:[35] »Die muß man ja in den Krieg hineinprügeln!« – Auch das Volk mußte man in den Krieg hineinprügeln.[35]

Interessante Einblicke in die Stimmung auf der Straße gewähren u. a. die Berichte des Schweizer Schriftstellers Carl J. Burckhardt, der als Hoher Kommissar des Völkerbundes in Danzig ungewöhnlich gut über die Zeichen der Zeit informiert war. In seinem Brief vom 20. August 1938 schreibt er über die Stimmung in Deutschland:[36]

»Derjenige, der das nicht erlebt hat, kann sich keine Vorstellung machen von dem Entsetzen, ja von der Verzweiflung der Massen, als man wieder anfing, von Krieg zu reden, als beispielsweise die Pferderequisition einsetzte ... Das Geflüster von gestern wird heute zum offenen rebellischen Ausspruch. Nie habe ich so deutlich gespürt, daß die Völker für die Verbrechen ihrer Führer nicht verantwortlich sind.«

Der amerikanische Diplomat Kennan, damals Mitglied der US-Botschaft in Berlin und nicht sonderlich deutschfreundlich, berichtet:[37]

»Die Berliner selber – ich meine die einfachen Leute – waren von allen Bevölkerungsteilen in Stadt und Land am wenigsten vom Nazismus angesteckt. Sie waren nicht zu bewegen, den Nazi-Gruß zu benutzen. Sie grüßten einander nach wie vor mit ›Guten Morgen‹ anstatt mit dem obligatorischen ›Heil Hitler!‹. Sie zeigten auch keine besondere Kriegsbegeisterung. Ich kann bezeugen (weil ich an jenem Tage mitten unter ihnen in einer großen Menschenmenge auf dem Pariser Platz vor unserer Botschaft stand), daß sie die Siegesparade anläßlich der Beendigung des Polenfeldzugs mit zurückhaltendem, mürrischem Schweigen an sich vorüberziehen ließen. Trotz heftigsten Bemühens gelang es den berufsmäßigen Nazi-Agitatoren nicht, ihnen Zeichen des Hochgefühls oder der Zustimmung zu entlocken. Die Nachricht von der Einnahme von Paris wurde mit derselben Reserve und demselben undurchdringlichen Schweigen aufgenommen.«

Interessant sind auch die geheimen Lageberichte des Sicherheitsdienstes der SS zu diesem Thema. Als z. B. im Oktober 1939 Gerüchte über einen Waffenstillstand aufkamen, notierten die SD-Spitzel:[38]

»In verschiedenen Betrieben führte die Mitteilung dieses Gerüchtes zu längeren Arbeitspausen, da die Belegschaften sich über die angeblich neue Lage unterhielten. In Berlin kam es stellenweise auf Straßen und Plätzen zu freudigen Kundgebungen der Menschen, welche die Nachricht für wahr hielten ... Auch in der Berliner Universität wurde am Schluß einer großen Nachmittagsvorlesung das Gerücht als Tatsache bekanntgegeben. Die Mitteilung veranlaßte die Studenten zu Begeisterungskundgebungen ... Erst durch die gestern gegen Mittag durch die Sondermeldung des deutschen Rundfunks erfolgende Widerlegung der Gerüchte wurde deren Verbreitung ein Ende gesetzt. Das Dementi hatte verschiedentlich eine tiefe Niedergeschlagenheit derjenigen, die fest an die Wahrheit der durch das Gerücht verbreiteten Behauptungen geglaubt hatten, zur Folge.«

Das Institut für Demoskopie in Allensbach hat 1985 einen repräsentativen Querschnitt von Deutschen, die vor 1933 geboren waren, erstellt und diese nach ihrer Stimmung bei Kriegsausbruch befragt. 64 Prozent der Befragten antworteten: »Ich war eher bedrückt.« Nur 15 Prozent waren »eher begeistert«.[39]

Es erscheint kaum verständlich, wie die Legende von der deutschen Kriegsbegeisterung entstehen konnte. Waren es die Erinnerungen an die echte Kriegsbegeisterung, die 1914 Berlin ebenso wie Paris und andere europäische Metropolen erfaßt hatte? Oder war es schlicht und einfach Propaganda, die von den nicht immer friedlichen Strategien Churchills ablenken sollte? Immerhin hatte der Premierminister schon am 3. Dezember 1940 – als es nur einen deutsch-englischen, aber noch keinen Weltkrieg gab – einen Friedensplan des renommierten Militärhistorikers Lidell Hart mit den Worten abgelehnt: »Mir scheint, daß er eher ins Irrenhaus gehört.«[40]

3) Die Judenmorde während des Zweiten Weltkriegs werden allgemein als das schwerste Verbrechen des Dritten Reichs betrachtet.

Die z. T. erschreckende Gleichgültigkeit westlicher Regierungen kann die Täter natürlich nicht entlasten.[41]

Vorab ist aber zu untersuchen, ob der Antisemitismus tatsächlich so populär war, wie oft (zuletzt von Goldhagen) behauptet wird.

Professor Rothfels, einer der profundesten Sachkenner, schreibt dazu:[42] »Daß Antisemitismus zum Urbestand der nationalsozialistischen Bewegung gehörte – auf der Grundlage einer tendenziösen Rassentheorie, aber auch in Verbindung mit Antikapitalismus oder Antikommunismus –, daß er auf breite Schichten eine starke Anziehungskraft hatte und Gelegenheit zu schlimmsten Exzessen wie auch widerlicher Bereicherung bot, braucht nicht betont zu werden. Aber daß diese Gesinnungen und Handlungsweisen sich mehr oder weniger allgemeiner Zustimmung erfreuten oder bereitwillig hingenommen wurden, trifft keineswegs zu.«

Der amerikanische Historiker Norman G. Finkelstein resümiert: »Was sich für die Zeit bis 1939 nachweisen läßt, ist erstens, daß Hitlers früheste Reden durch und durch antisemitisch waren; daß er aber zweitens von seinen Angriffen auf die Juden abließ, nachdem er seit 1923 öffentlich auftrat, weil er gemerkt hatte, daß er mit antimarxistischer Propaganda besser ankam als mit antisemitischer; daß drittens in Hitlers Reden aus den Jahren unmittelbar vor seinem Wahlerfolg Angriffe auf die Juden nur am Rande vorkamen; und daß Hitler viertens in der Zeit von der Machtergreifung bis zum Beginn des Krieges als sein letztes Ziel öffentlich nicht die Vernichtung, sondern die zwangsweise Emigration der Juden verkündete. ›Selbst im Krieg, als seine Vernichtungsmaschinerie auf vollen Touren lief‹, heißt es bei Max Domarus, ›beschränkte er sich in seinen Reden auf dunkle Andeutungen und Drohungen. Er wußte nur zu genau, daß ein derartiges Vernichtungsprogramm bei der Masse des Volkes und selbst der Mehrzahl seiner Parteigenossen auf Ablehnung gestoßen wäre.‹«[42a]

Finkelsteins amerikanische Historikerkollegin Sarah Gordon ergänzt in ihrer Arbeit »Hitler, Germans and the ›Jewish Question‹«: »... und das überraschendste Ergebnis dieser Studie ist in gewisser Weise die Zahl der einfachen Deutschen, die vor dem Hintergrund von Hitlers Polizeistaat tatsächlich etwas für die Juden taten.«[42b]

Staatsbürger kann nur sein, wer Volksgenosse ist, so stand es von Anfang an im Parteiprogramm. Von Völkermord aber war trotz aller Geistesverwirrung nicht die Rede. Die berüchtigte »Endlösung« zeichnete sich erst sehr spät ab. Erste Massenerschießungen von Juden vollzogen die sog. Einsatzgruppen im Hinterland der Ostfront ab Juli 1941 als Repressionsmaßnahmen nach Partisanenaktionen oder als kollektive »Sühne« für vorausgegangene Massenmorde der Sowjets bei ihrem Rückzug. Nachdem diese Methode Unruhe und Proteste ausgelöst hatte, ging man 1942 wegen der besseren Geheimhaltung zur Methode der Vernichtungslager über. Die vielzitierte Wannseekonferenz höherer NS-Führer vom 20. Januar 1942 markierte den Übergang vom tausendfachen zum millionenfachen Mord.[43] Ob die Verbrechen auf einen zentralen Hitler-Befehl zurückgingen oder sich aus den antijüdischen Maßnahmen in Akkumulation ergaben, wird in Historikerkreisen bis heute noch nicht einhellig beurteilt.[44]

Bis zum Jahr 1941 rivalisierten drei bis vier verschiedene Richtungen innerhalb des antisemitischen Lagers, ohne daß Hitler entscheidend eingriff.[45] Ihre Ziele reichten von der bloßen politischen Entmachtung der Juden über die forcierte Auswanderung bis hin zur Enteignung und Vertreibung und schließlich zur physischen Vernichtung.

Es wäre naiv, anzunehmen, in einem großen Staat wie Deutschland hätte niemand außer den Tätern selbst etwas von den Judenmorden gewußt.

Ebenso naiv freilich wäre der Glaube, in einer Diktatur mit totaler Informationskontrolle würden die Spatzen Staatsgeheimnisse nur so von den Dächern pfeifen. Zur Frage der Mitwisserschaft ist u. a. daran zu erinnern, daß die Judenvernichtung »Geheime Reichssache« war, die höchste Geheimhaltungsstufe, die das Dritte Reich kannte. Unerwünschte Gesprächigkeit konnte mit sofortigem Erschießen geahndet werden. Da alle sechs großen Zentrallager im besetzten Polen jenseits der deutschen Polizeigrenze standen, war es im Reich naturgemäß besonders schwer, Informationen über sie zu erhalten.[46] Der Gleiwitzer Schriftsteller Horst Bienek vermerkt zum Beispiel: »Ich muß noch etwas zu Auschwitz sagen, das nur 50 Kilometer von Gleiwitz entfernt lag. Auschwitz war natürlich ein Begriff, wir wußten, daß es ein KZ war. Auschwitz hatte ja zahlreiche Außenlager, darunter auch welche in Gleiwitz und im benachbarten Blechhammer. Man wußte auch, daß dort Häftlinge schlecht behandelt wurden, an Hunger und Typhus starben – aber daß dort planmäßig Juden vergast wurden, das hat wahrhaftig niemand gewußt, man hätte es damals wohl auch nicht geglaubt, wie es der Papst und das Foreign Office ja auch nicht glauben wollten.«[47]

Sarkastisch notiert der Publizist Johannes Gross: »Den Memoiren von Telford Taylor, Brigadegeneral und Hauptankläger bei den amerikanischen Kriegsverbrecherprozessen in Nürnberg, die er als einer der letzten Überlebenden aus jener Justizepoche veröffentlicht hat, ist zu entnehmen, daß er, einer der Intelligentesten und Bestinformierten auf der Anklägerseite, von der Judenvernichtung der Nazis erst im Nürnberger Verfahren Kenntnis erlangt hatte. Das darf natürlich die Deutschen nicht entschuldigen, die eben davon hätten wissen müssen.«[48]

Die Todesmaschinerie der Nazis war so konstruiert, daß sie mit einem Minimum an deutschem Personal auskam. Besonders der Eichmann-Prozeß in Jerusalem 1961 hat offengelegt, mit welcher diabolischen Intelligenz die Nazis ihre Helfer aus den Reihen der Opfer zu gewinnen verstanden, angefangen von den Judenräten in verschiedenen Ländern Europas bis hin zu den Hilfspolizisten in den Lagern; in Theresienstadt, das allerdings kein Vernichtungslager darstellte, war sogar der Henker ein Jude.[49] Autoren wie z. B. Hannah Arendt, Gerald Reitlinger und Robert Pendorf[50] haben sich immer wieder darüber wundern müssen, daß »wenige tausend Menschen, von denen die meisten obendrein in Büros saßen«, eine so große Zahl anderer Menschen vernichten konnten. Pendorf vermerkt u. a.: »Auf dem ganzen Weg in den Tod bekamen die polnischen Juden kaum mehr als eine Handvoll Deutsche zu sehen.«

Im Herbst 1942 z. B. hatten nach Ansicht des Historikers Laqueur

»Hunderttausende, wenn nicht Millionen« in Deutschland zumindest gerüchteweise etwas von Massentötungen im Osten gehört.[51] Und 1943 schreibt Helmut Graf Moltke, ein Märtyrer der antifaschistischen Widerstandsbewegung, an einen britischen Freund:[52] »Ich glaube, wenigstens neun Zehntel der Bevölkerung wissen nicht, daß wir Hunderttausende von Juden getötet haben. Sie glauben immer noch, daß die Juden lediglich ausgeschieden wurden und eine so ziemlich unveränderte Existenz wie zuvor führen, nur eben weiter im Osten ...«
Als man 1945 daranging, im Rahmen des amerikanischen Umerziehungsprogramms den KZ-Film »Todesmühlen« für das deutsche Publikum zusammenzustellen, vermerkte der Bericht des zuständigen Kriegsinformationsamts vom 23.2.1945, der Initiator des Projekts, ein gewisser James Pollock, sei der Ansicht, »daß die Mehrzahl der Deutschen das Ausmaß der von Deutschen begangenen Greueltaten vermutlich wirklich nicht kenne und daß die Vorführung dieser Filme ihnen zu einem guten Teil erklären könne, warum die Alliierten sichergehen müßten, daß die Deutschen nicht noch einmal die Chance bekämen, einen Krieg anzuzetteln«.[53]
Der Schock und die spontane Entrüstung der meisten Zuschauer sprachen für Mr. Pollocks Ansicht und veranlaßten die US-Behörden zu dem Eingeständnis, daß der weitere Zweck des Filmes, nämlich »ein Gefühl der individuellen und kollektiven Schuld zu wecken, total verfehlt« worden sei.[54]
Als im Juni 1942 der »Daily Telegraph« als erste Zeitung meldete, 700 000 Juden seien vergast worden, fühlten sich nicht wenige an den März 1916 erinnert; damals hatte das gleiche Blatt die (frei erfundene) Meldung verbreitet, die Mittelmächte hätten 700 000 Serben vergast.[55] Ebenso wie die wesentlich besser informierten alliierten Geheimdienste und viele jüdische Gemeinden dachte auch die wissende bzw. ahnende Minderheit in Deutschland die längste Zeit in den Dimensionen früherer Pogrome und lokaler Ausschreitungen[56].
Die größte Welle organisierter Ausschreitungen der Vorkiegszeit schlug in der »Reichskristallnacht« (Pogromnacht) am 9. November 1938 über den Juden zusammen, als die Nazis jüdisches Eigentum an vielen Orten vernichteten; 36 Juden wurden ermordet. Nicht uninteressant ist hier der Bericht eines SS-Brigadeführers an seinen obersten Chef Himmler: »Einheimische antisemitische Kräfte wurden während der ersten Stunden veranlaßt, mit Pogromen gegen die Juden zu beginnen ..., wenngleich es sich als sehr schwierig erwies, sie dazu zu bringen.«
Das Oberste Parteigericht mußte Göring mitteilen: »Auch die Öffentlichkeit weiß bis auf den letzten Mann, daß politische Aktionen wie die

des 9. November von der Partei organisiert und durchgeführt sind, ob dies zugegeben wird oder nicht.«

Auf der gleichen Linie liegt der Bericht des britischen Generalkonsuls in Frankfurt vom 14. Dezember 1938: »Es scheint mir, daß eine sexuelle Massenperversion die Erklärung für diesen sonst unerklärlichen Ausbruch bieten mag. Ich bin überzeugt, daß, wenn die Regierung Deutschlands von der Wahl des Volkes abhinge, die Machthaber, die für diese Schandtaten verantwortlich sind, von einem Sturm der Entrüstung hinweggefegt worden wären, wenn man sie nicht an die Wand gestellt und erschossen hätte.«[57]

Ähnlich Propagandaminister Goebbels Ende 1941 bei einem Essen in der Reichskanzlei[58] gegenüber Hitler: »Die Einführung des Judensterns hat genau das Gegenteil von dem bewirkt, was erreicht werden sollte, mein Führer! Wir wollten die Juden aus der Volksgemeinschaft ausschließen. Aber die einfachen Menschen meiden sie nicht, im Gegenteil! Sie zeigen überall Sympathie für sie. Dieses Volk ist einfach noch nicht reif und steckt voller Gefühlsduseleien.«

Man könnte nun weiter berichten über die Versuche von Militärs und Industriemanagern, die polnischen Juden durch Integration in die Industrie vor den Vernichtungslagern zu retten, oder von der untadeligen Haltung hoher Militärs vom Schlage eines Generals von Falkenhausen[59] gegenüber den braunen Häschern im besetzten Westeuropa.

Erwähnenswert sind auch die Vorstöße der ordentlichen Gerichte, denen es bis Mitte der dreißiger Jahre immer wieder gelang, KZ-Kommandanten anzuklagen und abzusetzen[60], oder die Versuche der Heeresjustiz, gegen Judenmörder in der Truppe einzuschreiten. Am interessantesten ist sicher der Versuch des SS-Richters Dr. Konrad Morgen, das KZ-System in den Jahren 1943 und 1944 von innen her aufzurollen. Seine Bilanz: 800 Fälle von Mord und Korruption bearbeitet, 200 gerichtlich abgeschlossen, mehrere KZ-Kommandanten gestürzt; zum Tode verurteilt und hingerichtet: Hermann Florstedt, Kommandant von Lublin, und Karl Koch (»Bestie Koch«), Kommandant von Buchenwald.[62] Psychologisch geschickt hatte Morgen den obersten SS-Führer Himmler zu einer »Selbstreinigungs«-Aktion überredet und wurde erst gestoppt, als sich der Angriff aufs System nicht mehr verheimlichen ließ.

Alles in allem eine Fülle lobenswerter Versuche, aber kein großer Durchbruch. Man möchte gern wissen, ob es noch andere Mittel und Wege gegeben hätte. »Warum habt ihr nicht rebelliert?« So befragte der Ankläger im Eichmann-Prozeß stereotyp die jüdischen Zeugen, soweit sie nicht Widerstandskämpfer gewesen waren.

Hannah Arendt hat die Frage als nicht zweckdienlich bezeichnet[63]; sie ist naiv, und darum ist die Antwort banal: In einem totalitären System gibt es kaum noch Chancen für eine Rebellion von unten. Der angesehene Religionsphilosoph und Rabbiner Leo Baeck hat es so ausgedrückt:[64] »Als die Frage entstand, ob jüdische Ordonnanzen Juden für die Deportierung aussuchen sollten, habe ich die Ansicht vertreten, daß es besser wäre, wenn sie es tun, da sie wenigstens sanfter mit ihnen umgehen und ihnen eher helfen würden als die Gestapo und ihnen ihr Los leichter machen würden. Es lag kaum in unserer Macht, dem Auftrag wirksam Widerstand zu leisten.«

Man kann sich über den Rabbiner entrüsten. Man kann aber auch beten, nie in die gleiche Lage zu kommen wie er. Der Vollständigkeit halber sei vermerkt, daß Leo Baeck die Gelegenheit hatte, sich durch Flucht zu retten; er floh nicht.

Vor dem gleichen Dilemma wie die Juden standen die deutschen Oppositionellen. Der Reichsbankpräsident und Exminister Hjalmar Schacht sagt mit anderen Worten das gleiche wie Leo Baeck:[65] »Würde ich aus der öffentlichen Tätigkeit ausscheiden und mich wieder ins Privatleben zurückziehen, so hieße das, Hitler das Feld einfach zu überlassen. Unendlich viele sind diesen Weg gegangen, aber sind sie damit auch ihrer Verantwortung ledig geworden?«

Einen wichtigen Gesichtspunkt haben die Kollektivschuldtheoretiker gar nicht zur Kenntnis genommen: Hitlers ambivalentes Verhältnis zum deutschen Volk. Die ersten, die 1933 nach der Machtübernahme der Nazis in Dachau gefoltert und getötet wurden, waren deutsche Nazigegner. Zu den letzten überlieferten Äußerungen Hitlers gehören Aussprüche wie: Das deutsche Volk habe sich als schwächer erwiesen und würde somit aufhören, unter den Völkern der Erde eine Rolle zu spielen. »Was morsch und alt ist und fallen muß, soll man nicht stützen, sondern stoßen.« Die Zukunft gehöre dem stärkeren Volk im Osten.[66]

So wie er keine Skrupel kannte, beim Rückzug aus Rußland eine Strategie der »verbrannten Erde« zu proklamieren, so hatte er zuletzt keine Hemmungen, Gleiches in Deutschland anzuordnen. Der sog. Nero-Befehl vom 19.3.1945 gebot, daß »alle militärischen Verkehrs-, Nachrichten-, Industrie- und Versorgungsanlagen sowie Sachwerte innerhalb des Reichsgebietes, die sich der Feind für die Fortsetzung seines Kampfes irgendwie sofort oder in absehbarer Zeit nutzbar machen kann«, zu zerstören seien.[67] – Die Zahl der Deutschen, die in Konzentrationslagern interniert waren, schätzt man auf 750 000 bis 1,2 Millionen, davon 500 000 bis 600 000 politische Gefangene. Zwischen 100 000 und 150 000 wurden umgebracht, deutsche Juden nicht inbegriffen.[68] Allein nach dem Attentat vom 20. Juli 1944 sollen 5000 Menschen hingerichtet worden sein; eine ungleich höhere Zahl wurde eingekerkert oder mißhandelt.

Im Bewußtsein der Machtmittel einer modernen Diktatur konnte Heinrich Himmler, der Reichsführer der SS, zynisch feststellen:[69] »Ich weiß, daß es manche Leute in Deutschland gibt, denen es schlecht wird, wenn sie diesen schwarzen Rock sehen, wir haben Verständnis dafür und erwarten nicht, daß wir von allzu vielen geliebt werden.«

Im Nürnberger Prozeß betonte der amerikanische Hauptankläger Jackson: »Wahrlich, die Deutschen – nicht weniger als die Welt draußen – haben mit den Angeklagten eine Rechnung zu begleichen.«[70]

Stalin war nicht nur der Peiniger der Esten, Letten, Litauer, Finnen, Ukrainer, Wolgadeutschen, Polen, Krimtataren usw.; er war auch der Peiniger der Russen. Gleiches gilt für die Hitler-Diktatur: Nicht das deutsche Volk war der Feind des jüdischen Volkes, sondern der Nationalsozialismus war der Feind beider Völker.

4) Bliebe noch als letzter kollektiver Schuldvorwurf, die Deutschen hätten es unterlassen, Hitler zu stürzen. – Bekanntlich registrierte die anglo-amerikanische Öffentlichkeit nur ein Attentat, nämlich das vom 20. Juli 1944; es wurde überwiegend als Versuch einer Handvoll konservativer Offiziere abgetan, sich im letzten Moment aus einer konkursreifen Firma herauszustehlen. In Wirklichkeit waren es – je nach Zählweise – 42 bzw. 50 Komplotte und Attentatsversuche[71], und sie begannen, lange bevor Hitler im Zenit seiner Laufbahn stand, lange vor dem Krieg. Der Historiker Peter Hoffmann hat in seinem bemerkenswerten Buch »Die Sicherheit des Diktators« alle Fälle analysiert und kommt zu dem wenig sensationellen Fazit, daß die Fehlschläge weniger von den Sicherheitsvorkehrungen als von bizarren Zufällen herrührten.[72] Auch Hitler selbst bekannte schon 1942:[73] »Ich habe mein Leben tausendmal riskiert, und ich verdanke mein Überleben einfach meinem Glück.«

Der emigrierte deutsch-jüdische Historiker Hans Rothfels hat den antifaschistischen Widerstand mit folgenden Worten charakterisiert:[74] »Die deutsche Opposition gegen Hitler war zunächst einmal zahlenmäßig verbreiteter, als vielfach zugestanden worden ist, sie war nicht nur Angelegenheit einer ›Elite‹ klassenmäßig und interessenmäßig begrenzter, in der Vergangenheit lebender, allem ›Modernen‹ abgewandter Art noch, wie die Gegenthese lautet, in Intensität und Wirkungsgrad von der Nähe zum Kommunismus abhängig. Sie war breit gestreut und dabei ausgedehnter, als unter den Bedingungen des Terrors erwartet werden konnte.«

Und der Schweizer Carl Burckhardt ergänzt:[75] Trotz der widrigen politischen Umstände sei z. B. in Ostpreußen »kein überreizter Nationalismus ausgebrochen. Der nationalsozialistischen Revolution gegenüber verhielt man sich in weiten Kreisen kritisch. In Ostpreußen habe ich den deutschen ›Widerstand‹ kennengelernt, vertreten durch ernste Menschen ungebrochen vaterländischer Gesinnung, ihr Verhalten blieb untadelhaft bis zu den letzten Konsequenzen, die sie mit dem größten Mut auf sich nahmen.« Hier herrschte das altpreußische Ehrgefühl, das den königlichen Offizier Johann Friedrich Adolf von Marwitz im 18. Jahrhundert die stolze Grabinschrift verfassen ließ: »Wählte Ungnade, wo Gehorsam nicht Ehre brachte.«[76]

Der deutschen Opposition fehlte es nicht an Mut oder Weitsicht. Es fehlten zwei Dinge: Glück und Unterstützung von außen. Der langjährige Bundestagspräsident Eugen Gerstenmaier schrieb in der »Frankfurter Allgemeinen« vom 31. März 1975: »Was wir im deutschen Widerstand während des Krieges nicht wirklich begreifen wollten, haben wir nachträglich vollends gelernt: daß dieser Krieg eben nicht nur gegen Hitler, sondern gegen Deutschland geführt wurde.«

Geheime amerikanische Dokumente, die erst 1987 freigegeben wurden, bestätigen diese Analyse. In einer Studie des »Office of Strategic Servives« mit der Überschrift »Das beste Ergebnis des ›Hitlerwunders‹« vom 30. Juli 1944 heißt es wörtlich, das »glückliche Entkommen Hitlers« sei ein Glücksfall auch für die Alliierten gewesen; Deutschland ließe sich jetzt wesentlich leichter bekämpfen.[77] In der Tat wäre es nach dem Sturz der Diktatur der Öffentlichkeit schwerer zu vermitteln gewesen, mit einem demokratischen und friedensuchenden Land so rücksichtslos umzuspringen wie später geschehen.

In seiner Stauffenberg-Biographie schreibt Wolfgang Venohr: »Die neue Reichsregierung hätte aus den himmlischen Heerscharen Gottes gebildet werden können, die Allierten hätten niemals von ihrem Ziel gelassen, Deutschland ... für immer zu entmachten.« Venohr fährt dann fort:

»Ich sehe das ganz deutlich vor mir: Etwa drei Monate nach der Kapitulation ... wäre es soweit gewesen, daß die Besatzer ihn in ein Internierungslager gesperrt hätten. Der schwerverletzte Stauffenberg wäre, die Kriegsauszeichnungen abgerissen, auf einem Jeep herangefahren, durch eine Doppelreihe grinsender Militärpolizisten mit weißen Schlagstöcken getrieben worden – ›go on, go on!‹ oder ›mak snell, mak snell!‹ hätten sie ihn angekreischt – und hätte dann, nach rüder Filzung seiner paar Habseligkeiten, hinter Stacheldraht gestanden. Anders hätte es gar nicht kommen können … All das ist ihm, Gott sei Lob und Dank, erspart geblieben. Er mußte nicht mit ansehen, wie sein geliebtes Deutschland besetzt, gedemütigt und zerstückelt … wurde. Glücklicher, toter Stauffenberg.[78]

Konkrete Pläne und diplomatische Vorstöße der deutschen Widerständler, die die Mitarbeit Englands voraussetzten, gab es 1938, 1939, 1940 und 1943.[79] Sie scheiterten aus den gleichen Gründen wie der Kontaktversuch des Jahres 1942, den die britische Regierung nicht einmal einer Antwort wert befand.

Unabhängig von diesen spektakulären Bemühungen bestanden von 1937 bis 1944 fast ununterbrochen geheime Kontakte zwischen den Hitler-Gegnern und anglo-amerikanischen Diplomaten.

Ähnliche Erfahrungen wie die Abgesandten des Widerstands in London mußte auch der prominente US-Journalist Louis P. Lochner in Washington machen. Im November 1941, also noch vor Eintritt des Kriegszustands zwischen dem Reich und den Vereinigten Staaten, hatte er Kontakte mit führenden Regimegegnern. 1942 versuchte er vergeblich, dem amerikanischen Präsidenten eine Botschaft der deutschen Opposition zu überbringen. Später wurde ihm dann obendrein vom Militärzensor bedeutet, Roosevelt als Höchstkommandierender habe »jede Erwähnung eines deutschen Widerstandes« verboten.[80] Nicht besser ging es 1943 Commander George Earle, dem amerikanischen Marine-Attaché in Istanbul, bei seinen Geheimverhandlungen mit führenden Hitler-Gegnern. Roosevelt zeigte sich desinteressiert und versetzte den Commander auf die entlegene Pazifikinsel Samoa.[81]

Noch bevor auf der Casablancakonferenz im Januar 1943 die Formel von der bedingungslosen Kapitulation auftauchte (sie galt auch für den Fall, daß das NS-Regime gestürzt würde!), verwies Legationsrat Adam von Trott (er wurde 1944 von den Nazis gehenkt) in einer vertraulichen Denkschrift an die amerikanische Adresse verzweifelt auf die Unfähigkeit der Westmächte, zu verstehen, daß die Deutschen selbst ein unterdrücktes Volk seien, das in einem besetzten Gebiet lebe, und daß »die Opposition die angelsächsischen Länder von bürgerlichen Vorurteilen und pharisäischen Theorien erfüllt sieht«.[82]

In der Folgezeit erschwerten inhumane Deutschlandplanungen der angelsächsischen Mächte die Aktivitäten der Opposition noch zusätzlich[83] und gaben der NS-Propaganda die willkommene Gelegenheit, die deutschen Antifaschisten nicht nur als Staats-, sondern auch als Volksfeinde hinzustellen.

In einer Rede vor dem Unterhaus weigerte sich Churchill am 21. Sep-

tember 1943 ausdrücklich, dem deutschen Volk die gleiche Zusicherung wie dem italienischen zu geben, dem er Erlösung aus »Knechtschaft und Erniedrigung« versprochen hatte.[84]
Wie schwierig die Lage der Widerstandskämpfer und wie wichtig ihre

Dok. 22

Der deutsche Widerstand aus amerikanischer Sicht[87]

Der US-Diplomat George F. Kennan schildert seinen Meinungswandel, ausgehend von einem Memorandum zur deutschen Frage, das er 1940 für Sumner Welles, Unterstaatssekretär im US-Außenministerium, verfaßt hatte.
»... Des weiteren warnte ich vor den Sirenengesängen der deutschen Konservativen (wobei ich an Schacht und Papen dachte), die den Sturz Hitlers und die Bildung einer ›Regierung der Vernunft‹ in Aussicht stellten, mit der man ›ins Geschäft kommen‹ könne, wenn die Alliierten sich nur im voraus verpflichten würden, das deutsche Volk gut zu behandeln, um es so seiner derzeitigen Loyalitäten zu entwöhnen. Ich warnte auch davor, Friedenshoffnungen auf die wohlbekannten Meinungsverschiedenheiten zwischen Hitler und seinen Armeeführern zu gründen: meiner Meinung nach waren das taktische, keine strategischen Differenzen ...
Und ich schloß mit der Befürwortung einer Politik, deren Ziel die Teilung Deutschlands sein müsse, nämlich die Beseitigung des mit der nationalen Einigung Deutschlands und Italiens angerichteten Schadens durch eine Rückkehr zum Partikularismus des achtzehnten Jahrhunderts – zu den kleinen Fürstentümern, den Operettensoldaten und dem romantischen Lokalkolorit vergangener Zeiten.
Heute staune ich über mich selbst bei der Lektüre dieser Aufzeichnung. Ganz abgesehen von dem puerilen Schluß bringt sie mich zu der Erkenntnis, wie heimlich und allmählich und von einem selbst unbemerkt man doch seine Ansichten ändert. In den folgenden Jahren wurde ich zu einem überzeugten Verfechter der These, daß die Alliierten gerade darum ihre Chance verpaßt hatten, weil sie mit den deutschen Konservativen und den Armeeführern nicht hatten verhandeln wollen. Und als ich zweieinhalb Jahre später Deutschland verließ, hatte sich auch meine Einstellung zum deutschen Volk sehr gewandelt ...«

Unterstützung durch die Anglo-Amerikaner war bzw. gewesen wäre, zeigt auch eine Stellungnahme sozialistischer Hitler-Gegner, die sich 1942 z. B. für das Aufschieben des Attentats aussprachen, bis die Westalliierten auf dem Festland gelandet seien. Der Sturz des Diktators dürfe nicht die Eroberung durch die Sowjetunion und eine kommunistische Überflutung von ganz Europa zur Folge haben.[85]

Professor Rothfels resümiert:[86] »Während alle sonstigen Untergrundbewegungen über Europa hin reichlich materielle wie psychologische Unterstützung erfuhren und sehr konkrete Belohnungen in Reichweite hatten, war die deutsche allein völlig auf ihre eigenen Kraftquellen angewiesen. Diese waren nur an der Oberfläche militärisch, im Prinzip waren sie geistiger und religiöser Art.«

Die Frage »Warum habt ihr den Tyrannen nicht gestürzt?« ist alt und doch immer aktuell. Als Chruschtschow auf dem XX. Parteitag Stalins Verbrechen anprangerte, riefen die Delegierten spontan: »Warum habt ihr Stalin nicht getötet?« Chruschtschow erwiderte: »Was konnten wir tun? Es war eine Terrorherrschaft.«[88]

Nüchtern stellte der US-Chefankläger Jackson vor dem Nürnberger Kriegsverbrechertribunal fest:[89] »Wenn die breite Masse des deutschen Volkes das nationalsozialistische Parteiprogramm willig angenommen hätte, wäre die SA nicht nötig gewesen, und man hätte auch keine Konzentrationslager und keine Gestapo gebraucht.«

Die Kollektivschuld und Rassismus

Die Kollektivschuldtheorie hält also in keinem Punkt einer kritischen Analyse stand. Der Londoner Verleger Victor Gollancz, einer der frühesten Warner vor der braunen Gefahr, hat ähnlich wie die katholischen Bischöfe über sie ein vernichtendes Urteil gefällt.[90] »Sie stützt sich – bestenfalls – auf gänzliche Unkenntnis der psychologischen und wissenschaftlichen Tatsachen und läßt sich in einer halben Stunde durch Zuhilfenahme jedes beliebigen Lehrbuches der europäischen oder Weltgeschichte richtigstellen. Ihr weitgehender Einfluß ist natürlich der Ansteckung durch das nazistische Rassendogma zuzuschreiben.«

Der Historiker Michael Wolffsohn, aufgrund seines jüdischen Hintergrunds gegen jeglichen Rassismus sensibilisiert, bemerkt klarsichtig: »... der Antigermanismus (stellt) letztlich, ebenso wie der Antisemitismus, eine politische Abart der Biologie (dar). Dieser politische Biologismus ordnet Menschen aufgrund ihrer geburtsbedingten nationalen und religiösen Herkunft, nicht aufgrund ihrer Eigenschaften oder Verhaltensweisen, den Mächten des Lichts oder den Mächten des Dunkels zu – ein für allemal. Er ist damit radikal gegen die Tradition der Aufklärung gerichtet, die für den Einzelmenschen die Fesseln der Geburt sprengen wollte ...[91]

»Völkische Wesensschau« nannten die Nationalsozialisten das pseudowissenschaftliche Räsonieren über Wert und Unwert von Völkern und Rassen. Es ist seit Jahren wieder salonfähig geworden, nur unter umgekehrten politischen Vorzeichen. Der zentrale Vorwurf, den man der Kollektivschuldthese in allen ihren Erscheinungsformen machen muß, ist demnach der, daß sie die Phänomene einer Diktatur nicht wissenschaftlich – soziologisch, ökonomisch und historisch – erklären will und kann, sondern das Problem einfach auf die rassische Ebene verlagert.

In seinem Buch »Unconditional Hatred« konstatiert der Engländer Russell Grenfell:[92] »Deutschland wurde zu einer vom Teufel besessenen Nation erklärt, die in dämonischer Weise für alle Übel der ganzen Menschheit verantwortlich sei.«

Die Kollektivschuldtheorie bot auch den Vorteil, kollektive Strafmaßnahmen nicht mehr an eine Tat, sondern an eine Abstammung anzuknüpfen – zweifellos eine willkommene Verwaltungsvereinfachung, wie Truman in seiner bereits zitierten Erklärung vom 21. Dezember 1945 betont hatte: »Ich gebe zu, daß es natürlich viele Unschuldige in Deutschland gibt ... Aber die administrative Last, diese Leute herauszufinden, ... ist fast untragbar.« – Denkt man an die unbeschreiblichen Folgen dieses Konzepts im Osten, dann denkt man auch an die Worte von Papst Pius XII. am Heiligen Abend des Jahres 1945:[93]

»Wer darf sagen – so fügen wir mit der Heiligen Schrift bei (Spr. 20, 9–10) –: Ich habe ein reines Gewissen, ich bin frei von Schuld? Zweierlei Gewicht und zweierlei Maß: beides ist dem Herrn ein Greuel. Wer also Sühne für Schuld verlangt, durch gerechte Bestrafung der Verbrecher nach dem Maß ihrer Verbrechen, muß peinlich darauf achten, daß er nicht das gleiche tue, was er den anderen als Schuld oder Verbrechen vorhält.«

Es hat nicht an Stimmen gefehlt, die das Kollektivschulddenken in die Nähe des Rassismus gerückt haben.[94] Elias Canetti, Kosmopolit jüdisch-bulgarischer Abstammung und Literatur-Nobelpreisträger des Jahres 1981, hat in seinem Buch »Die Provinz des Menschen/Aufzeichnungen 1942–1948« das Wort von den Deutschen als den neuen Juden Europas geprägt.

Auf den ersten Blick scheint die klassische Rassismusdefinition nicht ganz zu passen. Die Frage ist aber, ob es den klassischen Rassismus je gegeben hat. Sicher war der Antisemitismus der Nazis primär darwinistisch. Aber schon Hitlers »Mein Kampf« läßt auch andere Aspekte durchblicken, die man als Verschwörungstheorie bezeichnen könnte: »So ist der Jude heute der große Hetzer zur restlosen Zerstörung Deutschlands. Befreit sich Deutschland aus dieser Umklammerung, so darf diese größte Völkergefahr als für die gesamte Welt gebrochen gelten.« Bemerkenswerterweise fiel auch dem jungen Churchill ein überproportional hoher Prozentsatz von Juden unter den frühen Bolschewiken auf[95], und er sprach in einem Aufsatz anläßlich der internationalen Intervention in Rußland nach dem Ersten Weltkrieg – ganz ähnlich wie Hitler – von einer jüdisch-bolschewistischen Weltverschwörung.[96]

Simon Wiesenthal, Leiter des jüdischen Dokumentationszentrums in Wien, war überzeugt, daß ein Holocaust auch in den USA möglich sei. Es handle sich um kein spezifisch deutsches, sondern um ein menschliches Versagen.[97]

Die Unterscheidung von »Tätervölkern« und »Opfervölkern« ist wissenschaftlich unhaltbar; denn genetisch unterscheiden sich die europäischen Völker nicht nennenswert voneinander, und »alle Nationen haben ihre Räuber und Fanatiker, ihre Zeiten der Barbarei, ihre Anfälle von Tollwut«, wie der französische Aufklärer Jean-François Mormontel 1777 formulierte. Auch Schabotinski, einer der Väter des Zionismus, meinte schon im 19. Jahrhundert: »Geben Sie jedem Volk das Recht, eigene Schurken zu haben.« Vielleicht hatte er geahnt, daß einmal die deutschen Nationalsozialisten – aber auch viele naive Polen, Ukrainer und Balten – in den Juden eine Art Tätervolk sehen würden. Wie sehr übrigens in den Köpfen der Nazis Rassenwahn und kollektive Strafgedanken durcheinanderwirbelten, zeigt auch die Sippenhaft. Nach diesem Verfahren pflegte man nicht nur die Oppositionellen selbst, sondern auch deren ganze Verwandtschaft oft bis in die entferntesten Seitenlinien einzukerkern; Kinder wurden der »Nationalsozialistischen Volkswohlfahrt« (NSV) übergeben.[98]

Ein seltsames Gebräu aus Kollektivschulddenken und Rassismus hat jahrhundertelang auch christliche und allerchristlichste Gehirne vernebelt. 1581 erklärte Papst Gregor XIII., daß die Schuld der Rasse, die Christus von sich gewiesen und gekreuzigt habe, mit jeder Generation größer werde und alle ihre Glieder mit ewiger Knechtschaft belaste.[99]

Der christliche Antisemitismus hat Tradition, wie die folgende Blütenlese zeigt. Der heilige Ambrosius von Mailand (339–397) behauptete, die Juden als Feinde Christi hätten keinen Anspruch auf Gerechtigkeit oder gesetzliche Unterstützung. Der heilige Johannes Chrysostomus (354–407) hielt die Juden für »unreine Bestien«, in ihrer Schamlosigkeit und Gier überträfen sie sogar die Schweine.[100] Noch Pius IX. (Papst von 1846 bis 1878) glaubte, der Gott der Juden sei das Gold; sie stünden hinter allen Angriffen gegen die katholische Kirche.[101]

Manchem werden die Zitate vielleicht bekannt vorkommen. Das Déjà-vu-Erlebnis rührt daher, daß die anglo-amerikanischen Deutschenhasser z. T. fast wörtlich dieselbe Terminologie benützten wie die christlichen Judenhasser.

Ambrosius: Kein Anspruch auf Gerechtigkeit; Attlee: Kein Recht, die Grundlage der Moralgesetze zu beschwören.

J. Chrysostomus: Bestien; Morgenthau: Bestien.

Pius IX.: Ihr Gott ist das Gold; Nizer: Sie haben aus dem Krieg eine Religion und aus Massenmord einen Kult gemacht.

Pius IX.: Sie stehen hinter allen Angriffen gegen die Kirche; Nizer: Jahrhundertelange Verschwörung gegen den Weltfrieden.

Wie sagte doch der niederländische Kämpfer gegen den Hexenwahn, Balthasar Bekker? »Der theologische Haß ist ein teuflischer Haß.«

Vom sozialistischen Rassismus war im letzten Kapitel schon die Rede. Daß sich auch hier theologieähnliche Heilslehren und Vorurteile gegenüber »fortschrittsfeindlichen« Völkern und sogar Rassen oft die Hand gaben, ist erwähnt worden.

Nur die wenigsten wissen heute noch, daß im 18. Jahrhundert die Französische Revolution vielfach als Streit von zwei Rassen gesehen wurde: gallisches Bürgertum kontra fränkischen Adel. In seiner berühmten Streitschrift »Was ist der Dritte Stand?« verlangte Sieyès allen Ernstes, man solle die Adeligen als Nachkommen der fränkischen Eroberer nach Deutschland zurückschicken.[102]

Auch Pol Pots Massenmord an seinen eigenen Landsleuten stellte nach Meinung der kambodschanischen Kommunisten nicht nur eine gesellschaftliche, sondern auch eine rassische Erneuerung dar. Die hellhäutige, durch Mischehen mit Nachbarvölkern entartete und durch die Kolonialherren korrumpierte Stadtbevölkerung sollte der urwüchsigen Khmer-Bevölkerung der Dörfer weichen[103], und der neue Mensch würde eine neue Gesellschaft schaffen.

Über den Völkermord an den Armeniern hat Dr. Johannes Lepsius 1919 geschrieben:[104] »Man darf aber nicht vergessen, daß es Religionsverfolgungen in Reinkultur niemals gegeben hat. Die Christenverfolgungen im Römischen Reich waren durch Gründe der Staatsräson diktiert, die Judenverfolgungen im Mittelalter und im Rußland der Neuzeit durch Habgier verursacht. Die Pogrome, die Mohammed selbst veranstaltete, hatten es ausschließlich auf Beute abgesehen. Die jungtürkische Christenverfolgung, vielleicht die größte aller Zeiten, hatte die gleichen Motive: Staatsräson und Habgier.«

Interessant ist, daß Lepsius die Armenierverfolgung noch primär unter religiösen Vorzeichen sah. Nach den Erfahrungen mit der nationalsozialistischen Judenpolitik neigt man heute mehr dazu, die nationalistisch-rassistischen Motive in den Vordergrund zu stellen. Religionsverfolgungen in Reinkultur hat es nie gegeben und lupenreinen Rassismus ebensowenig. Entscheidend bleibt der Anknüpfungspunkt der Verfolger; beim religiösen Fanatiker ist es der Glaube, beim Rassisten die Abstammung. Was in dem blutigen Spiel selten fehlt, sind die hohen Ideale, allerdings in der Form des selektiven Humanismus: Menschlichkeit im Prinzip ja, aber nicht für diese oder jene Gruppe. So gesehen ist die Kollektivschuldtheorie eine der vielen historischen Erscheinungsformen des Rassismus.

Die Faszination der Kollektivschuldtheorie liegt neben der schrankenlosen Handlungsfreiheit für die Regierungen vor allem in der leichten Verständlichkeit für die Massen. Gerade die Einfachheit dieser Lehre dürfte wesentlich zu ihrer Verbreitung beigetragen haben. Das Resümee ist bei dem englischen Staatsmann und Historiker Macaulay nachzulesen:[105]

»Ein Strafsystem, das ohne Unterschied auf den Schuldigen und den Unschuldigen einschlägt, wirkt bloß wie eine Seuche oder eine große Naturkatastrophe und ist ebensowenig wie die Cholera oder ein Erdbeben geeignet, Verbrechen zu verhüten ... Die Menschen hundertweise zu enthaupten, ohne nach ihrer Schuld oder Unschuld zu fragen, dem Reichen mit Hilfe von Kerkermeistern und Henkern sein Geld abzupressen ... – das ist die einfachste und leichtbegreiflichste aller Regierungsweisen. Über ihren sittlichen Rang wollen wir schweigen, gewiß erfordert sie aber keine Fassungskraft, die über die des Barbaren oder des Kindes hinausgeht.«

Damit schließt sich der Kreis, und man wird wohl dem oben zitierten Michael Wolffsohn recht geben müssen, wenn er schreibt: »Das Instrument des Antigermanismus ist ebenso wirksam wie das des Antijudaismus, der sich ebenfalls von seinem Objekt verselbständigt hat. Der Antijudaismus hat mit dem realen Juden und dem realen Judentum, wenn überhaupt, nur sehr wenig gemein. Der Antigermanismus zeichnet, verzeichnet und überzeichnet das heutige Deutschland, ebenso wie einst der Jude nur als Fratze dargestellt wurde. Seit Jahrtausenden leben die Juden mit dem Antijudaismus, die Deutschen werden sich, wohl oder übel, an die Allgegenwart des Antigermanismus gewöhnen müssen.«[106]

15. Polnische Motive

Täter und Motive

Über die Polen, die sich an Gewaltverbrechen gegen die ostdeutsche Zivilbevölkerung beteiligten, bemerkt die einschlägige Dokumentation des Bundesarchivs:[1] »Täter waren in der Mehrzahl Angehörige einer willkürlich zusammengestellten Miliz, in geringerer Anzahl Zivilpersonen, die im Zusammenhang mit Plünderungen Deutsche überfielen.«

Die Motive der Zivilisten waren recht eindeutig; eine andere amtliche Dokumentation beschreibt sie folgendermaßen:[2] »Ein Teil der ins Land gekommenen Polen wollte sich, nachdem die Provisorische Regierung die Bevölkerung Polens zur Ansiedlung in den ostdeutschen Gebieten aufgefordert hatte, in den verlassenen Höfen der Deutschen und ihren Häusern als Ansiedler niederlassen, ein anderer Teil der polnischen Ankömmlinge bestand aber aus Spekulanten, Schiebern und Beutemachern, die nur eine günstige Chance zur Bereicherung witterten, ohne daß sie die Absicht hatten, im Lande zu bleiben. Manche von ihnen stellten sich der Miliz zur Verfügung, andere gaben sich gegenüber den polnischen Behörden in den deutschen Orten als Ansiedler aus, gewannen auf diese Weise schnell Vermögen, das sie bald abtransportierten oder verkauften, und kehrten darauf nach Polen zurück, um das gleiche Experiment an anderer Stelle zu wiederholen.«

Der polnische Volksmund hatte für diesen Menschenschlag das Schlagwort »Erste Brigade« parat, einen Spottnamen aus der Terminologie der Ära Pilsudski[3], der auf Marodeure und Plünderer gemünzt war.[4]

Im Winter 1945/1946 endete die Zeit der sog. wilden Siedlung und damit auch der »Ersten Brigade«.

Gefährlicher und zugleich personell vielschichtiger war der andere Täterkreis, die polnische Miliz. Das vorliegende Material erlaubt folgende zusammenfassende Beschreibung:[5]

»Als ›Organ der öffentlichen Sicherheit‹ herrschte in den deutschen Dörfern und Städten die polnische Miliz. Sie rekrutierte sich gewöhnlich aus bei Kriegsende anwesenden oder im Gefolge der sowjetischen Armeen ins Land gekommenen Polen, die teils schon von den sowjetischen Kommandanturen Aufsichtsfunktionen erhalten hatten. Meist nach dem Belieben der einzelnen sowjetischen Kommandanten oder der polnischen Ortsgewaltigen aufgestellt, waren die lokalen Milizeinheiten oft aus sehr fragwürdigen Elementen zusammengesetzt. Ihre überstürzte Aufstellung führte dazu, daß sich ihr häufig arbeitsunlustige junge Leute oder aber Personen anschlossen, die sich von der Tätigkeit der Miliz ein einträgliches Geschäft versprachen. Von Ausnahmen abgesehen, hat diese von den polnischen Behörden aus dem Boden gestampfte Miliz eine für die deutsche Bevölkerung verhängnisvolle Rolle gespielt.«

Verschiedene Menschen, verschiedene Motive. Am leichtesten sind wieder die Beweggründe der Glücksritter und Geschäftemacher zu definieren. Psychologisch eindeutig war auch die Motivation ehemaliger Kollaborateure der deutschen Besatzungsmacht in Polen, von denen es in der Miliz etliche gab.[6] Ihre Psychoanalyse ist schon im 12. Kapitel (tschechische Motive) versucht worden. – Bei den ehemaligen Partisanen dominierten, soweit sie Verbrechen begingen, teils Rachsucht, teils der traditionelle polnische Nationalismus.[7]

Gläubige Christen in Schlesien und anderswo hatten gehofft, nach dem Übergang der Verwaltung von den »gottlosen Sowjets« auf die »katholischen Polen« würden sich die Zustände bessern; sie wurden bitter enttäuscht. Zwar hielten die Milizsoldaten in der Regel die kirchlichen Feiertage, stellten Ehreneskorten für katholische Prozessionen und schätzten Kreuze, Herz-Jesu- und Marienbilder in ihren Autos.[8] Ein Hindernis für Raub und Gewalttat schien ihre Religiosität aber selten gewesen zu sein. Einige charakteristische Episoden berichtet z. B. der Benediktinerpater Ambrosius Rose:[9]

Im schlesischen Grüssau erschienen bei einer alleinstehenden Frau mit zwei Kindern Polen, um sich ihr Haus anzueignen. Als sie ein Kruzifix an der Wand sahen, knieten sie zum Gebet nieder. Auf die Vereinbarkeit ihres Tuns mit Gottes Gebot angesprochen, reagierten die ungebetenen Gäste mit besonderer Brutalität und vertrieben Frau und Kinder binnen weniger Minuten von ihrem Besitz. – In den schlesischen Orten Gottesberg und Rothenbach beteiligten sich sogar polnische Geistliche an Plünderungen. – Von der Ermordung deutscher katholischer Priester ist schon im I. Teil des Buches die Rede gewesen.

Das meistzitierte Motiv für die Unmenschlichkeiten bei der Vertreibung ist in der heutigen populärwissenschaftlichen Literatur der Vergeltungsdrang wegen der skrupellosen Besatzungspolitik der Nazis in Polen. Sicher sollte man diesen Punkt nicht unterschätzen; man darf ihn allerdings auch nicht überschätzen. Die polnischen Gewaltverbrechen bei dem Versuch, Oberschlesien 1921 entgegen dem Ergebnis der Volksabstimmung zu annektieren, und ähnliche Ereignisse lassen sich schlecht durch NS-Verbrechen erklären. Sadismus und blinder Rassismus bis hin zum Kindermord sind im übrigen nicht automatische menschliche Reaktionen auf erlittenes Unrecht. Aufschlußreich ist der Bericht eines Augenzeugen. Über Polen, die im Krieg alles verloren haben, liest man in Lehndorffs »Ostpreußischem Tagebuch«:[10] »Oft bin ich tief beschämt über die Bereitwilligkeit, mit der sie als Reaktion auf ein menschliches Wort alle berechtigten Rachegefühle zurückstellen und das, was wir ihnen durch Hitler angetan haben, als eine dem deutschen Wesen fremde Verirrung ansehen. Und gerade diejenigen, die am meisten gelitten und verloren haben, sind es, mit denen man am leichtesten über solche Dinge sprechen kann. Aber darüber wundere ich mich nicht, denn damit ist es wohl überall auf der Welt das gleiche ...«

Andererseits ergeben die vorliegenden Materialien, daß für zahlreiche Täter das erlittene Unrecht der Vergangenheit tatsächlich zum Beweggrund wurde, selbst Unrecht an Unschuldigen zu begehen (führende Nazis und andere, die ein schlechtes Gewissen hatten, waren in aller Regel rechtzeitig geflohen[11]). Auch das ist ein Aspekt der menschlichen Natur, den wir zur Kenntnis nehmen müssen, ob wir nun wollen oder nicht. Die Deutschen sind gegen diese teuflische Versuchung genauso wenig gefeit wie jedes andere Volk auf der Welt. Recht lehrreich ist eine historische Parallele aus dem Dritten Reich.

Aufgrund der Erfahrungen der Vergangenheit bildete die deutsche Minderheit in Polen etwa Anfang Oktober 1939 vielerorts Selbsthilfeorganisationen, die sich Volksdeutscher Selbstschutz nannten und neue Überfälle der polnischen Mehrheit abwehren sollten. Die Organisation wurde dann der SS bzw. der Polizei unterstellt und z. T. als Hilfspolizei eingesetzt, und bald verstand es die NS-Führung, die Emotionen der leidgeprüften Volksdeutschen vor den Karren ihrer kühl rechnenden Volkstumspolitik zu spannen.[12] So kam es, daß sogar Heydrich, Chef der Sicherheitspolizei und des SD, einer der intelligentesten und zugleich skrupellosesten Nazis, in einem Aktenvermerk am 2. Juli 1940[13] konstatieren mußte, daß »der Selbstschutz zu Anfang zwar aus verständlicher Erbitterung gegen die Polengreuel selbst zum Teil unmögliche, unkontrollierbare Racheakte ausführte ...«. Der Selbstschutz mußte schließlich aufgelöst werden.[14]

Zusammenfassend stellt der Zeitgeschichtler Martin Broszat fest:[15] »Es zeigte sich bald, daß Haß und Terror sich verselbständigten, sobald ›energisches Durchgreifen‹ gegen die Polen ›von oben‹ honoriert wurde und Anreiz für Subalterne bildete, die beflissen durch Forschheit Karriere zu machen suchten.«

Stellt man die beiden letzten Zitate auf den Kopf und vertauscht »Polen« und »Deutsche«, dann hat man auch bereits das Grundmuster für die Vorgänge jenseits von Oder und Neiße nach 1945. Wie leicht sich private Leidenschaften für staatliche Zwecke nutzbar machen lassen, haben nicht nur die Nazis vor 1945 und die Sowjets nach 1944 bewiesen, sondern auch die neue Regierung in Warschau. Daß ohne allerhöchste Duldung und Förderung der Verbrechen nur ein Bruchteil davon passiert wäre, liegt auf der Hand.

Schon 1943 hatte Jan Karski, ein Diplomat der polnischen Exilregierung, zu dem amerikanischen Präsidenten Roosevelt gesagt: »Wir haben vor, im Augenblick des deutschen Zusammenbruchs einen kurzen, sehr schrecklichen Terror gegen die deutsche Bevölkerung zu organisieren, so daß diese von sich aus massenhaft das Gebiet Polens verlassen wird.«[16]

Mit Recht verweist die »Dokumentation der Vertreibung der Deutschen aus Ost-Mitteleuropa« auf eine regierungsamtliche polnische Äußerung vom August 1944[17], in der es bezüglich der bevorstehenden Vertreibung hieß, es stünde zu hoffen, daß die Rote Armee zu diesem Zeitpunkt bereits »alle erwachsenen Deutschen ins Innere Rußlands zur Wiederaufbauarbeit geschickt haben« würde, und fährt dann fort: »Auch in der auf der Potsdamer Konferenz von polnischer Seite vorgebrachten Versicherung, ein großer Teil der Deutschen werde die Gebiete jenseits der Oder und Neiße freiwillig verlassen, wenn diese dem polnischen Staat unterstellt würden, darf man mit gutem Grund den ungesagt gebliebenen Vorsatz der polnischen Regierung erkennen, alles irgend Mögliche zu tun, um schon während der polnischen Verwaltung und vor der Ausweisung die Verminderung der ostdeutschen Bevölkerung in die Wege zu leiten und den Deutschen eine Behandlung widerfahren zu lassen, die ihren Willen, in der Heimat zu bleiben, sehr bald brechen würde.«

Der Schlüssel zum Verständnis der Vorgänge östlich von Oder und Neiße liegt weniger bei den einzelnen Tätern als bei den Regierungen, die den Pöbel mobilisieren und legitimieren. – Was waren nun die Beweggründe der polnischen Regierungsvertreter für eine Völkervertreibung, die die Welt in diesem Ausmaß und mit diesen Begleiterscheinungen noch nie gesehen hatte?

Obwohl die Oder-Neiße-Linie nicht Gegenstand dieser Untersuchung ist, kann die gestellte Frage doch nicht ohne einen Blick auf die historische Grenzdebatte beantwortet werden. Denn viele, denen die Annexionen und Vertreibungen politisch unumgänglich und moralisch gerechtfertigt erschienen, die also gleichsam A gesagt hatten, glaubten auch B sagen und die zu erwartenden Vertreibungsverbrechen im Interesse übergeordneter politischer Ziele achselzuckend hinnehmen zu müssen (von anderen, die Massenverbrechen bewußt gefördert haben, soll hier nicht mehr die Rede sein).

Die offiziellen Gründe

Als im Juli 1945 in Potsdam die Großmächte über die Zukunft Europas beratschlagten, wurde am 23. des Monats die provisorische polnische Regierung eingeladen, eine Delegation zu entsenden. Die Einladung war für die Polen offenbar keine Überraschung; denn schon am Abend des gleichen Tages trafen sie sich vor Ort mit Stalin und Molotow zu einem informativen Gespräch. Am Vormittag des nächsten Tages konnten sie ihren Standpunkt zur Grenzfrage vor den Außenministern Byrnes, Eden und Molotow darlegen. Als erster sprach Stalins besonderer Schützling, Ministerpräsident Bierut. Er verwies auf die polnischen Gebietsabtretungen an die Sowjetunion und das Erfordernis einer Kompensation im Westen.

Als nächster stellte Außenminister Rzymowski Gesichtspunkte einer deutschen Wiedergutmachung an Polen und strategisch-militärische Gründe für die geplante Westexpansion in den Vordergrund. Außerdem sei die Oder-Neiße-Linie eine alte historische Grenze. Schließlich sollten eine ausgedehnte Küste und die schlesische Industrie zur wirtschaftlichen Entwicklung Polens beitragen.

Anschließend sprach Mikolajczyk; er begründete ausführlich, warum es wichtig sei, Deutschland wirtschaftlich zu schwächen.

Zum Schluß nahm Molotow das Wort und bot seine ganze Beredsamkeit zugunsten der polnischen Wünsche auf, so daß der amerikanische Außenminister Byrnes später meinte, er habe den Russen die polnische Sache mit mehr Eloquenz verfechten hören als die Polen selbst.[18]

Abgesehen vom Gesichtspunkt der Schwächung des besiegten Landes, der sich im wesentlichen mit den bekannten Bestrafungstheorien deckt, erkennt man vier Hauptargumente:

1. Kompensation der östlichen Gebietsverluste,
2. Wiedergutmachung bzw. Sühne für die nationalsozialistische Besatzungspolitik,
3. historische Gründe und Rechtstitel,
4. wirtschaftliche und strategische Erwägungen.

In früheren offiziellen Erklärungen hatte noch – etwa bis zum Herbst 1941 – die strategische und vor allem wirtschaftliche Argumentation überwogen; Polen benötige Danzig, Ostpreußen und Oberschlesien, damit seine wirtschaftliche Entwicklung im Verhältnis zu seiner Bevölkerungszahl sichergestellt sei. Für die starke ländliche Überbevöl-

kerung brauche man große Gebiete mit gutentwickelter landwirtschaftlicher Struktur und die zusätzlichen Arbeitsplätze der oberschlesischen Industrie.[19]
Interessant ist die Parallelität der Taktik der polnischen Delegation auf der Pariser Friedenskonferenz nach dem Ersten Weltkrieg. Damals legte man am 25.2.1919 eine Denkschrift vor, in der es hieß: »Polen muß eine Grenzziehung zu seinem Vorteil in all den Fällen haben, wo eine unerbittlich streng ethnographische Grenze aus geographischen, wirtschaftlichen oder strategischen Gründen der Verbesserung bedarf.«[20]
Im Klartext meinte man damit Oberschlesien, Ostpreußen und Danzig-Westpreußen im Westen und im Osten fast das ganze ehemalige Großfürstentum Litauen einschließlich der westlichen Landesteile Weißrußlands und der Ukraine.
Nachdem am Konferenztisch und bei Volksabstimmungen nur Teilerfolge zu verbuchen waren, versuchte man es nach dem Ersten Weltkrieg schließlich mit Waffengewalt – im Westen (Oberschlesien) ohne, im Osten mit Erfolg.

Kompensation für ostpolnische Gebiete
Das erste Argument, das die Vertreter der provisorischen polnischen Regierung auf der Potsdamer Konferenz vorbrachten, lautete: Polen braucht Ostdeutschland als Ersatz für die verlorenen ostpolnischen Gebiete.
Der Kompensationsgedanke hat trotz erheblicher moralischer Bedenken gegen das Prinzip zunächst auch eine gewisse Faszination. Man betrachtet die Landkarte, vergleicht die Territorien, stellt sich die gewaltigen Ströme polnischer Ostflüchtlinge vor, und die Welt scheint irgendwie in Ordnung zu sein.
So einfach liegen die Dinge allerdings wieder nicht. Daß die ehemals polnischen Gebiete östlich der sog. Curzonlinie eine Frucht der großpolnischen Expansionspolitik nach dem Ersten Weltkrieg darstellten und immer mehrheitlich von Ukrainern und Weißrussen besiedelt waren, ist schon erwähnt worden. Trotz der polnischen Siedlungs- und Kolonialpolitik und trotz frisierter Statistiken konnte Warschau in diesen Landesteilen 1939 nur einen polnischen Bevölkerungsanteil von 36 Prozent[21] vorweisen, einen Prozentsatz, der etwa dem der Deutschen in den Abtretungsgebieten des Deutschen Reiches von 1919 entsprach. Nach russischen Schätzungen vom Oktober 1939 – mindestens ebenso frisiert – waren von der Gesamtbevölkerung Ostpolens in Höhe von insgesamt 11,5 Millionen sogar zehn Millionen Ukrainer bzw. Weißrussen.[22]

Genauere Zahlen lassen sich nur schwer ermitteln. Fest steht, daß in den fünfziger Jahren zwischen 1,8 und 2,1 Millionen repatriierter Kriegsgefangener, Sowjetdeportierter sowie geflohener oder vertriebener Ostpolen und Volkspolen aus den polnischen Sprachinseln im Inneren der Sowjetunion im polnischen Machtbereich gezählt wurden. Anderthalb Millionen davon stammten aus dem ehemaligen Ostpolen. Bedenkt man weiter, daß aus Polen selbst nach 1945 518 000 Ukrainer, Weißrussen und Litauer in die Sowjetunion umgesiedelt wurden, fast 200 000 Juden auswanderten und außerdem rund eine Million Volksdeutsche (der Rest von 2,1 Millionen nach dem Ersten Weltkrieg) aus Polen vertrieben wurden, dann bleibt für Kompensationsgedanken kein Platz mehr.[23]

Die ostpolnischen Vertriebenen und sogar die Umsiedler aus dem Inneren der Sowjetunion usw. hätten in den verlassenen Siedlungen der Minderheiten untergebracht werden können, ohne die polnische Westgrenze auch nur um einen Meter zu verschieben. Die Annexion ostdeutscher Gebiete mit einer Vorkriegsbevölkerung von rund neun Millionen[24] und die Vertreibung ihrer Bewohner haben mit Kompensation sicher nichts zu tun.

Die sog. polnischen Ostprovinzen sind zwar flächenmäßig um ca. 65 Prozent größer als die Oder-Neiße-Gebiete, aber sehr dünn besiedelt; abgesehen vom südlichsten Teil (Galizien) handelt es sich um wenig entwickelte Wald- und Moorlandschaften (Pripjet-Sümpfe). Molotow schätzte ihren Wert auf 3,5 Milliarden Dollar, den Wert der ostdeutschen Länder auf 9,5 Milliarden. Der amerikanische Außenminister Byrnes schätzte den letzteren Wert auf 11,3 Milliarden Dollar. Am Nationaleinkommen gemessen, ergibt sich nach polnischen Schätzungen sogar eine Wertrelation von 3,4 zu 18 Milliarden Zloty.[25]

Wiedergutmachung

Das zweite Argument der polnischen Delegation in Potsdam lautete: Wiedergutmachung bzw. Sühne für den Besatzungsterror der Nazis in Polen.

Zu den Zuständen in den besetzten Gebieten läßt man am besten zunächst die Beteiligten selbst sprechen. Schon Ende 1939 ließ Generaloberst Blaskowitz vom Oberkommando des Heeres Hitler eine Denkschrift wegen der Übergriffe von SS und Polizei zugehen. Hitlers Heeresadjutant Engel notierte dazu am 18. November 1939 in seinem Tagebuch:[26] »... Denkschrift von General Blaskowitz über die Zustände in Polen: größte Besorgnis wegen illegaler Erschießungen, Festnahmen und Beschlagnahmungen, Sorgen um Disziplin der Truppe, die diese Dinge sehenden Auges erlebt; örtliche Absprachen mit SD und Gestapo ohne Erfolg, berufen sich auf Weisungen Reichsführung SS; Bitte, gesetzmäßige Zustände wieder herzustellen, vor allem Exekutionen nur bei rechtmäßigen Urteilen durchführen zu lassen. – Lege am gleichen Nachmittag die Denkschrift, die vollkommen sachlich gehalten ist, F.(ührer) vor. Dieser nimmt sie zunächst ruhig zur Kenntnis, beginnt dann aber wieder mit schweren Vorwürfen gegen ›kindliche Einstellungen‹ in der Führung des Heeres; mit Heilsarmee-Methoden führe man keinen Krieg.« Blaskowitz und andere Militärs ließen sich nicht entmutigen und setzten ihre Proteste fort. In einer Vortragsnotiz für einen auf den 15.2.1940 angesetzten Besuch beim Oberkommandierenden des Heeres notierte Blaskowitz u. a.:[27] »Die Einstellung der Truppe zur SS und Polizei schwankt zwischen Abscheu und Haß. Jeder Soldat fühlt sich angewidert und abgestoßen durch diese Verbrechen, die in Polen von Angehörigen des Reiches und Vertretern der Staatsgewalt begangen werden. Er versteht nicht, wie derartige Dinge, zumal sie sozusagen unter seinem Schutz geschehen, ungestraft möglich sind.«

Am Schluß protestierte sogar der oberste Kolonialherr in Polen, Generalgouverneur Frank, der sich zu Anfang des Krieges als besonders rabiater Nazi profiliert hatte. Nach einem erfolglosen Versuch, am 24. August 1942 sein Amt niederzulegen, übersandte er Hitler am 19. Juni 1943 eine Denkschrift mit einem kompletten Sündenregister der braunen Besatzungspolitik:[28]

a) rigorose Arbeitererfassung,
b) diskriminierende Behandlung der Zivilarbeiter im Reich,
c) unzureichende Ernährungslage in Polen,
d) Enteignung von Grundbesitz und gewerblichen Betrieben,
e) Massenverhaftungen und Erschießungen,
f) Lahmlegung des kulturellen Lebens,
g) Beschlagnahme von Klöstern etc.

Hinter diesem scheinbar planlosen Wüten standen viele Konzeptionen und doch wieder keine. Alle Chronisten des Dritten Reiches wundern sich über den Kompetenzwirrwarr in der großdeutschen Ostpolitik. 1940 meinte der damalige Wirtschaftsminister Funk dazu:[29] »Um dieses Durcheinander auszuhalten, muß man entweder verrückt oder besoffen sein – ich ziehe das letztere vor.« Die Konzeptionen reichten von einer wirtschaftlich-pragmatischen Versöhnungspolitik bis hin zu Himmlers »Generalplan Ost« aus der Zeit 1941/1942, der eine vollständige Eindeutschung bei gleichzeitigem Abschub aller »rassisch Unerwünschten« nach Rußland vorsah. Der Generalplan wurde allerdings nicht alt; durch den Führererlaß vom 13. Januar 1943 stoppte man »alle Vorbereitungen und Planungen für künftige Friedensaufgaben«.[30]

Hitlers persönliche Konzeption sah so aus: Germanisierung der polnischen Randgebiete im Westen, die im wesentlichen als »Warthegau« annektiert wurden, und Aufrechterhaltung des polnischen Kerngebiets als »Heimstätte der Polen« d. h. als polnisches Reservat zur wirtschaftlichen Ausbeutung.[31] Ergo war das Gros der Polen aus den annektierten Gebieten zu vertreiben und die polnische Führungsschicht als potentielle Gefahr für die braune Kolonialherrschaft zu dezimieren.

Vertrieben wurden zwischen 350 000 und 400 000 Polen aus den eingegliederten Gebieten.[32] – Zu einer Tragikomödie entwickelte sich das einzige große Siedlungsprojekt Himmlers im Inneren Polens. Ohne die deutsche Verwaltung des Generalgouvernements zu unterrichten, versuchte der Reichsführer-SS, den Kreis Zamosc bei Lublin in einer Blitzaktion Ende November 1942 zu einem »germanischen Siedlungsbollwerk« zu machen. Die Aktion scheiterte wegen der gewaltigen Unruhe unter der polnischen Bevölkerung, der wachsenden Partisanentätigkeit und des Widerstandes des Generalgouverneurs Frank. Unterm Strich blieben von der Aktion nur allgemeine Verunsicherung und 36 000 verschleppte Männer, die überwiegend als »Fremdarbeiter« ins Reich geschickt wurden.[33]

Wie viele Angehörige der polnischen Führungsschicht von den Nazis ermordet wurden, ist nicht leicht zu ermitteln. Das polnische Kriegsentschädigungsamt sprach 1947 von insgesamt 22 392 Angehörigen der Intelligenz, die zur Zeit des Zweiten Weltkrieges umgekommen seien.[34] Man vermutet, daß über 50 Prozent davon auf Hitlers Mordkonto gehen; bei dem Rest handelt es sich vor allem um Opfer der Massenliquidation Stalins in Ostpolen.

Exkurs: Die polnischen Kriegsverluste

Noch schwieriger wird die Antwort, wenn man nach der Gesamtzahl von Hitlers polnischen Opfern fragt; zu wechselvoll und zu blutig war die Zeit zwischen 1939 und 1945. Eine historische Retrospektive macht deutlich, welche komplexen Probleme die gestellte Frage aufwirft:

Abgesehen von den erwähnten Befriedungsaktionen der Vorkriegszeit in den ukrainischen Ostgebieten Polens wurden im September 1939 Tausende polnischer Staatsangehöriger ukrainischer und deutscher Abstammung durch Polen ermordet. Ab September 1939 begann schlagartig die Jagd der Nazis auf polnische Intellektuelle und andere

Angehörige der Führungsschicht, von den anderen willkürlichen Morden des Sicherheitsdienstes der Polizei und der SS ganz zu schweigen. Aus Ostpolen deportierten die Sowjets 1,65 bis 2,5 Millionen, darunter 52 Prozent Polen, 30 Prozent Juden und zwölf Prozent Ukrainer und Weißrussen; weit über die Hälfte der Verschleppten dürfte umgekommen sein.[35] Die Massenerschießung polnischer Kriegsgefangener seitens der Sowjets ist durch die Funde im Wald von Katyn (bei Smolensk) gut belegt.[36]

Nach Hitlers Einmarsch in Rußland 1941 liefen die Todesmühlen immer schneller. In Lemberg z. B. ermordeten die Sowjets vor ihrem Rückzug noch massenhaft polnische und vor allem ukrainische Zivilisten, was der ukrainische Pöbel und die nachrückenden Nazis ihrerseits zum Anlaß nahmen, massenhaft angebliche jüdische Kollaborateure zu ermorden.[37]

1942 wurden große Ghettos und Lager für Juden eingerichtet, denen – relativ zur Gesamtzahl der Naziopfer im polnischen Staatsgebiet – mit Abstand die meisten polnischen Staatsangehörigen zum Opfer fielen. Immerhin war das Polen der Vorkriegszeit der Staat mit dem höchsten jüdischen Bevölkerungsanteil in Europa. Traditionell wurden – wie schon im Zarenreich und im alten Österreich-Ungarn[38] – die Juden in Osteuropa primär nicht als Religionsgemeinschaft, sondern als Nationalität betrachtet, weil ihre Muttersprache nicht Russisch, Polnisch und dergleichen war, sondern Jiddisch, ein deutscher Dialekt des Mittelalters; bei der polnischen Volkszählung vom 9. Dezember 1931 gaben außerdem 244 000 Hebräisch als Muttersprache an.[39] Alfred Döblin schrieb in den zwanziger Jahren in seiner Reportage über die Juden in Polen: »Es ist ein Volk. Wer nur Westeuropa kennt, weiß das nicht.«[40] Engels schwankte, ob er in den osteuropäischen Juden Deutsche oder eben eine eigene Nationalität sehen sollte; wie die meisten Autoren entschied er sich für letzteres.[41] Für die polnischen Nationalisten war eher die erste Meinung typisch.

Gustaw Olechowski schreibt:[42] »Ausländer nennen gewöhnlich die Polen bewohnenden Juden – polnische Juden, Juifs polonais. Dies ist ein Fehler. In Polen leben deutsche Juden. Sie kamen nach Polen aus Deutschland, sprechen einen deutschen Jargon, sind Sympathisanten des Deutschtums, solidarisieren sich mit deutschen Interessen, ihnen imponiert die deutsche Kultur.« Über die Seelenverwandtschaft von Deutschen und Juden gewann Maciej Wierzbinski in seinem 1919 erschienenen Buch die folgenden tiefen Erkenntnisse:[43] »... die Preußen sind den Juden sehr ähnlich. Die einen wie die anderen oszillieren zwischen hündischer Fügsamkeit, die bis zum Verlust der persönlichen

Würde reicht, und einer unverschämten Arroganz, mit welcher sie, wenn sie sich irgendwo festgesetzt haben, sich den ersten Platz unrechtmäßig aneignen und sich auf die breite Bühne drängen. Sie beide charakterisiert der Mangel an Ethik und eine große Stammessolidarität.«

Seit jeher erschienen die Juden in den amtlichen polnischen Nationalitätenstatistiken neben Ukrainern, Deutschen usw. als nichtpolnische Volksgruppe. 1939 gar versprach das Regierungslager in einer Broschüre, die Juden sollten nach nationalsozialistischem Vorbild enteignet werden und hätten langfristig das Land zu verlassen.[44]

Noch im Krieg waren in den Zeitschriften der rechtsgerichteten Nazigegner wie z. B. des »National-Radikalen Lagers« (ONR) Artikel wie der folgende zu lesen:[45] »Polen und dem polnischen Volke wünschen wir, daß uns Gott bewahren möge vor Hunger, Feuer, Seuche und Demokratie, weil wir uns dann schon selbst schützen können vor den Deutschen aus dem Westen, den Moskowitern aus dem Osten und den Juden – im Innern.«

Im Hinblick auf den traditionellen polnischen Antisemitismus schrieb der englische Nationalökonom John Maynard Keynes 1921 ärgerlich, Polen besitze kein Gewerbe außer Judenhetze.[46] Immerhin hatten die größten Judenmassaker vor Hitler 1648 im polnischen Reich stattgefunden (ca. 200 000 Tote[47]), und nach einer kurzen Beruhigung wegen des Besatzungsterrors der Nazis, die Juden und Polen gleichermaßen als Untermenschen betrachteten, lebte gleich nach Kriegsende die alte Tradition wieder auf. Ein Pogrom in Kielce am 4. Juli 1946 z. B. kostete 41 Juden das Leben[48] und belastete nachhaltig die Beziehungen zu den USA.

Am 9.12.1968 mußte Bertrand Russell in einem offenen Brief an Wladyslaw Gomulka feststellen:[49] »Im Lauf der letzten 18 Monate haben Presse, Geheimpolizei und Regierung in Polen vorsätzlich zum Antisemitismus gehetzt. Bei offiziellen Aufmärschen sieht man heute Plakate, die Juden als hakennasige Bucklige darstellen ... Diese Tatsachen, in informierten Zeitschriften dokumentiert und gut bekannt, bedeuten für die kleine jüdische Gemeinschaft in Polen das schreckliche Leben von plötzlichem Existenzverlust, Armut, rassischer Verfolgung und dem Alptraum einer noch schlimmeren Zukunft ...«

Nach dem Zweiten Weltkrieg wurden die furchtbaren Verluste der Juden im ehemaligen Großpolen dazu benutzt, um den »Blutzoll des polnischen Volkes« möglichst hoch erscheinen zu lassen – z. T. von den gleichen Nationalisten, die sich 1939 für eine Entfernung der »deutschen Juden« aus Polen eingesetzt hatten. Wie schrieb schon 1929 Felix

Deutsch:[50] »Gegenüber den Juden zieht man gewöhnlich einen scharfen Trennungsstrich. Wenn aber einer berühmt geworden ist, beispielsweise der Mediziner Remak oder Madame Curie, erkennt man sie flugs als Polen an.«
Nach und neben den Judenmorden spielten sich Partisanenkämpfe ab und der Warschauer Aufstand von 1944, dessen blutige Niederwerfung die Rote Armee bekanntlich am Stadtrand geflissentlich abwartete, um bei dieser Gelegenheit den Rest der nichtkommunistischen polnischen Führungsschicht loszuwerden.
Dann kamen die Morde der Roten Armee und der polnischen Miliz an Volksdeutschen in Polen, danach bürgerkriegsähnliche Auseinandersetzungen mit Antikommunisten und ukrainischen Nationalisten. Weitgehend unbekannt ist, daß 1944 bis 1946 im südlichen polnisch-ukrainischen Grenzgebiet eine ukrainische Aufständischenarmee gegen Russen und Polen kämpfte, die Ende 1945 noch 200 000 Mann stark gewesen sein soll, und daß z. B. in der Region Sandomierz zwischen dem 18. August 1944 und dem 13. Februar 1945 mehr Personen verhaftet wurden als in den vier Jahren der Naziherrschaft. Allein von den Mitgliedern der antikommunistischen AK-Resistance wurden 50 000 nach Osten deportiert.[51] Des Tötens war kein Ende.
Kein Wunder, daß sich nur wenige mit der Frage befassen, wie viele Polen denn nun wirklich durch die Nazis umgebracht wurden; meist begnügt man sich mit einem pauschalen Hinweis, daß während des Krieges zwischen vier und fünf Millionen polnischer Staatsangehöriger in Ost und West umgekommen seien.[52] Die polnische Regierung gab sogar sechs Millionen an und erweckte dabei den Eindruck, es handle sich ausschließlich um NS-Opfer.[53] Die Gründe für diese Taktik liegen auf der Hand; einerseits wollte man unter der Herrschaft des Kommunismus die »brüderliche Sowjetunion« nicht mit der Millionenzahl der Opfer des Stalinismus in Ostpolen belasten, andererseits aber auch die eigene Position bei polnisch-deutschen Verhandlungen stärken. – Eine Statistik auf der Grundlage der Staatsangehörigkeit und nicht der Nationalität ist wenig aussagekräftig, weil man dabei polnische und deutsche, ukrainische und jüdische, weißrussische und litauische Opfer ebensowenig unterscheiden kann wie die deutschen, russischen, polnischen und ukrainischen Täter. Der Vollständigkeit halber sei jedoch erwähnt, daß nach neueren wissenschaftlichen Untersuchungen die gesamten Kriegsverluste an polnischen Staatsbürgern (also Polen und nichtpolnischen Minderheiten) in Ost und West vermutlich bei maximal vier Millionen, im kongreßpolnischen Gebiet unter 2,35 Millionen

liegen dürften.[54] Da die Forschungen noch nicht abgeschlossen sind, kann man durchaus weitere Präzisierungen erwarten.
Die Divergenzen erklären sich u. a. aus der höchst ungewöhnlichen Zählweise der polnischen Regierung. Das Statistische Jahrbuch der Warschauer Regierung von 1956 z. B. vergleicht den Bevölkerungsstand auf dem polnischen Territorium des Jahres 1946 mit dem des Jahres 1931 im gleichen Gebiet und erreicht bzw. überschreitet die Sechs-Millionen-Zahl, indem es u. a. die Millionen bis dahin verschwundener Schlesier, Pommern und Ostpreußen als polnischen Bevölkerungsverlust ausweist.[55] Eine »Kleine Geschichte Polens«, in englischer Sprache von der polnischen Botschaft in Washington herausgegeben (gedruckt 1965 in Warschau), beschreibt die polnische Verlustbilanz am Ende des Krieges folgendermaßen: »Polen hatte 22 Prozent seiner Bürger verloren und 38 Prozent seines Nationalvermögens einschließlich der totalen Zerstörung seiner Hauptstadt, ebenso einer Zahl anderer großer Städte wie Danzig, Stettin und Breslau ...[56] Natürlich sind nicht alle Zahlenspiele der polnischen Nationalisten so durchsichtig; zur seriösen Wissenschaft gehören aber wohl die wenigsten.
Es geht bei der Untersuchung der deutsch-polnischen Beziehungen also zunächst darum, einerseits die Verluste der nichtpolnischen Nationalitäten und Minoritäten im polnischen Staats- und Verwaltungsbereich zu eliminieren und andererseits die Verluste durch Gewalttaten der Sowjets, Ukrainer und der Polen selbst. Tut man dies nicht, so geraten alle Statistiken heillos durcheinander; aus einem von Polen 1939 oder 1944/1945 erschlagenen Volksdeutschen würde ein polnisches NS-Opfer, und ein ermordeter Jude jiddisch-deutscher Muttersprache aus dem ukrainischen Lemberg (vormals Ostpolen) z. B. erschiene in den polnischen, jüdischen und russischen Verlustrechnungen zugleich und würde sich gleichsam verdreifachen.
Wohl die gründlichsten wissenschaftlichen Analysen des Problems stammen von Albin Eissner (Alfred Bohmann) und Alfred Schickel.[57] Sie errechnen unter Berücksichtigung amerikanischer Forschungsergebnisse rund 570 000 Menschen polnischer Abstammung, die entweder 1939 im Krieg und später bei Partisanenkämpfen gegen deutsche Truppen gefallen sind oder durch die Nazis ermordet wurden. (Von der Bevölkerung der sowjetischen Besatzungszone Polens starben mindestens 750 000 Volkspolen, die meisten davon bei Deportationen.[58])
Per saldo bleibt festzuhalten, daß die Propaganda der polnischen Nationalisten – ähnlich wie der deutschen Nationalsozialisten nach dem

Bromberger Blutsonntag – die durch das Nachbarland erlittenen Verluste ihrer Landsleute mit dem Zehnfachen der wirklichen Größenordnung angibt.

Historische Ansprüche

Während der Gesichtspunkt der Wiedergutmachung relativ spät in der Argumentation der polnischen Exilregierung erscheint, können die »historischen Ansprüche« auf eine lange Tradition zurückblicken. Tatsächlich sind slawische Stämme nach der Völkerwanderung bis an die Elbe-Saale-Linie vorgedrungen und haben sich etwa seit dem 7. Jahrhundert u. a. in ganz Brandenburg, Mecklenburg, Sachsen, Teilen von Oberfranken, der bayerischen Oberpfalz und im östlichen Österreich niedergelassen. Vor diesem Hintergrund proklamierte 1917 der Panslawist Hanus Kuffner die Elbelinie als Westgrenze der »Slawenzone«.[59] Kaum hatte die polnische Regierung 1945 die Oder-Neiße-Linie erreicht, da verlangte ihr Beauftragter F. Stojanowski 1946 konsequenterweise die Elbelinie einschließlich Schleswig-Holsteins sowie Hamburg, Magdeburg und Dresden als Brückenköpfe links der Elbe[60]; die Gebiete zwischen Oder und Elbe sollten als Elbestaat bzw. Lausitzstaat integrierende Teile Großpolens werden.

Wenig bekannt sind die Versuche der Jahre 1945 bis 1947, das ganze westliche Ufergebiet der Oder unter polnische Kontrolle zu bringen.[61] Als Teilerfolg dieser eigenmächtigen Aktionen konnten die polnischen Expansionisten die sowjetische Duldung der Annexion von Stettin und Umgebung verbuchen – immerhin 800 Quadratkilometer mit einer Vorkriegsbevölkerung von 440 000 Einwohnern, ein Gebiet, von dem in den Potsdamer Beschlüssen nicht die Rede war.[61a]

In den dreißiger Jahren gab die Vereinigung polnischer Volksbüchereien Postkarten heraus, die »Polens historische Westgrenze« zeigten: Sie verlief am östlichen Stadtrand von Berlin und umfaßte außer der oberen Elbe einschließlich Dresdens auch die ganze Tschechoslowakei.[62] Schon Bismarck wies warnend auf polnische Landkarten hin, die »Pommern bis an die Oder als polnische Provinz« bezeichneten.[63] Nachdem die polnische »See- und Kolonialliga« in der Zwischenkriegszeit einen Anteil am deutschen Kolonialbesitz gefordert hatte, gab die antifaschistische Untergrundbewegung während des Krieges Vignetten heraus mit der Überschrift »Darum kämpfen wir«; auf ihnen war außer der Landkarte eines polnischen Großreichs von der Ostsee bis zum Schwarzen Meer auch eine Karte mit sämtlichen ehemals deutschen Afrikakolonien abgebildet.[64] Die Aufzählung aller

Beispiele des kartographischen Nationalismus würde den Rahmen dieses Buches sprengen.[65]

Daß in Ostpreußen, abgesehen von dem schmalen masurischen Streifen im Süden, niemals Slawen gelebt haben, störte die Panslawisten ebensowenig wie die Tatsache, daß die polnische Westgrenze von 1919 gegenüber Schlesien, Brandenburg und Pommern exakt der von 1335 entsprach und damit zu den ältesten Grenzen Europas gehörte.[66] Der Siegeszug der patriotischen Archäologie war unaufhaltsam.

Die Front der Archäologen wurde verstärkt durch Staatsrechtler und Rasseforscher. Die ersteren verwiesen auf die ruhmvollen Zeiten des polnisch-litauischen Großreichs im 15. Jahrhundert, als der Staat Litauen, Weißrußland und die Ukraine bis zum Schwarzen Meer umfaßte; ihr Schlachtruf war: »Von Meer zu Meer« (Od morza da morza).[67] Die anderen huldigten dem Sarmatismus, dem Gegenstück zum Arier-Glauben der deutschen Rassisten, und untermauerten z. B. ihre Ansprüche auf Danzig mit den sarmatischen Gesichtszügen dortiger Statuen.[68]

Gedankengänge dieser Art tauchen übrigens schon im 18. Jahrhundert auf.[69] Daß sie den Sympathien gegenüber den westlichen Nachbarn nicht gerade förderlich waren, liegt auf der Hand. Als historische Parallele bietet sich die amerikanische Westsiedlung an. Eine Untersuchung zu letzterem Thema kommt zu folgendem Ergebnis:[70] »Der Haß auf den Indianer, zu dem der weiße Siedler letztlich in einem Verhältnis stand wie Kain zu Abel, kam zu einem gut Teil daher, daß der Weiße in Amerika den Garten Eden, das Paradies und somit seine eigene Wiege, seine vorzeitliche Heimat, wiedergefunden zu haben glaubte. Kolumbus selbst hielt den Orinoko für den Fluß Gihon, einen der vier in der Bibel beschriebenen Flüsse des Paradieses. Nun mußte der Weiße zu seinem Schrecken feststellen, daß das Paradies keineswegs unbewohnt und leer war ...« – Nicht inkonsequent war es daher, wenn der Staatsrechtler S. Kutrzeba schon 1919 betonte, die Vertreibung derjenigen, die »mit Polen nicht verbunden« waren, die »künstlich von den Besatzern ins Land gebracht wurden, um ihm ein fremdes Aussehen zu geben«, stelle nur den alten Rechtszustand wieder her.[71]

Das alles entbehrt nicht einer bizarren Logik ... bis man ein beliebiges Lexikon zur Hand nimmt und unter »Goten« oder »Krimgoten« nachschlägt. Dort ist dann nachzulesen, daß Germanen am Schwarzen Meer etwa vom 2. bis 18. Jahrhundert nachweisbar sind und daß der Slogan »Von der Ostsee bis zum Schwarzen Meer« genausogut ein pangermanischer sein könnte; denn immerhin hatte die germanische Besiedelung schon um 750 v. Chr. die Ostseeküste bis zum Raum Danzig erfaßt, ca. 500 v. Chr. den größten Teil Polens, um dann schließlich in der nachchristlichen Zeit den Bereich »von Meer zu Meer« abzudecken.[72]

Neuere wissenschaftliche Erkenntnisse[73] haben ergeben, daß es nach der Völkerwanderung östlich der Elbe im 7. und 8. Jahrhundert n. Chr. weitgehend ein friedliches Nebeneinander von Germanen und Slawen gab, daß dann die Zeit von 9. bis 11. Jahrhundert durch slawische Zuwanderer geprägt war, daß es im 12. und 13. Jahrhundert abermals zu einem Nebeneinander von Germanen und Slawen kam, bis dann etwa ab dem 14. Jahrhundert dieser Raum wieder überwiegend germanisch-deutsch geprägt war.

Ausrottungen oder Vertreibungen fanden zu keiner Zeit statt. Vielmehr vollzog sich die jeweilige Assimilation der Autochthonen im Prinzip nicht anders als die Romanisierung der Gallier, die Anglisierung der Schotten oder die Germanisierung der baltischen Preußen (auch Prussen oder Pruzzen) im Ostpreußen des Mittelalters. Zu letzterem Thema existiert eine umfangreiche Literatur, insbesondere zum Fortleben der altbaltischen Preußensprache bis ins 16. oder gar 17. Jahrhundert.[74]

Kurios ist jedenfalls, wie sich die heutigen offiziellen Verlautbarungen Warschaus und die historischen Phantasien der Nazis gleichen. Hitler im Gespräch mit Himmler im Führerhauptquartier am 2.11.1941:[75] »Wir müssen jetzt auf Rechtstitel ausgehen, die möglicherweise 2000 Jahre zurückliegen ... Die Krim wird vielleicht Gau Gotland heißen.« Beim polnischen Weichselland verwies man im Dritten Reich gern auf eine »erste germanische Kultur« und dachte darüber nach, wie man polonisierte Deutschstämmige in die »große germanische Familie« zurückholen und einen germanischen »Vandalengau«[76] etablieren könnte.

Historisierenden Nationalismus dieser Art hat es in den verschiedensten Ländern Europas gegeben; man denke nur z. B. an den Streit zwischen ungarischen und rumänischen Historikern über die wahren Ursprünge der Bevölkerung Siebenbürgens, der bis heute fortdauert.[77]

Das Besondere an den polnischen Vorstellungen ist nur, daß es die ersten historisch verbrämten Expansionsbestrebungen sind, die im Millionenmaßstab in die Praxis umgesetzt wurden; einen derart totalen Triumph der »Archäologie« hat es in der Geschichte Europas noch nicht gegeben. – Tragikomisch und zugleich abgründig wirken die historisierenden Argumente, wenn man sich vor Augen hält, daß sie nicht nur Modelle zur Liquidierung der ostdeutschen Volksgruppen, sondern auch zur Vertreibung des polnischen Volkes selbst und vieler anderer Völker liefern.

Wirtschaft und Strategie

Gesichtspunkte der Wirtschaft und der Strategie waren die letzten, aber vielleicht ehrlichsten Argumente der polnischen Regierungsdelegation in Potsdam.

Die strategische Begründung gemahnt an Hitlers antitschechische Rhetorik, die ČSR sei eine Speerspitze, gerichtet auf das Herz Deutschlands, und müsse daher zerschlagen werden; eine eingehende Beschäftigung damit kann man sich wohl sparen.

Auch die wirtschaftlichen Gründe erinnern fatal an die »Lebensraum«-Theorien der Nazis und wirken sogar noch peinlicher als diese, wenn man bedenkt, daß z. B. 1961 die Volksrepublik Polen eine Bevölkerungsdichte von 97 Personen pro Quadratkilometer hatte, während man in der Bundesrepublik Deutschland 217 Personen/Quadratkilometer zählte[78]; auch vor dem Krieg war die Bevölkerungsdichte in Polen wesentlich geringer als in Deutschland.[79]

Die wirtschaftliche Nutzung der hochentwickelten ostdeutschen Agrargebiete durch Polen ist ebenfalls nicht optimal. Während 1980/81 ein Landwirt in der Bundesrepublik Deutschland im Durchschnitt 33 Menschen ernähren konnte, versorgte sein Kollege in der Volksrepublik Polen nur sieben.[80] Nach vorsichtigen Schätzungen der offiziellen polnischen Kontrollkommission lagen im Frühjahr 1982 in Polen 233 000 Hektar Anbaufläche brach.[81] Ostdeutschland ist unter polnischer Verwaltung vom klassischen landwirtschaftlichen Überschußgebiet zum Zuschußgebiet geworden.[82]

Mit subtilen Überlegungen dieser Art wird aber kein wahrer Patriot seine Zeit vergeuden. Viel wichtiger als solche Sophismen war am nationalen Lagerfeuer stets der Einklang der Herzen, und dazu gehörte nicht zuletzt der Fremdenhaß. Vom Prager Panslawistenkongreß des Jahres 1848 berichtet Michael Bakunin:[83]

»Der Haß gegen die Deutschen war der unerschöpfliche Gegenstand aller Besprechungen; er diente als Begrüßung zwischen Unbekannten; wenn zwei Slawen einander begegneten, richtete sich ihr erstes Wort fast stets gegen die Deutschen, als wollten sie einander dadurch versichern, daß sie beide aufrichtige, gute Slawen seien. Der Haß gegen die Deutschen ist die wichtigste Voraussetzung der Einheit und Verständigung der Slawen untereinander.«

Es ist vielleicht übertrieben, wie Pilsudski von einer »1000 Jahre alten Deutschfeindlichkeit des polnischen Volkes«[84] zu sprechen; in den historischen deutsch-polnischen Querelen steckt viel Allgemeinmenschliches. Der Psychologe Manfred Koch-Hillebrecht, der sich mit derartigen Problemen genauer befaßt hat, formuliert es so:[85] »Im nationalen

Bereich läßt sich das Gesetz aufstellen, daß Völker mit gemeinsamer Grenze in aller Regel im Laufe der Geschichte miteinander Streit bekommen und infolgedessen ein bestimmtes, negativ getöntes, von Mißtrauen gefärbtes Bild voneinander entwickeln. Wo wir auch immer in der Welt hinschauen, freundliche nachbarliche Beziehungen finden wir selten. Ein günstiges Stereotyp vom Nachbarn so gut wie nie. Ob wir nun Spanien und Portugal ansehen, die USA und Mexiko, Japan und Korea, Thailand und Kambodscha, Indien und Pakistan, Norwegen und Schweden, Polen und Rußland, Rußland und China: gemeinsame Grenzen schließen den Keim zum Streit und zum negativen Stereotyp in sich.«[86]

Tatsache ist jedenfalls, daß sich spätestens im 19. Jahrhundert in Polen ein Nationalismus und damit ein Fremdenhaß entwickelte, von dessen Intensität und Verbreitung sich andere Völker mit weniger hitzigem Temperament[87] kaum eine Vorstellung machen können. In der Zeit zwischen den beiden Weltkriegen jedenfalls war die politische Rechte die tragende Kraft; mit wenigen Ausnahmen standen die polnischen Historiker, Schriftsteller und Journalisten rechts, und Deutschenhaß und Judenhaß gingen Hand in Hand.[88]

Deutschfeindliche Literatur erreichte die höchsten Auflagen.[89] Der Romancier Maciej Wierzbinski schrieb über »den Deutschen«: »Er besitzt sogar die charakteristische Eigenschaft, daß ihm das Brot, das er dem Nächsten aus dem Mund reißt, am besten schmeckt.«[90] Für den exilpolnischen Ministerpräsidenten Sikorski war die deutsche Nation »vergiftet bis ins Innerste«, und ähnliche Glaubensbekenntnisse legten seine Minister Zaleski und Sayda ab.[91] Sie formulierten später im großen, was dem Mann auf der Straße aus seinem Sprichwortschatz bekannt war:[92] »Hau ihn, denn er ist ein Deutscher« oder »100 Jahre soll leben, wer den Deutschen in die Fresse schlägt« (Trinkspruch aus Mittelpolen). Der überraschende Sieg der Polen über die Rote Armee im August 1920 und die erfolgreichen Feldzüge gegen Litauer und Ukrainer hatten dem bramarbasierenden Nationalismus mächtigen Auftrieb gegeben, und so wurde auch der »Marsch auf Berlin« zum populären Schlagwort.[93] Während die Bemühungen der Weimarer Demokratie um eine friedliche Revision ihrer Ostgrenze einigermaßen bekannt sind, gerieten ihre Befürchtungen wegen einer polnischen Westexpansion mit weniger friedlichen Mitteln fast in Vergessenheit. In der krisengeschüttelten deutschen Republik, die 1923 nicht einmal den Handstreich des kleinen Litauen gegen das Memelland hatte verhindern können, rechnete man 1922, 1923, 1931 und 1932 mit polnischen Aktionen gegen Ostpreußen und Schlesien. Der deutsch-russische Rapallo-Vertrag von 1922 war u. a. durch diese Befürchtungen motiviert, ebenso der Bau einer Verteidigungslinie im Frühjahr 1932 in Ostpreußen; die deutsche Heeresleitung schließlich plante, Schlesien im Fall eines polnischen Angriffs zu räumen.[94] Robert G. Vansittart, Unterstaatssekretär im Britischen Außenministerium, notierte seinerzeit: »Wir runzelten die Stirn, als uns Pilsudski zweimal im Jahr eine bewaffnete Aktion gegen Deutschland vorschlug, während dazu noch Zeit war.«[94a]

Eine Beruhigung wenigstens der offiziellen Agitation trat trotzdem im Verlauf der Ära Pilsudski (1926–1935) ein. Das autokratische polnische Staatsoberhaupt sah in der Sowjetunion die Hauptgefahr und traf sich später in seinen autoritären Vorstellungen weitgehend mit Hitler.[95] Nach Pilsudski erreichte der antideutsche Nationalismus neue Höhepunkte. In grotesker Verkennung des veränderten militärischen Kräfteverhältnisses sprachen die nationalistischen Schriftsteller, Journalisten und Vortragsreisenden wieder vom »Marsch auf Berlin« und von der deutschen Wehrmacht als einem großen Bluff, und eine allgemeine Kriegsstimmung machte sich breit.[96]

Emissäre der britischen Regierung registrierten im Juni 1939 in einem Geheimbericht, der erst 1979 veröffentlicht wurde[97], in Polen nicht nur verbreiteten Chauvinismus und Antisemitismus bei Bauern und Beamten, sondern auch phantasievolle Annexions- und Vertreibungspläne und Projekte zur Zerstückelung Deutschlands nach einem erwarteten »allgemeinen Krieg« bei offiziellen Stellen.

Nachrichtendienstliche Erkenntnisse des Auswärtigen Amtes in Berlin ergaben am 3. August 1939, daß für Stalin der Preis eines Abkommens mit England und Frankreich die polnische Ukraine sei. In Paris war darauf die Meinung zu hören, daß man diesen Preis zahlen könne, wenn Polen dafür mit deutschem Territorium entschädigt werde.[98]

Zutreffend bemerkte Professor Andreas Hillgruber in einem Vortrag vor der Rheinisch-Westfälischen Akademie der Wissenschaften: »Was den Zweiten Weltkrieg angeht, hat sie (die Zeitgeschichtsforschung in der Bundesrepublik) sich fast ausschließlich auf die Kriegsziele, auf die Politik und Strategie der nationalsozialistischen Führung während der ersten Kriegsjahre konzentriert und – sofern die Darstellungen überhaupt darüber hinausreichen – den weiteren Verlauf bis zur Schlußkatastrophe des Jahres 1945 verkürzt. Die Komplexität des Geschehens wurde auf unzulässige Weise ausschließlich – fast monokausal – als sachlogische Konsequenz der hybriden Ziele der Hitlerschen Expansionspolitik und ihrer rassenideologischen Grundlage interpretiert,

ohne daß die davon unabhängigen Ziele der östlichen und westlichen Gegenmächte viel untersucht wurden. Dabei war das gegnerische Konzept nicht nur eine Reaktion auf die nationalsozialistische Herausforderung; es entsprach vielmehr lange herkommenden Vorstellungen, die im Kriege nur zum Durchbruch gelangten.«[99]
Und der Schweizer Völkerbunddiplomat Carl Burckhardt berichtet in einem Brief vom 20.8.1938 über seine Gespräche mit dem polnischen Außenminister Beck:[100] »Die Polen warten in scheinbarer Ruhe. Beck, während unserer nächtlichen Fahrt, hat mich etwas in seine Pläne eingeweiht. Weiterhin spielt er sein doppeltes Spiel. Es ist kein deutsches Spiel, wie manche Franzosen und die polnische Opposition glauben. Es ist ein Spiel, bei welchem man für Polen auf den höchsten Gewinn hofft, einen Gewinn, der sich ergeben soll aus einer schließlichen und unvermeidlichen deutschen Katastrophe ...
Jetzt hofft man im stillen in Warschau nicht nur auf die bedingungslose Integration Danzigs in den polnischen Staatsbereich, sondern auf viel mehr, auf ganz Ostpreußen, auf Schlesien, ja auf Pommern. Im Jahre 1933 noch sprach man in Warschau vom polnischen Pommerelien, aber jetzt sagt man ›unser Pommern‹. Beck macht eine rein polnische Politik, eine letzten Endes antideutsche Politik, eine nur scheinbar polnisch-deutsche Entspannungspolitik seit der Besetzung des Rheinlandes und der französischen Passivität bei Anlaß dieses Vorganges. Aber man bemüht sich, die Deutschen ganz methodisch in ihren Fehlern zu bestärken ...«
1945 war dann das Jahr der Ernte, die Sternstunde des polnischen Nationalismus. Die Planeten standen so günstig wie seit Jahrhunderten nicht mehr: Die Konjunktion der anglo-amerikanischen Bestrafungstheologie mit der sowjetischen Hegemonialstrategie am Ende der »unvermeidlichen deutschen Katastrophe« brachte den Spielern den erhofften »höchsten Gewinn«, die größte Expansion des polnischen Siedlungsgebiets in der Geschichte; obendrein konnte sich der historische polnische Chauvinismus im Gewand der Kompensations- und Kollektivschuldtheorie in fashionablen westlichen Gesellschaftskreisen sehen lassen. Und es bestätigte sich wieder einmal die Erfahrung, daß Propaganda weniger von der Kraft ihrer Argumente als von der Unwissenheit ihrer Adressaten lebt.
Im Zug einer verstärkten Rückbesinnung auf die Menschenrechte hat man in den Vereinigten Staaten, in Australien und in Neuseeland neuerdings damit begonnen, die Geschichtsbücher von zweifelhaften Pionierlegenden zu befreien und den fürchterlich dezimierten Indianern, Aborigines und Maoris moralische Rehabilitierung und historische

Gerechtigkeit widerfahren zu lassen – obwohl kein Weißer daran denkt, wieder in die Alte Welt zurückzukehren. Warum sollte es nicht auch in Europa möglich sein, eine legendenfreie Geschichte im Geist der Menschenrechte und der historischen Wahrhaftigkeit zu schreiben?

16. Jugoslawische Motive

Der historische Hintergrund

Der Untergang der deutschen Volksgruppe in Jugoslawien war alles in allem nur ein Nebenprodukt der größeren Konflikte und Auseinandersetzungen in dem zerrissenen Balkanland. Ohne Kenntnis des historischen Hintergrunds sind die Vorgänge kaum zu verstehen. Vielleicht wird man sie auch mit Vorkenntnissen nicht verstehen, aber zumindest hat man dann eine gewisse Chance.

Als Jugoslawien nach dem Ersten Weltkrieg gegründet wurde, bestand die Mitgift aus einem doppelten Konfliktpotential, dem religiösen und dem nationalen. Ethnographisch gab es einmal die stammverwandten Serben und Kroaten, die aber durch den religiösen Gegensatz zwischen Katholiken und Orthodoxen entzweit wurden, von historischen Differenzen und dem sozialen Gefälle zwischen dem höherentwickelten Kroatien und dem ärmeren Serbien ganz zu schweigen. Außerdem lebten im Norden die Slowenen, im Süden die Mazedonier, ein bulgarischer Stamm, daneben im Bereich Kosovo ca. 1,3 Millionen Albaner. Die Albaner waren großenteils islamisch; Mohammedaner gab es darüber hinaus im ganzen südlichen und zentralen Jugoslawien, vor allem in Bosnien. Die Bedeutung der deutschen und ungarischen Minderheiten lag weniger in ihrer Zahl als in ihrem wirtschaftlichen und kulturellen Gewicht. Daß sich das Konfliktpotential bis in die Gegenwart erhalten hat, haben erst der Zerfall Jugoslawiens und der mörderische Bosnienkonflikt einer breiteren Öffentlichkeit ins Bewußtsein gerufen.

Nach dem Staatsstreich von König Alexander am 6.1.1929 verschärften sich die nationalen Konflikte in dem jungen Staat; vor allem die Kroaten fühlten sich von den Serben unterdrückt. Explosiv wurde die Lage, als die Regierung Cvetkovic am 25. März 1941 in Wien den Beitritt zu dem deutsch beeinflußten Dreimächtepakt mit Rumänien und Bulgarien unterschrieb. Es gab einen Militärputsch, und Cvetkovic wurde am 27. März bei seiner Rückkehr verhaftet. Die Regierungsgewalt übernahm General Simovic. Freudenkundgebungen in Belgrad zeigten, daß der Putsch zumindest in Serbien populär war.

Angesichts des geplanten Rußlandfeldzugs glaubte Hitler eingreifen zu müssen. Am 6. April marschierten deutsche, italienische, ungarische und bulgarische Truppen ins Land ein. Am 17. April kapitulierte die jugoslawische Armee. Noch vor Ankunft der Deutschen ließ Dr. Ante Pavelic, der Leiter der nationalrevolutionären halbfaschistischen Ustascha (Ustaša), den unabhängigen Staat Kroatien ausrufen, der später durch seine Verfolgung von Serben und anderen Minoritäten zu einer zweifelhaften Reputation kam. Nach Gebietsabtretungen an Albanien, Bulgarien, Ungarn, Deutschland und Italien existierten schließlich auf dem jugoslawischen Territorium drei Satellitenstaaten der Achsenmächte: Kroatien, Serbien und Montenegro. De-facto-Besatzungsmächte waren Italien und Deutschland.

Im Sommer 1941 begannen die ersten Aktionen der Partisanen. Die Freischärler waren – wie vieles in Jugoslawien – auch wieder in zwei getrennte Organisationen gespalten. Die sog. Tschetniks (Četnici) leitete der konservative großserbische Monarchist Draža Mihailovic, während der Generalsekretär der KPJ Josip Broz, genannt Tito, die »Proletarischen Brigaden« befehligte. Schon 1942 zeigten sich Konflikte zwischen den beiden Untergrundorganisationen, und Mihailovic begann insgeheim punktuell mit der Achse zusammenzuarbeiten. Gegen Ende des Krieges gewannen die Tito-Gruppen das Übergewicht, nicht zuletzt, weil sie seit der Konferenz von Teheran (28.11.–1.12.1943) von den Alliierten unterstützt wurden.

Im kroatischen Staat begannen im großen Stil Massaker der Ustascha-Milizen an den griechisch-orthodoxen Serben[1], die als Minderheit in Bosnien lebten. Die Serben wiederum machten sich an die Ausrottung der Muselmanen.[2] Bemerkenswert war vor allem die Grausamkeit der Partisanen, die jedes westeuropäische Fassungsvermögen überstieg; Folter und Verstümmelung gehörten zur Routine. Historiker haben zur Erklärung die jahrhundertelangen Partisanenkämpfe gegen die Türken angeführt.[3] Immerhin waren die Osmanen erst 1867 aus Belgrad abgezogen, aus anderen Teilen Jugoslawiens noch später.

In einer wenig beneidenswerten Lage waren die Kommandierenden der deutschen und italienischen Besatzungsarmeen und ihrer Hilfstruppen, antikommunistischer Kosaken. Nach Zeugenaussagen war z. B. der Schriftwechsel des Generals Glaise-Horstenau mit seinem Oberkommando »ein einziges Händeringen, ... die deutsche Wehrmacht von dem Ballast der Ustascha-Tätigkeit zu befreien«.[4] Das Oberkommando der Wehrmacht erließ allerdings schon am 16.9.1941 selbst den berüchtigten Keitel-Befehl, wonach für jeden von Partisanen getöteten Soldaten 50 bis 100 Geiseln zu erschießen seien. In den Nürnberger Prozessen wurden zwar Geiselnahme und sogar Geiselerschießungen (als letzter Ausweg) grundsätzlich nicht als völkerrechtswidrig bezeichnet; allerdings mußten die Richter das »Übermaß an Repressalien« beanstanden.[5] Die blutigen Repressalien der italienischen Besatzer standen denen der deutschen in nichts nach.

Das Jugoslawien der Jahre 1941 bis 1944 erinnert lebhaft an Deutschland zur Zeit des Dreißigjährigen Krieges: ein großer Krieg und viele kleine, historische, regionale, soziale und konfessionelle Konflikte untrennbar miteinander vermischt, Haß und größte Grausamkeit bei den meisten Parteien.

Die Stellung der Volksdeutschen

Zur Situation der Jugoslawiendeutschen ist zu ergänzen, daß sie grundsätzlich nicht zur Wehrmacht, sondern zur Waffen-SS (nicht zu verwechseln mit der besonders berüchtigten Allgemeinen SS) eingezogen wurden.[6] Als Rechtsgrundlage mußte meist eine »Pauschal-Freiwilligkeitserklärung« der nazistisch gelenkten Volksgruppenführung herhalten.[7] In der Praxis war die Rekrutierung oft mit psychischem und physischem Zwang verbunden, wobei z. T. auch Todesfälle und Hinrichtungen vorkamen.[8]

Von Tito wurde die ganze deutsche Volksgruppe trotzdem nicht nur mit den exzessiven Geiselerschießungen der Wehrmacht, sondern auch mit den Grausamkeiten der verbündeten kroatischen Nationalisten identifiziert[9], und so griffen die Partisanen zum probaten Mittel des Balkankrieges, der Ausrottung. Die Volksdeutschen teilten ihr Schicksal mit 40 000 Albanern, die Anfang 1945 im Kosovo ermordet wurden[10], mit der italienischen Volksgruppe, die Tito aus dem annektierten Istrien vertrieb[11], und mit den italienischen und deutschen Kriegsgefangenen. Allein von den letzteren dürften mindestens 80 000 nach ihrer Gefangennahme ums Leben gekommen[12], d. h. überwiegend ermordet worden sein.

17. Resümee

Als Bilanz der Hintergründe und Motive der Vertreibungsverbrechen bleibt festzuhalten, daß nur ein kleiner Teil des Geschehens durch spontane Racheakte von Verfolgten des Naziregimes zu erklären ist. In den meisten Fällen gilt das Wort von der Banalität des Bösen, d. h., wo Freiräume für die menschliche Aggression geschaffen oder geduldet werden, füllen sie sich automatisch mit dem Bodensatz der Gesellschaft.

Im konkreten Fall haben radikale Politiker der osteuropäischen Staaten bewußt solche Freiräume geschaffen, um ihre extremen nationalistischen Expansionspläne zu verwirklichen. Durch unerträgliche Lebensbedingungen für die verbliebene Bevölkerung sollten die deutschen Ostprovinzen so schnell wie möglich menschenleer gemacht werden.

Straflosigkeit bei Verbrechen, Möglichkeiten persönlicher Bereicherung und – besonders in der Sowjetunion – eine exzessive Haßpropaganda waren die realen Hintergründe der meisten Unmenschlichkeiten. Die Vertreibungsverbrechen stellen keine Häufung von Ausschreitungen dar, sondern eine neuartige Form staatlich gelenkter Liquidationspolitik.

Daß der Schlüssel zum Verständnis der Vertreibungsverbrechen nicht bei den einzelnen Tätern, sondern bei den Regierungen liegt, zeigt vor allem das tschechische Beispiel. Obwohl das tschechische Volk nach den neutralen Nationen mit die geringsten materiellen und personellen Verluste während des Zweiten Weltkriegs in Europa erlitt (die Menschenopfer der Sudetendeutschen während des Krieges lagen ungleich höher), erreichte die tschechische Exilregierung als erste die Zustimmung der Alliierten zur Vertreibung der sudetendeutschen Volksgruppe. Auch das Schicksal der deutschen Juden und Antifaschisten nach 1945 beweist, daß es der tschechischen Regierung nicht um Antifaschismus, sondern um expansiven Nationalismus ging.

Aus der Moskauer Perspektive stellte sich die Völkervertreibung als Mittel dar, Einfluß auf Polen und die Tschechoslowakei zu gewinnen und durch das erwartete Chaos in Mitteleuropa vorrevolutionäre Zustände zu schaffen. Die Vertreibung und ihre Begleitumstände waren Teil eines langfristig angelegten Hegemonialstrebens in Europa.

Die Verwirklichung der sowjetischen Pläne wurde erleichtert durch durch die Ausbreitung der Kollektivschuldtheorie in den USA und Großbritannien im Verlauf des Krieges.

Die Theorie von der Kollektivschuld der Deutschen beruht, wie ihre Kritiker dargetan haben, auf der Unkenntnis fundamentaler histori-

scher Tatsachen und der Widerstandsmöglichkeiten in einer totalitären Diktatur. Sie wurde in der Praxis zur Rechtfertigung von millionenfachen Verbrechen gegen die Menschlichkeit benützt. Historisch gesehen ist diese Theorie eine der vielen Erscheinungsformen des Rassismus; sie entspricht weitgehend dem christlichen Antisemitismus vergangener Jahrhunderte.
Das wichtigste Vertreibungsargument der polnischen Regierung war die angeblich nötige Kompensation für die verlorenen ostpolnischen Gebiete. Dabei muß aber erwähnt werden, daß die letzteren überwiegend erst in den Jahren 1920/1921 von Polen annektiert wurden und niemals eine polnische Bevölkerungsmehrheit hatten. Es kamen daher auch nur etwa 1,5 Millionen polnischer Flüchtlinge aus diesen Gebieten. Man hätte sie unschwer in den verlassenen Wohnsitzen der vertriebenen bzw. umgesiedelten Volksdeutschen, Ukrainer und Weißrussen in Polen selbst unterbringen können. – Der weitere polnische Hinweis auf die mittelalterliche Slawensiedlung östlich der Elbe erinnert an gewisse Gedankengänge der Nazis. Auch sie begründeten ihre Kolonialpläne im Osten z. T. mit der altgermanischen Besiedelung des Raumes zwischen Ostsee und Schwarzem Meer.

III. TEIL:

Bewältigung

18. Das Informationsdefizit und seine Folgen

Der unbekannte Völkermord

Als der junge amerikanische Historiker Alfred M. de Zayas Anfang 1977 sein Buch »Nemesis at Potsdam. The Anglo-Americans and the Expulsion of the Germans« vorlegte, wunderte er sich in der Einführung:[1] »Das menschliche Elend, das diese Umsiedlung vor allem in den Jahren 1945–48 hervorrief, gehört zu den schlimmsten Kapiteln des zwanzigsten Jahrhunderts, und es ist eigentlich erstaunlich, daß dreißig Jahre nach dem Krieg außerhalb Deutschlands so wenig über dieses unglückselige Nachspiel bekannt ist.«

Der Amerikaner war nicht der einzige, der diese Feststellung machen mußte. Fast alle Autoren, die sich mit dem Vertreibungsproblem befaßt haben, kamen zu ähnlichen Schlüssen. Rudolf Mühlfenzl, als Chefredakteur des Bayerischen Fernsehens verantwortlich für die erste nennenswerte TV-Produktion zum Thema, sprach von einem Halbtabu und meinte:[2] »Es ist unglaublich, daß über die Jahre voller menschlicher Schicksale so lange nicht gesprochen wurde.« Sogar Bundesinnenminister Schily (SPD), nach seiner Selbsteinschätzung ursprünglich ein »liberaler Kommunist«, kritisierte 1999, daß die politische Linke in der Vergangenheit über die Vertreibungsverbrechen hinweggesehen habe, als »Ausdruck von Mutlosigkeit und Zaghaftigkeit«.[3]

Möglicherweise sind das alles nur subjektive Urteile. Die Fernsehredaktion des Südwestfunks wollte es genauer wissen. Für eine »Report«-Sendung am 26. Juni 1979 ließ sie vom EMNID-Institut eine Repräsentativumfrage veranstalten. Die Ergebnisse waren eindeutig. Rund die Hälfte der Befragten (49 Prozent) hielt sich für ausreichend informiert über die Verbrechen der Nazis, aber nur ein Viertel (25 Prozent) meinte, ausreichende Informationen über Vertreibungsverbrechen zu haben. Um die subjektive Komponente auszuschließen, lautete die Kontrollfrage, wie viele Menschenleben die Verbrechen etwa gekostet hätten. Hier zeigte sich die Wissenslücke noch deutlicher:

Dok. 23

Die Vertreibung in Film und Literatur[4]

Aus einem Gutachten für die Bavaria Fernseh GmbH.
»Man fragt sich unwillkürlich, weshalb ein so dramatisches, einschneidendes und so viele betreffendes historisches Ereignis wie der Verlust der ehemals deutschen Ostgebiete innerhalb von drei Nachkriegsjahrzehnten weder in der ernstzunehmenden deutschen Literatur noch im deutschen Film – unter welchen politischen und unpolitischen Aspekten auch immer – ein irgendwie bemerkenswertes und dem Faktum angemessenes Echo gefunden hat. Gesetzt den Fall, ein ähnliches Schicksal hätte Frankreich, Italien oder England getroffen – wäre es da denkbar, daß französische, italienische oder englische Filmemacher einen derart spektakulären und sozial äußerst folgenschweren Vorgang in ihrem Land dreißig Jahre lang einfach ignorierten oder sich gar durch opportunistische Selbstzensur (was wird wohl das Ausland dazu sagen?) an einer freimütigen Behandlung dieses so ungemein reichhaltigen Stoffgebietes hindern ließen?«

Bei den NS-Verbrechen konnten 24 Prozent keine konkreten Zahlen nennen, bei den Vertreibungsmorden dagegen mußten etwa dreimal so viele (71 Prozent) die Antwort schuldig bleiben.
Die gleiche Umfrage dürfte heute eine noch größere Unausgewogenheit ergeben.
Trotz des offenkundigen Informationsdefizits und mehrerer Anläufe im Parlament konnte sich die seinerzeitige Regierung nicht dazu entschließen, die zusammenfassende Dokumentation des Bundesarchivs über die Vertreibungsverbrechen zu veröffentlichen.[5]
Es wurde sogar einem amerikanischen Wissenschaftler die Einsicht in die Dokumentation verweigert und erst nach der parlamentarischen Intervention des Abgeordneten Windelen und der dadurch ausgelösten Bundestagsdebatte gestattet.[6]
Ein respektloser Journalist namens Wilfried Ahrens veröffentlichte die Dokumentation 1975 schließlich im Alleingang.[7] Dieser »Raubdruck« blieb umstritten, bis die Unterlagen dann wenige Wochen nach dem Bonner Regierungswechsel vom Oktober 1982 freigegeben wurden.
Ähnliche Querelen wie bei der Dokumentation der Vertreibungsver-

brechen gab es übrigens auch um die Dokumentation »Zur Geschichte der deutschen Kriegsgefangenen des Zweiten Weltkriegs«, die über zehn Jahre in den Kellern eines Bielefelder Verlages unter Verschluß lag, bevor die Bücher verkauft werden durften.[8]

Ein Kapitel eigener Art ist die gerichtliche Bewältigung von Massenverbrechen. Daß einige tausend Urteile das Leid von Millionen niemals angemessen sühnen können, daß es dabei also mehr um die moralische Signalwirkung geht, ist in Deutschland ebenso wie in Israel bekannt. Gegen Naziverbrecher wurden nicht nur die Nürnberger Prozesse geführt, sondern auch eine Reihe amerikanischer, englischer, sowjetischer und französischer Prozesse. Allein in den Westzonen haben alliierte Gerichte mehr als 5000 Personen verurteilt, davon 800 zum Tod; etwa 500 Todesurteile wurden vollstreckt.[9] Im sowjetischen Machtbereich gab es wesentlich mehr Urteile. Während die westalliierten Verfahren zumindest überwiegend rechtsstaatlichen Anforderungen entsprachen[10], war es bei den östlichen eher umgekehrt.

Nach dem Abschluß der alliierten Prozesse und der Entnazifizierung leitete die Ludwigsburger Zentralstelle zur Aufklärung von NS-Verbrechen gute Arbeit bei der gerichtlichen Bewältigung der braunen Vergangenheit. Die westdeutsche Justiz hat nach dem Krieg von sich aus gegenüber 84 000 Personen ermittelt; über 6400 wurden verurteilt.[11] Die Jahrtausendwende bedeutete noch kein Ende der Prozesse.[12] Eine derartige Aufarbeitung von Auslandsstraftaten eigener Staatsbürger[13] hat es bisher noch in keinem Land gegeben.

1958 und dann wieder 1964/65 gab es Vorstöße zur Errichtung einer Zentralstelle zur Verfolgung von Vertreibungsverbrechen, die auch der bereits gegründeten Zentralstelle Ludwigsburg hätte angegliedert werden können. Die Pläne versickerten schließlich irgendwo zwischen Kollektivschuld und Entspannungspolitik. Als Ersatzlösung beschloß man 1969 die oben erwähnte Dokumentation der Vertreibungsverbrechen[14], die prompt wieder blockiert wurde.

Man braucht nicht viel Phantasie, um sich die Behandlung des Problems in den Vertreiberstaaten vorzustellen.

Zur Lage in Polen schreibt Herbert Hupka[15]: »Um es auf eine Kurzformel zu bringen: In Polen ist man (vielleicht vorerst nur die Intellektuellen und die junge Studentengeneration) dabei, die Vertreibung als Unrecht und da und dort auch als Verbrechen aufzuarbeiten.« Allerdings sind die alten Legenden wie etwa die von der Westverschiebung Polens (Kompensationstheorie) noch allgegenwärtig, und auch von Wiedergutmachung wollen selbst nachdenkliche Polen meist nichts wissen. Selbst der polnische Klerus scheint an einer nationalen Gewissenserforschung nicht interessiert.[16]

In Prag regen sich zwar immer wieder einige Humanisten; im Parlament und in der Bevölkerung ist von einem Umdenken nichts zu spüren.

Anläßlich einer Normenkontrollklage gegen das Dekret 108 über die totale Enteignung aller Sudetendeutschen wurde es vom tschechischen Verfassungsgericht erst 1997 als »legitimer Akt« bezeichnet und mit der deutschen »Kollektivverantwortung« begründet. Diese »andere Rechtsauffassung« hat eine große Bundestagsmehrheit in der sog. deutsch-tschechischen Versöhnungserklärung vom 30.1.1997 ausdrücklich »respektiert«. Beide Seiten bekundeten, »daß sie ihre Beziehungen nicht mit aus der Vergangenheit herrührenden politischen und rechtlichen Fragen belasten werden«.[17] Nicht einmal die jüdischen Sudetendeutschen haben in der Regel ihre Häuser und Betriebe zurückerhalten (dabei wäre die Rückgabe bei Immobilien höchst einfach, weil sie sich ganz überwiegend in tschechischem kommunalem oder Staatsbesitz befinden[18]).

Eine besondere Note erhält der als Versöhnungserklärung bezeichnete Text vom 30.1.1997 durch die Tatsache, daß sich zur gleichen Zeit in Den Haag Serben und andere vor Gericht verantworten mußten, die 1992 bis 1995 in Bosnien Gleiches getan haben wie viele Tschechen 1945 und 1946 in Böhmen. »Zweierlei Gewicht und zweierlei Maß, beides ist dem Herrn ein Greuel«, so steht es schon in der Bibel (Spr. 20, 20).

Ähnlich wie die Justiz haben auch die Fernsehanstalten unseres Landes ihren Beitrag zur Aufarbeitung der Epoche des Dritten Reiches geleistet. Über die Judenverfolgung allein wurden und werden durchschnittlich jede Woche mehrere Spielfilme oder Dokumentationen ausgestrahlt.[19] Im Gegensatz zu dieser moralisch gebotenen und weltweit beispiellosen[20] Aufklärungsarbeit kann die Aufarbeitung des Vertreibungsthemas im Fernsehen in keiner Weise befriedigen. Abgesehen von ganz wenigen seriösen Produktionen wie dem Zweiteiler »Flucht und Vertreibung« und »BeFreier und Befreite«, sind die seltenen Exkurse in die düstere Welt der Nachkriegsverbrechen fast regelmäßig durch entstellende Legenden belastet[21], z. B. die ARD-Produktion von 2001 »Die Vertriebenen – Hitlers letzte Opfer«. Nach Erkenntnissen eines Medienexperten hat ein Vertreibungstoter etwa 200mal schlechtere Chancen, in den elektronischen Massenmedien erwähnt zu werden als ein Hitler-Opfer.[22]

Die wissenschaftliche Erforschung des Vertreibungsthemas brach

schon zu Beginn der sechziger Jahre ab[23], und in den Lehrplänen der meisten Bundesländer wird dieser Komplex vernachlässigt.
Auch im Verlagswesen ereignen sich seltsame Dinge. Im Zusammenhang mit einem Wechsel in der Geschäftsführung wurden bei Ullstein Bücher aus dem Programm genommen, die sich mit Vertreibungsfragen befaßten. »Ullstein wieder clean?« fragte hämisch der »Spiegel«. Im Propyläen-Verlag ließ man 5000 Stück des erfolgreichen Buches von Karlheinz Weißmann »Der Weg in den Abgrund. Deutschland unter Hitler 1933–1945« einstampfen, offenbar weil darin auch Kritisches über Kommunismus und Kollektivschuld zu lesen war.
Selbst einen jüdischen Autor traf die moderne Bücherverbrennung. Der prominente US-Journalist John Sack hatte sich die Freiheit genommen, in seinem Buch »Auge um Auge« über Mord und Folter in polnischen KZs in Oberschlesien nach dem Krieg zu berichten, wo u. a. auch jüdische Täter am Werk waren. Der Piper-Verlag ließ die schon gedruckte Startauflage vernichten, da das Werk die historische »Diskussion in eine falsche Richtung lenken könne«. Kein Kompliment für den vielzitierten mündigen Bürger, kein Ruhmesblatt für die deutsche Demokratie. John Sack antwortete bescheiden (»SZ« vom 13./14.5.1995): »Wenn andere Autoren 85 000 Bücher über die Juden (nicht Polen, nicht Menschen), die von den Deutschen umgebracht wurden, schreiben, kann ich dann nicht ein kleines Buch über die Deutschen schreiben, die von Juden getötet wurden?«
Jeder großen und auch mancher kleineren Tragödie dieses Jahrhunderts ist bisher ein würdiges Denkmal gesetzt worden. Man denke z. B. an das imposante Mahnmal auf dem Hügel »Schwalbenburg« in Eriwan (Jerewan), der Hauptstadt der Republik Armenien. Es wurde 1965 zum 50. Jahrestag des türkischen Völkermords an 1,5 bis zwei Millionen Armeniern errichtet.[24]
Trotz östlicher Kritik wurde am 6. März 1982 auf dem Thurloe Square im Londoner Zentrum (gegenüber dem Victoria and Albert Museum) ein bemerkenswertes Denkmal enthüllt.[25] Es soll an über zwei Millionen Russen und andere Osteuropäer erinnern, die nach dem Krieg gegen ihren Willen von den Westmächten ausgeliefert wurden und zu einem großen Teil im Osten umkamen.
Im südafrikanischen Bloemfontein gemahnt ein Obelisk mit einer eindrucksvollen Bronzegruppe an die 26 370 Frauen und Kinder, die im Burenkrieg 1901 in englischen Lagern (concentration camps) starben. Am Fuß des Obelisken ist die Asche von Emily Hobhouse ein-

gebettet, einer Engländerin, die die Leiden der Gefangenen zu lindern suchte.
Zu den Gedenkstätten von Hiroshima und Nagasaki pilgert die Welt, und in Osteuropa existiert eine so große Zahl von historischen Gedächtnisstützen zum Thema der NS-Besatzung, daß ihre Auflistung hier zu weit führen würde. Sogar auf hoher See diente ein Schiff durch seinen Namen dem Andenken der 186 Toten des tschechischen Dorfes Lidice.[26] Die Erinnerung an beinahe drei Millionen Vertreibungsopfer dagegen wurde im kommunistischen Machtbereich mit großer Gründlichkeit ausgelöscht; nach dem Verschwinden des Eisernen Vorhangs entstanden einige bescheidene Kreuze und neutral gehaltene Gedenktafeln, die aber oft über Nacht zerstört oder beschädigt werden.
Auf einem Feld im südmährischen Pohrlitz z. B. konnte man an der unterschiedlichen Farbe der jungen Saat die Lage von Massengräbern erkennen, in denen Opfer des Todesmarsches der Brünner Deutschen vom Frühjahr 1945 liegen. Über einem Teil der Gräber errichtete man in den siebziger Jahren landwirtschaftliche Gebäude – dem Vernehmen nach Kuhställe.[27] 1994 mußten die letzten Gräber einer Schnellstraße weichen; die Toten wurden auf Kosten des österreichischen Schwarzen Kreuzes nach Drasenhofen/NÖ verfrachtet.[28] Und so folgte der Vertreibung der Lebenden die Vertreibung der Toten.
In Deutschland erinnern die ehemaligen Konzentrationslager und unzählige Gedenkstätten und Museen an den Leidensweg der Oppositionellen, Juden, Zigeuner, Zeugen Jehovas, Homosexuellen und Kommunisten. – Am vollkommensten ist die Aufarbeitung der Vergangenheit naturgemäß in Israel. Außer regelmäßigen staatlichen Gedenktagen mit öffentlicher Schweigeminute und Unterrichtsschwerpunkten in den Schulen[29] ist vor allem an Yad Vashem zu erinnern, die gewaltige Forschungs- und Gedenkstätte auf dem Herzl-Berg in Jerusalem.
1983 schenkte sogar die US-Regierung einem »Holocaust Memorial Council« ein großes Areal in bevorzugter Zentrumslage in Washington zur Einrichtung eines amerikanischen Yad Vashem.[30] Den Sinn dieser Mahnmale hat Simon Wiesenthal schon 1979 bei der Eröffnung eines ähnlichen – kleineren – Zentrums in Los Angeles erläutert:[31] »Diese Stätte soll allen Menschen, die guten Willens sind, als Warnung vor Gleichgültigkeit dienen.«
Für die Vertriebenen, die größte Gruppe der deutschen Zivilopfer, fehlt bis dato eine irgendwie erwähnenswerte Gedenkstätte als »Warnung vor Gleichgültigkeit«[32]. Dieser weltweit einzigartige Zustand

und die vielfältigen Widerstände gegen das geplante »Zentrum gegen Vertreibungen« in Berlin werfen ein bezeichnendes Licht auf das intellektuelle und moralische Niveau der politischen Klasse in Deutschland. Wie sagte doch Bertolt Brecht: Der Mensch ist erst wirklich tot, wenn niemand mehr an ihn denkt.

Hindernisse bei der Bewältigung

»In dem Recht besitzt und verteidigt der Mensch seine moralische Daseinsbedingung, ohne das Recht sinkt er auf die Stufe des Tieres herab, wie denn ja die Römer ganz konsequent die Sklaven vom Standpunkt des abstrakten Rechts aus auf eine Stufe mit den Tieren stellten ... Das Verhalten eines Menschen oder Volkes angesichts einer Rechtskränkung ist der sicherste Prüfstein seines Charakters.« Diese Sätze schrieb vor mehr als 100 Jahren Rudolf von Jhering, der bedeutendste Rechtsgelehrte seiner Zeit.[33] Angesichts der fehlenden Bewältigung der Nachkriegsverbrechen sind sie für Deutsche nicht gerade schmeichelhaft.

Über die geistige Situation der Bundesrepublik, die zu dem Informationsdefizit geführt hat, ist schon oft nachgedacht worden. Vielfach hat man auf das Lizenzsystem der Besatzungsmächte bei der Zulassung von Zeitungen in den Jahren 1945 bis 1949 verwiesen. Nach dem amerikanischen Handbuch für die Kontrolle der deutschen Nachrichteneinrichtungen (Manual for the Control of German Information Services) waren nicht nur alle Mitglieder der NSDAP als Lizenzträger ausgeschlossen, sondern auch »reaktionäre Antinazis ..., der prowestliche noch mehr als der proöstliche Sektor der deutschen konservativen Meinung«.[34] Und nach der Anweisung Nr. 2 des Alliierten Kontrollrats vom 4. September 1945 durften keine Artikel gedruckt werden, »die eine Respektlosigkeit gegenüber den Besatzungsbehörden oder Mitgliedern der Vereinten Nationen darstellen«.[35] Nach dieser Anweisung wurden bis etwa 1948 Veröffentlichungen über Vertreibungsverbrechen von den Besatzungsmächten unterdrückt. Da für die Vertriebenen ein Koalitionsverbot galt, existierte auch praktisch keine eigene Vertriebenenpresse.

In der Münchener »Süddeutschen Zeitung« erschien z. B. am 4.6.1946 ein Artikel unter der Überschrift »Sie ernten den Haß ...«. Darin wurde vom Eintreffen eines Vertriebenentransports in München berichtet und erwähnt, diese unglücklichen Menschen hätten »grauenhafte Darstellungen« von den Lagern in der Tschechoslowakei gegeben. Die Schilderungen, deren Glaubwürdigkeit nicht zu bezweifeln sei, wolle man nicht wiedergeben, da das dem geschlagenen Volk angesichts der

Untaten seiner einstigen Machthaber nicht zustehe. Man wünsche nur, daß diese Berichte den Besatzungsmächten nicht vorenthalten blieben. Es könne nicht ihr Wille sein, »daß man es Frauen, Greisen und Kindern so grauenvoll entgelten läßt, was ein Verbrecherregime verschuldet hat«. Wegen dieses eher zurückhaltenden Artikels setzte die US-Militärregierung für 30 Tage die Seitenzahl des Blattes von acht auf vier Seiten herunter und drohte für den Wiederholungsfall das Verbot der Zeitung oder den Entzug der Lizenz an.[36]

In der britischen Besatzungszone praktizierte man die Pressezensur etwas liberaler, in der französischen Zone allerdings wurden noch bis zur Aufhebung des Lizenzzwangs im Jahr 1949 Verbote und Beschlagnahmen ausgesprochen. Ob diese Tendenzen nach so langer Zeit noch fortwirken, erscheint zumindest zweifelhaft.

Eine andere denkbare Erklärung könnte ganz einfach in der Tatsache des verlorenen Krieges liegen. Man frage sich z. B., warum wir so viel von den alten Römern wissen und so wenig von den Etruskern oder warum jedes Kind etwas von den Christenverfolgungen der römischen Kaiser gehört hat und nicht von den späteren Heidenverfolgungen der christlichen Antike, obwohl letztere wohl noch blutiger waren als erstere.[37] Die Antwort lautet: Weil jede Geschichtsschreibung primär eine Geschichtsschreibung des Siegers ist. Es ist dies ein psychologisches Phänomen, das sich in verschiedensten Formen im großen wie im kleinen zeigt, z. B. auch beim »overclaiming« im Zusammenhang mit Wahlen: Regelmäßig behaupten nach der Wahl bei Meinungsumfragen mehr Bürger, die Siegerpartei gewählt zu haben, als das Wahlergebnis ausweist.[38] Der Durchschnittsmensch möchte sich möglichst immer auf der Seite des Siegers sehen.

Dieser simple Mechanismus kann allerdings nur dann eine befriedigende Erklärung für die deutschen Verhältnisse abgeben, wenn er bei vergleichbaren Völkern ähnliche Wirkungen zeigen würde. Vergleichbar ist zunächst Japan, der mächtigste Verbündete Hitlers.

Trotz der Grausamkeit und der Millionen Opfer der japanischen Aggression allein in China und trotz der amerikanischen Kriegsverbrecherprozesse ist Japan spätestens seit den Olympischen Spielen des Jahres 1964 eine ausgesprochen selbstbewußte Nation. Die Verbrechen des japanischen Imperialismus werden zwar nicht geleugnet, aber es würde keinem Japaner – gleich welcher politischen Richtung – einfallen, deswegen z. B. Hiroshima zu verschweigen oder zu rechtfertigen.[39]

Auf das dunkle Kapitel des japanischen Einmarsches in China angesprochen, stellte Ministerpräsident Zenko Suzuki 1982 in einem Interview[40] die historischen Dimensionen heraus: »Es stimmt, daß es einige

unglückliche Zeiten in der Geschichte der japanisch-chinesischen Beziehungen gegeben hat – einer mehr als 2000 Jahre alten Beziehung.«
Nach dem Krieg verzichtete Tokio zwar auf einige, nicht aber auf alle Gebiete, die die Sowjetunion 1945 besetzte und von denen sie – ebenso wie von den annektierten finnischen und deutschen Gebieten – einen höchst zweifelhaften Gebrauch machte.[41] Wegen der vier Inseln bzw. Inselgruppen Etorofu, Kunashiri, Shikotan und Habomai erklärte die japanische Regierung den »Tag der Nordterritorien« trotz sowjetischer Proteste zum Feiertag und begeht ihn feierlich mit Kundgebungen und Gebeten unter Mitwirkung des Ministerpräsidenten und der Vertreter sämtlicher Parteien.[42]

Ähnlich unbefangen beschäftigt sich die junge Generation mit den Fällen völkerrechtswidriger Behandlung ihrer Landsleute durch die Alliierten. 110 000 amerikanische Staatsbürger japanischer Abstammung wurden während des Zweiten Weltkriegs in den USA in Lagern interniert.

Aufgrund der Empfehlung eines eigens eingesetzten Kongreßausschusses hat sich die US-Regierung bei ihnen entschuldigt und finanzielle Wiedergutmachung gewährt. Die 24 000 Deutschamerikaner, die ebenso eingesperrt waren, warten bis heute auf eine solche Geste.[43]

Nicht viel anders liegen die Dinge in Italien. Mussolinis Diktatur kannte zwar keinen systematischen Antisemitismus, erinnerte aber im übrigen durchaus an Hitlers Deutschland, vor allem was den expansiven Imperialismus oder den Terror der Schwarzhemden in Kroatien angeht. Die vorübergehende Gefangennahme Mussolinis kann in diesem Zusammenhang außer Betracht bleiben; sie hatte auf den Lauf der Dinge keinen nennenswerten Einfluß mehr. Übereinstimmend wird heute berichtet, daß Italien weder eine »Geschichtsschreibung der anderen« noch Kollektivschuldgedanken kennt. Seit 2005 begeht man in Italien einen nationalen Gedenktag für die Vertreibungsopfer aus Istrien und Dalmatien.

Die einäugige Vergangenheitsbewältigung und die »Lust am schlechten Gewissen«, die der Soziologe Helmut Schoeck diagnostiziert, lassen sich also mit der Verliererrolle Deutschlands oder den Untaten der diktatorischen Epoche allein nicht erklären.

In dem prokommunistischen Blatt »Konkret« war einmal zu lesen: »Die Linke ist antideutsch, oder sie ist nicht.« In der Tat fällt auf, daß weltweit Linksradikales und Antideutsches ähnlich Hand in Hand gehen wie Rechtsradikales und Antijüdisches. Daß dieses Phänomen rational kaum zu fassen ist, hat auch Ernst Jünger erkannt: »Der Antigermanismus scheint wie der Antisemitismus zu den Grundbestimmungen der Welt zu gehören; er bedarf keiner Begründungen. Wenn man heute eine Zeitung aufschlägt, sieht man, wie ihm gefrönt wird wie einer Orgie, auch von Landsleuten.«

In der Praxis hört sich linker Rassismus etwa so an (»taz«-Redakteur Wiglaf Droste in »Titanic« Nr. 11/1991): »Das deutsche Volk hat die moralische Verpflichtung auszusterben, und zwar subito. Jeder Pole, Russe, Jude, Franzose, Schwarzafrikaner usw. hat genausoviel Rechte, auf ›deutschem Boden‹, von dem gesprochen wird, als sei er heilig und gebenedeit, zu leben wie irgendein Deutscher – wenn nicht sogar mehr. Ich habe kein persönliches Schuldgefühl, was die deutsche Vergangenheit angeht, und ich möchte niemandem eins einreden. Historisch aber muß eine Gerechtigkeit erzwungen werden, und wenn so ca. 100 Millionen Asylanten, egal wie arm, krank und kriminell sie sein mögen, aufgenommen und gleichwertig behandelt worden sind, dann darf an einem Kneipentisch ein Besoffener einmal leise seine Überfremdungsbeschwerde führen – aber keinen Tag eher. Die Deutschland-den-Deutschen!-Deutschen, egal ob sie radikal nazistisch wie in Hoyerswerda oder unterschwellig rassistisch auftreten wie z. B. in Saarlouis oder Bielefeld, haben den Rand zu halten und sich nicht zu mopsen. Tun sie es doch, gehören sie – ja doch! – deportiert, an den dunkelsten, kältesten und elendsten Ort, der sich in diesem Universum finden läßt. Dort dürfen sie dann in der Scheiße, die sie im Kopf haben, ersaufen.«

Im akademischen Bereich ist die Tonlage anders, der Gedankengang aber ähnlich. In seinem Buch »So fielen Königsberg und Breslau«[44] schreibt z. B. der SDS-Aktivist Erhard Lucas-Busemann, der bis zu seinem Tod in Bremen als Sozialhistoriker lehrte: »Auch wenn alle Deutschen nach 1945 von ihrem Territorium vertrieben und über den ganzen Globus zerstreut worden wären, dürften wir uns nicht beklagen.«

Auch der prominente Fernsehjournalist Ralph Giordano (Exkommunist wie viele seiner Kollegen) lobt die Großzügigkeit der Täter von Vertreibungsverbrechen:[45] »Hätte nicht, angesichts des ungeheuerlichen Vorgeschichte der Vertreibung, Gleiches mit Gleichem vergelten bedeuten müssen, daß kein einziger Deutscher aus polnischem oder sowjetischem Gewahrsam entkommen wäre?«

Die rassistische Kollektivschuldtheorie ist für ihn eine Selbstverständlichkeit: »Ich bin immer, ohne je geschwankt zu haben, ein Anhänger der Kollektivschuldthese gewesen.« Giordanos intellektuell anspruchsloses Pamphlet »Die zweite Schuld«, aus dem diese Sätze stammen, wurde von der linken Presse von »Spiegel« bis »Zeit« geradezu begeistert aufgenommen; letztere z. B. schrieb am 6.11.1987: »Häuserwände müßten plakatiert werden, von denen die Thesen, Einsichten und Bitterkeiten dieses Buches mahnten.«

Ein anderer Fernsehjournalist, Günter Schubert, langjähriger Warschau-Korrespondent des ZDF, hält die Deutschen gar für die Verkörperung des Bösen. Er zitiert zustimmend einen polnischen Historiker, der die Errichtung auch nur eines »bescheidenen Denkmals« für die im September 1939 in Bromberg und Umgebung ermordeten Volksdeutschen ablehnt:[46] »Dieser Vorstellung von Versöhnung wird durch den polnischen Historiker Edward Serwanski eine brüske, wenn auch nicht ganz unverdiente Absage zuteil: ›Die Idee, eine Versöhnung, einen Brückenschlag durch Setzung eines Gleichheitszeichens zwischen Angreifer und Opfer herbeizuführen, enthält das Ansinnen, den Unterschied zwischen Gut und Böse auszulöschen.‹«

Als 1976 im Bayerischen Landtag ein Gesetzentwurf der FDP eingebracht werden sollte, eine zentrale Untersuchungsstelle für Kriegs- und Nachkriegsverbrechen an Deutschen einzurichten, drohte Hildegard Hamm-Brücher vom linken Parteiflügel spontan mit Fraktionsboykott.[47]

Auch aus dem Münchener Institut für Zeitgeschichte verlautbarte der seinerzeitige Direktor Martin Broszat:[48] »Die ideologisch-rassistische Grundlage der nationalsozialistischen Eroberungspolitik ... bedeutete in den Augen der Welt die selbsttätige Liquidierung (!) des historischen Kapitals deutscher Kulturmission im Osten.« Sein Mitarbeiter Wolfgang Benz assistiert:[49] »Die Vertreibung der Deutschen sollte ... innerhalb der neuen Grenzen Frieden stiften (!) und die Minderheitenprobleme ein für allemal bereinigen.« Im Begleitbuch zur TV-Reihe »Europa unterm Hakenkreuz« ist unter dem Stichwort Prag zu lesen: »Unvermeidlich (!) dabei war wohl, nach allem, was im Zweiten Weltkrieg geschehen war, die Aussiedlung der deutschen Minderheit ...«

In dem Band »Die Unfähigkeit zu trauern« von Alexander und Margarete Mitscherlich, einem Kultbuch der deutschen Linken, stehen zum Thema der deutschen Opfer Sätze wie diese: »Die eigenen Leiden werden aus dem Zusammenhang von Ursache und Wirkung isoliert. Mögen dies unbezweifelbare Unrechtstaten sein, der Selbstbetrug besteht darin, daß gemeint wird, sie widerführen einem unverdient (!).« – In der ZDF-Sendung »5 nach 10« vom 15.12.1986 bewies Frau Mitscherlich dann vollends ihre eigene Unfähigkeit zu trauern: Für sie bedeute es weder einen Grund zur Besorgnis noch Anlaß zur Trauer, wenn das deutsche Volk in nicht allzu ferner Zukunft aussterben würde, denn es habe in den beiden Weltkriegen dieses Jahrhunderts unendlich viel Schuld auf sich geladen.[50]

Erschreckend, wie hier alle Elemente der nationalsozialistischen Ideologie in rotlackierter Version wiederkehren: die Einteilung der Menschen in gute und böse Rassen, von denen letztere möglichst von der Erdoberfläche verschwinden sollten, die historische Notwendigkeit und Entschuldbarkeit von Verbrechen, insbesondere wenn Untaten der anderen Seite vorausgegangen sind (Hitlers Argumentation im Rußlandfeldzug), eine Neuauflage der »jüdisch-bolschewistischen Weltverschwörung« mit neu verteilten Rollen etc. Vielleicht hat Hitler am Ende doch gesiegt, und wir haben's bloß noch nicht gemerkt.

Unbefangene Ausländer stehen der gespenstischen Politatmosphäre Deutschlands meist ratlos gegenüber, so z. B. der estnische Staatspräsident Lennart Meri, der zum fünften Jahrestag der Wiedervereinigung am 3.10.1995 in Berlin ausführte: »Für mich als Este ist es kaum nachvollziehbar, warum die Deutschen ihre eigene Geschichte so tabuisieren, daß es enorm schwierig ist, über das Unrecht gegen die Deutschen zu publizieren oder zu diskutieren, ohne dabei schief angesehen zu werden – aber nicht etwa von Esten oder Finnen, sondern von Deutschen selbst!«

Natürlich ist nicht zu übersehen, daß das Deutschlandbild in der veröffentlichten Meinung des Auslands oft ungleich negativer ist als in der öffentlichen Meinung. Man denke nur an amerikanische Fernsehproduktionen oder die Unterrichtsmaterialien der Highschools, wo die NS-Verbrechen meist ausführlich behandelt werden, während andere Millionenmorde wie die Ausrottung der Armenier oder die Verbrechen des Stalinismus nicht vorkommen. Völkermord erscheint so als typisch deutsches Phänomen.

Allerdings tun die deutschen Linksradikalen ihr Bestes, um das Bild des »häßlichen Deutschen« im Ausland zu verbreiten. Schon auf der Frankfurter Buchmesse 1977 rief der sozialistische Philosoph und Soziologe Jürgen Habermas dazu auf, die ausländische Presse zu mobilisieren, um die deutschen Verhältnisse im linken Sinne zu beeinflussen; der antideutsche Nebeneffekt war der extremen Linken dabei nicht unwillkommen.

Ganze Schwärme deutscher Sozialisten fielen so regelmäßig in den westlichen Hauptstädten ein, um die dortigen Medien mit »Tatsachen« über Isolationsfolter und Berufsverbote, nazistische Umtriebe und Ausländerfeindlichkeit zu munitionieren.

Nicht anders liegen die Dinge in Österreich. Das bekannteste Beispiel einer parteipolitisch motivierten Kampagne auf dem Umweg übers Ausland war die gegen den bürgerlichen Präsidentschaftskandidaten Waldheim. Sie hat dem Ansehen Österreichs großen Schaden zugefügt

und hat sich – spätestens nach Freigabe geheimgehaltener Dokumente des US-Innenministeriums – als Windei erwiesen, vgl. z. B. die »FAZ« vom 9.9.1997.[51]
Umgekehrt widerspricht man sofort ausländischen Politikern, die sich irgendwie deutschfreundlich äußern. Als z. B. US-Präsident Reagan bedauerte, daß wieder Kollektivschuldtöne laut würden, und feststellte, daß sich die Mehrheit der Deutschen nicht mehr an den Weltkrieg erinnern könne, war gleich Hans Weißmann, stellvertretender Direktor des Deutschen Informationszentrums in New York, zur Stelle und betonte, der Präsident habe sich von Emotionen hinreißen lassen, vgl. »Die Welt« vom 25.3.1985.
In seiner Bundestagsrede vom 8. Mai 1985 sagte Bundespräsident von Weizsäcker: »Aber wir dürfen nicht im Ende des Krieges die Ursache für Flucht, Vertreibung und Unfreiheit sehen. Sie liegt vielmehr in seinem Anfang und im Beginn jeder Gewaltherrschaft, die zum Krieg führte.« Hier erscheint die Kollektivschuld, die beim Normalbürger nach wie vor keinen guten Klang hat, in einem neuen Gewand, um nicht zu sagen Tarnanzug. Verbrechen gegen die Menschlichkeit als notwendige Folge von Diktatur und Krieg. Nicht mehr der lebende Täter ist die Ursache, ist der Schuldige eines Kindermords in den Vertreibungsgebieten, sondern der tote Hitler.
Im übrigen ist auch diese These historisch falsch, was führende Historiker wie Hillgruber oder de Zayas schon längst bewiesen haben. Die Vertreibung ist vor Kenntnis von Auschwitz und Treblinka beschlossen und großenteils schon vor dem Krieg geplant worden, vgl. auch oben, S. 92 ff. und 157 ff. Der Krieg war nicht Ursache, sondern nur Anlaß und günstige Gelegenheit für die Vertreibung.
Ebensowenig wie die weite Verbreitung des Hexenglaubens im 17. Jahrhundert ein Argument für die Richtigkeit dieses Wahns ist, ebensowenig beweist die häufige Wiederholung der Kollektivschuldthese (nackt oder in Verkleidung) ihre historische und moralische Stimmigkeit. Allenfalls beweist dieser Umstand, wie stark in Deutschland linke Mediendominanz und wie schwach bürgerliche Zivilcourage ausgeprägt sind.
Während die Mediendominanz neu ist, ist das fehlende kolletive Selbstbewußtsein der Deutschen alt. Beispielsweise notierte Immanuel Kant: »(Der Deutsche) hat keinen Nationalstolz.« Ähnliche Beobachtungen machte zur Zeit Napoleons Germaine de Staël[52], die geistreichste Frau ihrer Epoche. In Übersee gehören die Deutschen bekanntlich zu den Einwanderern, die sich am schnellsten assimilieren, was schon Bismarck als sprachkundiger und auslandserfahrener Diplomat wußte.

Als Kanzler bemerkte er am 28.11.1885 in einer Reichstagsrede: »Nun haben wir gerade in Deutschland an nationalem Empfinden und nationaler Lebendigkeit keinen erheblichen Überschuß: Ich möchte sagen, wir sind in der Richtung einigermaßen blutarm; es ist eine bedauerliche Leichtigkeit, mit der der Deutsche überall, im Osten und Westen, sich von seiner Nationalität lossagt.«
Wie Reichskanzler Bismarck mußte auch Bundeskanzler Schmidt sorgenvoll vermerken, man könne doch nicht einfach »aus der Nation aussteigen«.[53] Eine passende Replik darauf liegt vielleicht in einem Wort von Stefan Kisilewski, der gesagt hat, Pole zu sein sei schwer, aufzuhören, einer zu sein, unmöglich. Auf deutsche Verhältnisse übertragen, könnte die Aussage lauten: Deutscher zu sein ist schwer, aufzuhören, einer zu sein – nichts leichter als das! Bei vielen Deutschen jedenfalls hatte Ulrich Sonnemann den bestimmten Eindruck, daß sie z. B. »jede Grenzziehung gutheißen würden, auch wenn sie westlich Dresdens oder Berlins oder mitten durch Thüringen führte: nicht weil sie dafür wären, sie dort verlaufen zu lassen, sondern weil jede Kritik daran, als ›nationale‹, ihnen eben tabu ist«.[54]
Festzuhalten bleibt jedenfalls, daß das primäre Hindernis bei der Bewältigung der Nachkriegsverbrechen ein linker Antigermanismus ist, der – angesichts des traditionell schwachen deutschen Selbstbewußtseins – vor allem in den Medien relativ schnell Fuß fassen konnte.

Ein Vakuum füllt sich

»Der Zionistische Kongreß zeigte sich wild entschlossen, das noch etwas schwächliche Herdengefühl durch ein Wutgeschnaube künstlich zu beatmen. Das genüßliche Beschreiben weltumspannender Judenfeindlichkeit, das Ausmalen von Racheakten an Juden waren nicht geeignet, die böse Welt zu größerer Sympathie zu zwingen. Doch man hatte damit ein schnell wirkendes Mittel, um in den zionistischen Kessel mehr Dampf zu bringen.«
Was soll man zu diesen Zeilen sagen? Übelster Rassismus, rechtsradikale Schmierereien? Ein naheliegender Gedanke. Allerdings handelt es sich hier nicht um einen neonazistischen Kommentar, sondern um einen verfremdeten »Spiegel«-Artikel[55] über einen Parteitag der CSU; es wurde nur jeweils das Wort »deutsch« durch das Wort »jüdisch« und »CSU« durch »zionistisch« ersetzt. Man sieht auf diese Weise wohl am besten, zu welchen Entwicklungen die fehlende Bewältigung der Nachkriegsverbrechen führt.
Eines von Parkinsons Gesetzen lautet: Ein Vakuum, geschaffen durch fehlende Kommunikation, füllt sich in kürzester Zeit mit falscher Dar-

stellung, Gerücht, Geschwätz und Gift. Das Informationsdefizit bei den Vertreibungsverbrechen bestätigt den Satz eindringlich. Um den Leser nicht durch eine endlose Folge von geistesverwandten Zitaten zu ermüden, sollen aus den öffentlichen Diskussionsbeiträgen hier nur drei herausgegriffen werden: die Vertriebenendenkschrift der EKD, die deutsch-polnischen Schulbuchempfehlungen und die deutsch-tschechische Erklärung von 1997.

Der Rat der Evangelischen Kirche in Deutschland ließ 1965 eine Denkschrift ausarbeiten, die den Titel trug: »Die Lage der Vertriebenen und das Verhältnis des deutschen Volkes zu seinen Nachbarn.«[56] Darin werden die Christenmenschen u. a. belehrt, »das deutsche Volk« habe »schwere politische und moralische Schuld gegenüber seinen Nachbarn auf sich geladen« (Seite 6, ähnlich S. 17, 20, 40); die Vertreibung sei ein »Gericht Gottes« (S. 15, 17) und »Wiedergutmachung für begangenes Unrecht« (S. 40). Bis hierher reine Kollektivschuldtheorie. Aber es geht noch weiter.

Man spricht von der Verpflichtung der Deutschen, dem polnischen Volk »den Raum zu lassen, dessen es zu seiner Entfaltung bedarf« (S. 29), und zitiert kommentarlos den polnischen Erzbischof von Breslau, Komenek, der schlicht »Lebensraum« für Millionen polnischer Menschen reklamiert (S. 20). In diesem Zusammenhang verweist die Schrift auf die polnischen Gebietsverluste im Osten, die flächenmäßig größer seien als die »wiedergewonnenen Länder« im Westen (S. 21, 29). Außerdem bringt das Papier ein paar unrichtige Zahlen zu den beiderseitigen Bevölkerungsverlusten und die Feststellung, die Deutschen hätten die Polen ausrotten wollen (S. 20).

Die Denkschrift ist für Historiker und Moraltheologen gleichermaßen lehrreich. – Zunächst die historische Seite: Daß die sog. polnischen Ostgebiete erst nach dem Ersten Weltkrieg annektiert wurden und mehrheitlich ukrainisch und weißrussisch besiedelt waren, ist im 15. Kapitel unter dem Stichwort »Kompensationstheorie« erörtert worden, ebenso die Frage der Flächengröße usw. Daß die Besatzungspolitik der Nazis in Polen zwar brutal war, daß aber eine Ausrottung nach Art der »Endlösung der Judenfrage« nicht zur Debatte stand, wurde auch schon erwähnt.

Die Lebensraumtheorie schließlich kommt dem Leser irgendwie bekannt vor und erhält eine besonders pikante Note durch den Vergleich der Bevölkerungsdichte: Sie ist in Polen nicht einmal halb so groß wie in der Bundesrepublik Deutschland.

Die Kollektivschuldtheorie wurde in diesem Buch bereits untersucht und als eine der vielen historischen Erscheinungsformen des men-

schenfeindlichen Rassismus klassifiziert. Als Rechtfertigung von Verbrechen taugt sie ebensowenig wie die christliche Lehre von der Erbsünde. Solange Erbsünde und Kollektivschuld in den theologischen Studierstuben der Erbauung dienen, verdienen sie etwa so viel Interesse wie die berühmten Streitfragen der mittelalterlichen Theologie, wie viele Engel auf einer Nadelspitze Platz haben, ob Maria mit oder ohne Nachgeburt geboren habe, welche Temperaturen in der Hölle herrschen usw.[57] Sobald aber Völkermord zum Gericht Gottes und Folterknechte zu himmlischen Sendboten werden, liegen die Dinge anders.
Auch auf jüdischer Seite hat es übrigens vereinzelt »Bestrafungstheologen« gegeben. Die einen sahen in Auschwitz die Strafe für die Assimilation, die anderen für den Zionismus, wieder andere für den Abfall vom Glauben usw. Treffend bemerkt dazu Günther Bernd Ginzel, diese Bestrafungstheologie sei ein Rückfall in Glaubenskategorien von Göttern und Götzen, die Menschenopfer heischen.[58]
Im 14. Kapitel wurde dargestellt, wie der christliche Antisemitismus vergangener Jahrhunderte mit der Kollektivschuld der Juden am Tod Christi begründet wurde. Dieses Schlupfloch des Rassismus wurde im Oktober 1965 durch die Erklärung »Nostra aetate« des 2. Vatikanischen Konzils endgültig verstopft. Es heißt darin wörtlich:[59] »Obgleich die jüdischen Obrigkeiten mit ihren Anhängern auf den Tod Christi gedrungen haben, kann man dennoch die Ereignisse seines Leidens weder allen damals lebenden Juden ohne Unterschied noch den heutigen Juden zur Last legen ... Im Bewußtsein des Erbes, das sie mit den Juden gemeinsam hat, beklagt die Kirche, die alle Verfolgungen gegen irgendwelche Menschen verwirft, nicht aus politischen Gründen, sondern auf Antrieb der religiösen Liebe des Evangeliums alle Haßausbrüche, Verfolgungen und Manifestationen des Antisemitismus, die sich zu irgendeiner Zeit und von irgend jemandem gegen die Juden gerichtet haben.«
Der unreine Geist der Kollektivschuldtheorie, den die Katholiken erfolgreich ausgetrieben hatten, fuhr zur nämlichen Stund' in die protestantischen Oberen und produzierte im gleichen Monat des gleichen Jahres (!) die zitierte evangelische Denkschrift.
Der psychologische Schlüssel zum Verständnis der unterschiedlichen Haltung der Konfessionsoberen liegt vielleicht in den dreißiger Jahren. Während die katholischen Bischöfe den Antisemitismus im allgemeinen nicht förderten[60], schuf die Evangelische Kirche Deutschlands schon 1933 einen Arierparagraphen und schloß »Nichtarier« von kirchlichen Ämtern aus.[61] Während Papst Pius XI. am 14. März 1937 in seiner historischen Enzyklika »Mit brennender Sorge« mahnte:[62]

»Wer die Rasse oder das Volk oder den Staat ... aus dieser ihrer irdischen Wertskala herauslöst, sie zur höchsten Norm ... macht und sie mit Götzenkult vergöttert, der verkehrt und verfälscht die gottgeschaffene ... Ordnung der Dinge ...«, während also der Papst so mahnte, erklärten die evangelischen Landesbischöfe am 27.1.1934:[63] »Unter dem Eindruck der großen Stunde, in der die Kirchenführer der deutschen evangelischen Kirche mit dem Herrn Reichskanzler versammelt waren, bekräftigen sie einmütig ihre unbedingte Treue zum Dritten Reich und seinem Führer. Die Kirchenführer verurteilen auf das schärfste alle Machenschaften der Kritik an Staat, Volk und Bewegung, die geeignet sind, das Dritte Reich zu gefährden.«

Während Papst Pius XII. nach dem Krieg die Vertreibungsverbrechen öffentlich anprangerte und zusammen mit den katholischen Bischöfen an der unchristlichen Kollektivschuldtheorie vernichtende Kritik übte[64], lieferte die EKD mit ihrem Stuttgarter Schuldbekenntnis 1945[65] ein theologisches Mäntelchen für beides. Kollaborateurssyndrom, könnte man sagen, oder: Abermals krähte der Hahn (Mark. 14, 72).

So sind sich jedenfalls die Spitzen beider Konfessionen auf ihre Weise treu geblieben (ob die Mehrheit des evangelischen Kirchenvolkes die Vorurteile seiner Oberen je geteilt hat, darf füglich bezweifelt werden).

Interessant für Historiker sind die deutsch-polnischen Schulbuchempfehlungen[66] vom April 1976. Die 26 Empfehlungen sind das Ergebnis von neun Zusammenkünften einer deutsch-polnischen Kommission. Auf polnischer Seite zeichnete das staatliche »Institut für Lehrpläne« des Ministeriums für Bildung und Erziehung verantwortlich, deutscherseits das Georg-Eckert-Institut für internationale Schulbuchforschung, eine selbständig arbeitende Einrichtung. Die Empfehlungen haben einigen Staub aufgewirbelt; man sollte sie sich im einzelnen ansehen.

Über die germanische Frühgeschichte Osteuropas findet man zwei Sätze:[67] »Über die Entstehung der großen indoeuropäischen sprachlich-ethnischen Gruppen, u. a. die Germanen und Slawen, deren Urheimat und Wanderungen sowie die Ausbreitung der ostgermanischen Stämme gibt es verschiedene Hypothesen, und als solche sollten sie in den Schulbüchern gekennzeichnet werden. Es steht fest, daß die Ostgermanen keine Vorfahren der deutschen Stämme waren.«

Die slawische Frühgeschichte Ostdeutschlands wird dagegen zunächst auf zwei Seiten und später noch an verschiedenen Stellen behandelt.

Unerwähnt bleibt, daß z. B. die slawischen Pomeranen (Pommern) keine Polen und die Pruzzen (auch Prussen genannt, die Ureinwohner Ostpreußens) nicht einmal Slawen, sondern Balten waren.

Intolerante Züge der deutschen Nationalitätenpolitik in der Wilhelmi-

nischen Ära werden erwähnt[68], nicht aber die ungleich größere Intoleranz gegenüber der deutschen Minderheit in Polen nach 1919.
Während Hitlers Überfall auf Polen registriert wird, fehlt der Einmarsch Stalins ganz. Während der Naziterror im besetzten Polen ausführlich beschrieben wird, heißt es bei den Vertreibungsverbrechen nur, daß die deutsche Bevölkerung »unter großen Verlusten flüchtete«.[69]
»Der unmenschlichste Beschluß, der je von zur Verteidigung der Menschenrechte berufenen Regierungen gefaßt wurde« (Anne O'Hare McCormick in der »New York Times«), wird so charakterisiert:[70] »Die territorialen Veränderungen bei Ende des Zweiten Weltkrieges wurden mit umfangreichen Bevölkerungsverschiebungen verbunden. Sie zielten darauf ab, staatliche und ethnische Grenzen nach Möglichkeit in Übereinstimmung zu bringen.«
Gebietsverluste Polens im Osten und Gewinne im Westen werden nach Quadratkilometern angegeben[71]; verschwiegen wird dagegen der nichtpolnische Charakter der »polnischen Ostgebiete«, ihre geringe Bevölkerungsdichte und ihre geringe wirtschaftliche Entwicklung.
Von der total fehlenden Verfolgung von Vertreibungsverbrechen in Polen liest man nichts, während zu der – trotz mancher Schwächen weltweit wohl einzigartigen – gerichtlichen Aufarbeitung der NS-Verbrechen in der Bundesrepublik vermerkt wird:[72] »... Inkonsequenzen bei der Durchführung der Entnazifizierung und der gerichtlichen Verfolgung nationalsozialistischer Verbrechen haben die Beziehungen der Bundesrepublik Deutschland zu Polen und zu anderen Ländern in vieler Hinsicht belastet.«
Die Schulbuchempfehlungen sind ein Kompromiß zwischen Wissenschaftlern und Propagandisten. Wenn sich Wahrheit und Unwahrheit auf halbem Weg treffen, kann man nicht mehr erwarten als Halbwahrheiten. Vor dem Bundestag hat Bundespräsident Karl Carstens am 19.2.1976 – damals noch als Abgeordneter – dazu festgestellt: »Herr Kollege Brandt hat gesagt, man könne Aussöhnungspolitik nicht mit halbem Herzen betreiben, ... aber man kann Aussöhnungs- und Verständigungspolitik auch nicht mit halben Wahrheiten bestreiten.«[73]
Am 30. Januar 1997 billigte der Bundestag einen Text, der von Politikern als deutsch-tschechische Versöhnungserklärung, von den Vertriebenen als Verhöhnungserklärung und von Sachkennern als Meisterleistung tschechischer Diplomatie charakterisiert wurde. Die Lektüre des Originaltextes (z. B. in der »FAZ« vom 11.12.1996) ist ... nun, sagen wir: erstaunlich.
In Ziff. 2 des Papiers heißt es z. B.: »Die deutsche Seite bekennt sich

zur Verantwortung Deutschlands für seine Rolle in einer historischen Entwicklung, die zum Münchner Abkommen von 1938, der Flucht und Vertreibung von Menschen aus dem tschechoslowakischen Grenzgebiet … geführt hat.« Hier bekennt sich Bonn verantwortlich für etwas, das es nie gegeben hat – eine Tschechenvertreibung aus dem Sudetenland, vgl. Seite 94 f., oben. Diese grobe Geschichtsklitterung als Aufrechnungsmasse in die Verhandlungen einzubringen war für Prag natürlich riskant, aber nachdem man die Sudetendeutschen als Hauptbeteiligte und Wissensträger vom Verhandlungstisch verdrängt hatte, konnte man hoch pokern.

Außerdem fällt auf, daß das Ende der tschechischen Fremdherrschaft im Sudetenland als deutsche Schuld verbucht wird, der tschechische Einmarsch in diese Teile der »Republik Deutsch-Österreich« im Winter 1918/1919 und damit der Beginn dieser Fremdherrschaft überhaupt nicht vorkommt. Nach dieser Moral müßten wohl auch die Saar-Abstimmung von 1935 und die Rückkehr ins Reich als Unrecht gegenüber Frankreich gelten.

In Ziff. 4 wird ausgeführt, daß »jede Seite ihrer Rechtsordnung verpflichtet bleibt und respektiert, daß die andere Seite eine andere Rechtsauffassung hat. Beide Seiten erklären deshalb, daß sie ihre Beziehungen nicht mit aus der Vergangenheit herrührenden politischen und rechtlichen Fragen belasten werden.«

Das also war des Pudels Kern! Während im deutsch-tschechischen Nachbarschaftsvertrag von 1992 Vermögensansprüche noch ausdrücklich ausgeklammert waren, erklärt jetzt Bonn durch die Blume, daß keine Wiedergutmachung verlangt wird. Prag kann frohlocken: Man ist den Ruch des Völkermordes los und kann zugleich seine Beute behalten. Ja, sogar das berüchtigte Gesetz Nr. 115 vom 8. Mai 1946 über die Rechtmäßigkeit von Vertreibungsverbrechen bleibt unangetastet. Während in Deutschland NS-Verbrecher seit Jahrzehnten und auch noch über die Jahrtausendwende hinaus verfolgt werden und der ab 1933 unrechtmäßig enteignete, »arisierte« bzw. geraubte Besitz zurückgegeben wird, können tschechische Räuber und Mörder künftig ruhig schlafen.

Ziff. 7 der Erklärung kündigt an: »Beide Seiten werden einen deutsch-tschechischen Zukunftsfonds errichten. Die deutsche Seite erklärt sich bereit, für diesen Fonds den Betrag von 140 Millionen DM zur Verfügung zu stellen. Die tschechische Seite erklärt sich bereit, ihrerseits für diesen Fonds einen Betrag von 20–25 Millionen DM zur Verfügung zu stellen … Die deutsche Seite bekennt sich zu ihrer Verpflichtung und Verantwortung gegenüber all jenen, die Opfer nationalsozialistischer

Gewalt geworden sind. Daher sollen die dafür in Frage kommenden Projekte insbesondere Opfern nationalsozialistischer Gewalt zugute kommen.«

Während in Ziff. 4 erklärt wird, daß die gegenseitigen Beziehungen »nicht mit aus der Vergangenheit herrührenden ... Fragen belastet werden«, erscheinen in Ziff. 7 plötzlich doch Ansprüche »aus der Vergangenheit«, allerdings einseitig, nur zur Entschädigung tschechischer Opfer. Der deutsch-tschechische »Zukunftsfonds« ist also in Wirklichkeit ein tschechischer Vergangenheitsfonds.

Vollends unbegreiflich muß der Zukunfts-/Vergangenheitsfonds demjenigen vorkommen, der sich die Mühe macht, z. B. das tschechoslowakische Präsidialdekret Nr. 12 vom 21. Juni 1945 »über die Konfiskation ... des landwirtschaftlichen Vermögens der Deutschen, Madjaren, wie auch der Verräter und Feinde ...« zu lesen. Dort wurde nämlich in § 7 Abs. 6 »ein Vorzugsrecht auf Zuteilung« u. a. den »ehemaligen politischen Häftlingen und Deportierten und ihren Familienangehörigen und gesetzlichen Erben« eingeräumt. In § 12 wird dann das enteignete Vermögen ausdrücklich als »Ersatz der Schäden« von Personen bezeichnet, die »während der Okkupation aus nationalen, politischen und rassischen Gründen verfolgt wurden«.

In ähnlicher Weise bestimmte das Dekret Nr. 108 vom 25. Oktober 1945 über die totale Enteignung der deutschen und ungarischen Bevölkerung in § 7, daß das »konfiszierte Vermögen« außer für »Teilnehmer am nationalen Widerstand« vor allem für Personen vorgesehen sei, die durch »nationale, rassische und politische Verfolgung geschädigt wurden«.

Diese zentralen Benesch-Dekrete, abgedruckt in Band IV.1 der »Dokumentation der Vertreibung der Deutschen aus Ost-Mitteleuropa« des ehemaligen Vertriebenenministeriums, in jeder größeren Bibliothek nachzulesen, scheint die deutsche Delegation schlicht übersehen zu haben.

Schon die »Einleitung« zur deutsch-tschechischen Erklärung erwähnt, »daß die Bundesrepublik Deutschland die Aufnahme der Tschechischen Republik in die Europäische Union und die Nordatlantische Allianz nachdrücklich und aus Überzeugung heraus unterstützt«.

Daß die EU-Osterweiterung auch um nur sechs Staaten mittelfristig (von 2000 bis 2006) rund 150 Milliarden DM kosten würde[74] und fast ausschließlich von den 15 Altmitgliedern zu finanzieren ist, verlautbarte die EU-Kommission am 16. Juli 1997. Deutschlands Nettozahlerposition in Brüssel hat sich dadurch zweifellos verschlechtert.

Bei der Nato-Osterweiterung streiten die Fachleute noch über die genaue Höhe der Kosten, aber auch hier dürften vergleichbare Summen aufzubringen sein, muß doch veraltetes Kriegsgerät ersetzt und das verbleibende – vom Kaliber der Waffen bis zu den Benzineinfüllstutzen der Panzer – den Nato-Normen angepaßt werden. Wer wird's wohl zahlen?

Aus der Sicht der tschechischen Nationalisten ergibt sich eine sensationelle Gewinnrechnung: ein reiches Land mit hochentwickelter Industrie von der Größe Israels und der Einwohnerzahl der Republik Irland unbeschädigt und ethnisch gesäubert angeeignet. Was die Einwohner in 800 Jahren fleißiger Arbeit den Urwäldern abgerungen hatten, ein unvorstellbarer Wert, mit einem Federstrich politisch hypotheken- und lastenfrei erworben.

Zusätzlich 140 Millionen Mark aus dem »Zukunftsfonds« für tschechische Empfänger kassiert – eine stattliche Summe angesichts der geringen Zahl tschechischer NS-Opfer.

Zusätzliche Milliarden von der Nato zur Modernisierung und Harmonisierung der militärischen Ausrüstung.

Zusätzlich laufende Milliardenzahlung aus den Töpfen der EU.

Weitsichtig kommentierte schon 1992 Weihbischof Pieschl, der Vertriebenenbeauftragte der Deutschen Bischofskonferenz, in einem Leserbrief:[75] »Daß die ČSFR-Seite die rechtlichen Folgen der Anerkennung des Vertreibungsunrechts möglichst gering halten will, ist aus ihrer Sicht verständlich, zumal auf deutscher Seite von den stärksten politischen Kräften die Interessenlage der Sudetendeutschen nicht eingebracht wird. So entsteht ein Ungleichgewicht, das einen gerechten Ausgleich nicht zuläßt. Für die ČSFR gibt es auf deutscher Seite keinen ›Streitpartner‹.« In vornehmer Weise umschreibt hier der Bischof die Tatsache, daß der deutsche Außenminister offenbar seinen Amtseid vergessen hat, nämlich »den Nutzen des deutschen Volkes zu mehren, Schaden von ihm zu wenden und Gerechtigkeit gegen jedermann zu üben« (Art. 64 und 56 des Grundgesetzes).

In der Präambel der deutsch-tschechischen Erklärung ist schließlich von Versöhnung die Rede. Dazu sollte man folgendes wissen: Nach Meinungsumfragen von 1995 betrachten 68 Prozent der Tschechen die Vertreibung als »berechtigte Vergeltung«. 86 Prozent lehnen eine Entschuldigung bei den Vertreibungsopfern ab.[76] Auf eine Erklärung »Versöhnung 95« von 105 tschechischen und deutschen Intellektuellen, in der Gespräche mit den betroffenen Sudetendeutschen gefordert werden, und einen ähnlichen Appell tschechischer und deutscher Bischöfe reagierte der tschechische Ministerpräsident Klaus in einem Zeitungsartikel sarkastisch: »Falls 105 Menschen auf beiden Seiten

meinen, daß ein Dialog notwendig ist, dann laßt sie diesen Dialog selber führen.« Der Text spreche von Versöhnung, aber er, Klaus, wisse nicht, zwischen wem. Falls sich jemand unversöhnt fühle, so solle man ihn sich versöhnen lassen, vgl. »FAZ« vom 3.4.1995.
Für eine wirkliche Versöhnung wäre das einzig dauerhafte Fundament die Wahrheit und der Respekt vor den Menschenrechten der anderen gewesen. Wer Völkerverständigung will, wird alles tun, um so schnell wie möglich alles Trennende zu beseitigen, und dazu gehört nun einmal auch ein Berg von Toten. Man muß sie aber ordentlich bestatten; mit einer Leiche im Keller hat noch keiner Frieden gefunden.
Herbert Wehner sah die Dinge (1965 im Süddeutschen Rundfunk) realistisch: »Eine Versöhnung ohne das Recht ist eine Art der Unterwerfung.« Daß es auch anders geht, zeigen z. B. die Baltenländer und Ungarn, die ihre früheren deutschen Mitbürger auffordern, in ihre alte Heimat zurückzukehren, und sogar Entschädigung anbieten.[77]
International bedeutet der von tschechischer Seite angestrebte »dicke Schlußstrich« ohne jegliche Aufarbeitung der Vergangenheit ein Erfolgsmodell für den nächsten Fall von Völkermord. In der Frankfurter Paulskirche konstatierte der UN-Hochkommissar für Menschenrechte, Jose Ayala Lasso, am 28.5.1995: »Wenn die Staaten seit dem Ende des Zweiten Weltkrieges mehr über die Vertreibung der Deutschen nachgedacht hätten, dann wären die heutigen Katastrophen und Vertreibungen, die vor allem als ›ethnische Säuberungen‹ bezeichnet werden, vielleicht nicht in diesem Ausmaß vorgekommen.«
Die zitierten Beispiele zeigen, womit sich das Informationsvakuum zum Thema der Vertreibungsverbrechen füllt. Es ist dies zum einen die wiedererstandene Kollektivschuldtheorie, zum anderen die östliche Propaganda. Beide feiern geradezu zwangsläufig fröhliche Urständ, solange es an einer Vergangenheitsbewältigung nach wissenschaftlich-objektiven und moralischen Kriterien fehlt.

Die deutsche Neurose

Die Ungereimtheiten der bisherigen Art der Vergangenheitsbewältigung haben in der deutschen Öffentlichkeit eine ganze Reihe bemerkenswerter Phänomene hervorgebracht. Schon der Gebrauch einer seltsamen Chiffrensprache verheißt dem Psychologen ein lohnendes Betätigungsfeld. Wie man im Mittelalter den Teufel nicht beim Namen nannte, sondern vom Leibhaftigen oder vom Gottseibeiuns sprach, so sagt man heute gern »jüngste Vergangenheit«, wenn man die Naziverbrechen meint. Besonders deutlich zeigen sich die unterschwelligen Strömungen bei einer Stimme aus der Nachkriegsgeneration:

»Ja, ich wußte genau, daß ich Hitler war, bis zum Gürtel, daß ich da nicht herauskommen würde, daß es ein Kampf auf Leben und Tod ist, der mein Leben verseucht, seine gottverdammte Existenz hat sich an meine geklebt wie Napalm, und wenn ich auch eigentlich ganz andre Sachen vorhabe ... ich muß versuchen, die brennende Flamme zu löschen, aber es ist gar nicht Hitler, ist mein Vater, ist meine Kindheit, meine Erfahrung, BIN ICH ...«

Das Zitat stammt aus dem Romanessay »Die Reise« von Bernward Vesper[78], dem Sohn des NS-Schriftstellers Will Vesper, ehemaligen Verlobten der Linksterroristin Gudrun Ensslin und seinerzeitigen Apo-Verleger. Unwillkürlich löst die Stelle Assoziationen mit der mittelalterlichen Legende von Ahasverus, dem fluchbeladenen Juden, aus, von dem A. Silbermann in seinem Buch »Der ungeliebte Jude/Zur Soziologie des Antisemitismus« schreibt:[79] »Es wird mysteriös und diffus eine fortdauernde jüdische Schuld, ein unerbittlicher Fluch, konstatiert, der – und das ist wesentlich – nicht davon ausgeht, was der Jude tut, sondern davon, was er ist, also von seinem Wesen, seiner Natur her.« – Bernward Vespers Buch wurde von der »Weltwoche« als »Nachlaß einer ganzen Generation« gewürdigt. Eine Bestandsaufnahme dieses Nachlasses ist nicht uninteressant.

Anläßlich einer wissenschaftlichen Vortragsreihe der Münchner Carl-Friedrich-von-Siemens-Stiftung im Oktober 1979 wurde das geistige Klima der Bundesrepublik von den Veranstaltern folgendermaßen definiert:[80]

»Die Deutschen von heute, welcher Generation auch immer, leben in einer besonderen, nicht normalen Situation. Diese Situation ist durch die Epoche der Weltkriege und ihre Interpretation bestimmt. Die Anormalität der Lage scheint schwer erträglich zu sein und Abwehrmechanismen nahezulegen. Einer besteht darin, das Anormale für normal zu halten, ein anderer, bestimmte Ereignisse aus dem Gedächtnis zu verbannen. Mißlingen solche Versuche, so kommt es zu neurotischen Konflikten. Handlungsfähig ist ein Volk erst, wenn es in der Lage ist, seine Geschichte zu erzählen und sich mit ihr und durch sie zu identifizieren. Die Deutschen können heute diesen notwendigen Prozeß nicht oder nur unter großen Schwierigkeiten vollziehen. Ihre Identität ist damit gefährdet.«

Während die Siemens-Stiftung »Die deutsche Neurose« als Arbeitstitel für ihr Symposium wählte, überschrieb Jürgen Leinemann eine einschlägige Serie im »Spiegel« mit »Die deutsche Depression«. Der Journalist diagnostiziert nach Untersuchung des deutschen Seelenzustandes in Anlehnung an das Psychiatrielehrbuch von W. Schulte und

J. Tölle u. a. die folgenden psychischen Störungen und Traumata:[81] »Verlust an Geborgenheit. Ungewißheit. Selbstwertzweifel. Autoaggression. Selbstvorwürfe ... Verlust an Wirklichkeitssinn.«

Der amerikanische Verleger Irving Kristol empfindet das Nachkriegsdeutschland als irgendwie entwurzelt, eine dahinschwimmende nationale Wesenheit, sanft auf dem Strom der Zeit schwankend, so daß er schließlich eine Art Seekrankheit verspürte. Auf dem Londoner Flughafen gelandet, hatte er »den überwältigenden Eindruck, wieder festen Boden unter den Füßen zu haben«.[82]

Umgekehrt registrieren heimkehrende Deutsche wie z. B. der Botschafter Günter Diehl nach langjähriger Auslandstätigkeit zu Hause »frappanten Mangel an Selbstachtung, Unsicherheit und neurotische Verhaltensweisen«.[83]

Diese subjektiven Eindrücke lassen sich heute mit den Mitteln der modernen Demoskopie objektiv überprüfen. Als wahre Fundgrube erweist sich in dieser Beziehung z. B. Professor Elisabeth Noelle-Neumanns Band »Die verletzte Nation«[84] mit nationalen und internationalen Langzeituntersuchungen. Hier nur einige der wichtigsten Erkenntnisse:

Im Vergleich mit allen anderen untersuchten 29 Völkern bilden die Deutschen in puncto Nationalstolz weltweit das Schlußlicht: »Sehr stolz« auf ihre Nation sind z. B. 79 Prozent der Amerikaner, 55 Prozent der Engländer, aber nur 17 Prozenz der Deutschen.[85] Verbunden mit dem Stolz auf die Nation sind aber interessanterweise auch der Stolz auf die eigene Arbeit, auf Familie und Kinder, schließlich die Bereitschaft, sich für Gemeinschaftsaufgaben einzusetzen, sowie das Vertrauen zu Parlament und Armee, Rechtsprechung und Polizei.[86] Je größer das Mißtrauen gegenüber den demokratischen Institutionen, um so größer auch die Anfälligkeit für extremistische Tendenzen.

Nirgendwo ist die Kluft zwischen Eltern- und Kindergeneration größer als in Deutschland. Auf die Frage »In welchem dieser fünf Werte« (Religion, Politik, Moral, Umgang mit Menschen, Sexualität) »stimmen Sie mit Ihren Eltern überein?« antworteten »in keinem«: in den USA neun Prozent, in Großbritannien 13 Prozent und in Deutschland 27 Prozent.[87] Hand in Hand mit der Abneigung gegen die eigenen Eltern geht die Abneigung gegen eigene Kinder; je weniger Gemeinsamkeiten mit den Eltern, desto weniger Kinder.[88] »Sehr glücklich« fühlten sich im amerikanischen Durchschnitt 33 Prozent, im europäischen Durchschnitt 21 Prozent, im deutschen zehn Prozent.[89]

Der deutsche Selbsthaß hängt also wie eine lähmende Giftwolke über allen Bereichen des privaten und öffentlichen Lebens. Wie heißt es im Volksmund so treffend: »Der mag sich selber nicht.«

Demoskopisch signifikant wird dieser »deutsche Sonderweg« erst seit Mitte der sechziger Jahre, also etwa seit der Weichenstellung zur 1968er Revolte und zum sozialistischen »Marsch durch die Institutionen«.[90]

Daß rassische, ethnische, kulturelle oder religiöse Gruppen eine Art von Selbsthaß entwickeln, wenn sie aus irgendwelchen Gründen in eine Abseitsposition geraten, ist in der soziologischen und sozialpsychologischen Literatur oft und ausführlich beschrieben worden.

Eine klassische Untersuchung ist die von Clark und Clark aus dem Jahr 1947.[91] Sie gaben Negerkindern im Alter zwischen drei und sieben Jahren »weiße« und »schwarze« Puppen mit Fragen wie: »Mit welcher Puppe möchtest du gern spielen? Zeig mir die Puppe, die böse aussieht« usw. Mehrheitlich wollten die Kinder mit der weißen Puppe spielen; die schwarze Puppe wurde als »böse« bezeichnet.

Eine der zahlreichen Analysen des jüdischen Selbsthasses stammt von K. Lewin. In seinem Buch »Revolving Social Conflicts« beschreibt der Autor die eigenen Minderwertigkeitsgefühle als Heranwachsender und fährt dann fort:[92] »Das Minderwertigkeitsgefühl des Juden ist nur ein Indikator der Tatsache, daß er die jüdischen Angelegenheiten mit den Augen der unfreundlichen Mehrheit sieht.« Das Ergebnis dieses Zustandes bezeichnet er als »negativen Chauvinismus«.[93] – Kein Geringerer als Nahum Goldmann, der langjährige Präsident des Jüdischen Weltkongresses, sieht im Selbsthaß bzw. in der Tatsache, sich nicht restlos selbst zu bejahen, eine der augenfälligsten Gemeinsamkeiten der jüdischen und der deutschen Traditionen.[94]

Die klassischen Selbsthaßsymptome sind zwar in der Regel bei Minderheiten zu registrieren[95], doch ist nicht zu bestreiten, daß es auch Ausnahmen von dieser Regel gibt. Im Fall der deutschen Nachkriegsneurose übernehmen im wesentlichen die elektronischen Massenmedien die Rolle der repressiven Mehrheit und die gleichsam sprachlose Bevölkerung die der Minderheit. Durch hilfreiche Vermittlung dieser Massenkommunikationsmittel sehen sich die Deutschen z. Zt. nicht mit ihren eigenen Augen, sondern mit den Augen der ehemaligen Kriegsgegner mit allen historischen alliierten Irrtümern und Vorurteilen, vor allem sehen sie sich aus der Perspektive des Antigermanismus der vierziger Jahre.

Man kann es drehen und wenden, wie man will; wie alle Völker dieser Welt wird auch das deutsche um ein Minimum an kollektiver Identität und – horribile dictu – Nationalbewußtsein nicht herumkommen.

Dieses Minimum ist leicht zu definieren: So viel, wie zum Überleben nötig – nicht mehr, aber auch nicht weniger. Eine Familie ohne Familiensinn ist auf die Dauer nicht vorstellbar.

Die Therapie der deutschen Neurose ist leichter, als es auf den ersten Blick scheinen mag; sie ist in jedem beliebigen Lexikon unter dem Stichwort Psychoanalyse nachzulesen:[96] »Die Einsicht in die unbewußte Konfliktursache und die klare Auseinandersetzung damit befreit die für die Verdrängung gebrauchte psychische Energie und läßt zugleich auch die Symptome verschwinden.«

Im gegebenen Fall ist daran zu erinnern, daß der neurotische Selbsthaß diskriminierter Minderheiten auf der Übernahme von Vorurteilen der feindseligen Mehrheit beruht. Bei der deutschen Neurose fungieren vor allem die elektronischen Massenmedien als »Mehrheit«, das Volk als Minderheit; das übernommene Vorurteil liegt in der rassistisch gefärbten Kollektivschuldtheorie; es läuft parallel mit der fehlenden Aufarbeitung der Vertreibungsverbrechen und ähnlicher Aspekte der Zeitgeschichte. Sobald die von der Neurose Betroffenen den unwissenschaftlichen Charakter der genannten Theorie zur Kenntnis genommen haben, verschwinden die Verunsicherung und die moralische Orientierungslosigkeit von selbst; die Gesellschaft lernt wieder, die ungekürzte Ausgabe der Zeitgeschichte zu lesen, und sie kann die Aufgaben des Tages nach moralischen und rationalen Kriterien in Angriff nehmen. Und die Geschichte verwandelt sich vom Gespenst wieder in eine Lehrmeisterin.

Ausblick

Unter ausländischen Sachkennern sieht man die deutsche Neurose oft viel klarer als vor Ort. Zwar sprach schon der SPD-Vorsitzende Kurt Schumacher von »Zerknirschungsmentalität«, und auch der Publizist Johannes Gross spottete im »FAZ-Magazin« vom 6.10.1995: »Die Deutschen sind die frömmsten Leute. Sie haben gar nicht so viele Backen, wie sie zum Streich hinhalten wollen.« Aber die klarsten Worte kommen doch von draußen; hier nur einige wenige Beispiele:

David P. Calleo, US-Historiker und Politologe, in seinem Buch »Legende und Wirklichkeit der deutschen Gefahr«: »Viele deutsche Autoren scheinen eine Art perversen Vergnügens daran zu finden, ihrem Volk eine einzigartige Schlechtigkeit zuzuschreiben, die es von der übrigen Menschheit unterscheidet.«

Die deutsche Außenpolitik der letzten Jahre hat Timothy Ash auf die Formel gebracht, sie erstrebe »freundschaftliche Beziehungen mit dem

Himmel, vertiefte Partnerschaft mit der Erde, aber auch fruchtbare Zusammenarbeit mit der Hölle«.

Edward Heath, britischer Premierminister, 1979 in einem Interview: »Wenn ich immer wieder von meinen deutschen Freunden höre, ›Nein, das geht nicht, sehen Sie doch, was in der Vergangenheit passiert ist, die anderen wollen das nicht‹, so halte ich diesen Standpunkt für völlig falsch.«

Man könnte alle Äußerungen auf eine Kurzformel reduzieren: »Wer sich zum Wurm macht, kann nachher nicht klagen, wenn er getreten wird.« (Immanuel Kant)

Und so konnte es nicht verborgen bleiben, daß das offizielle Deutschland außer Totstellen und Zahlen keine anderen Reaktionen gegenüber deutschfeindlichen Aktivitäten kennt. Kein Wunder, daß die Attacken, Vorwürfe und Forderungen nicht nachließen, sondern ständig zunahmen. Der unvergessene Franz Josef Strauß hat es mit bayerischer Deutlichkeit gesagt: »Wer everybody's darling sein will, wird bald everybody's Volldepp.«

Dabei gäbe es durchaus Wege aus der selbstgewählten und vor allem kostspieligen Unfreiheit. Noch 1956 wurde versucht, antideutsche Filme und Veröffentlichungen zu verhindern.[97] Von einem Vorstoß, eine zentrale Ermittlungsstelle für Kriegs- und Nachkriegsverbrechen an Deutschen einzurichten, war weiter oben schon die Rede. Daneben gäbe es die Möglichkeit, nach amerikanischem Vorbild eine »Watchlist« einzuführen, auf der alle Personen erfaßt werden, die im Verdacht stehen, an Menschenrechtsverletzungen beteiligt gewesen zu sein. Wenngleich eine solche Liste rechtlich nur ein Einreiseverbot zur Folge hat, wäre die internationale Signalwirkung doch nicht zu unterschätzen. Wenn sich z. B. Ernest Hemingway in einem am 27.8.1949 geschriebenen und später veröffentlichten Brief damit brüstet, einen deutschen Kriegsgefangenen ermordet zu haben[98], so wird es jeder rechtlich denkende Mensch akzeptieren, wenn der Macholiterat zu Lebzeiten auf der Liste steht. In Amerika besteht eine sehr effektiv arbeitende Anti Defamation League (ADL), die sich vor allem mit der Bekämpfung des Antisemitismus beschäftigt. Wäre es nicht an der Zeit, neben altehrwürdigen Institutionen wie Goethe-Institut und VDA-Gesellschaft für deutsche Kulturbeziehungen im Ausland eine moderne Antidiffamierungsliga gegen den Antigermanismus ins Leben zu rufen?

Kriege werden nur aufhören, wenn sie sich nicht lohnen, d. h. wenn der Status quo ante wiederhergestellt wird; gleiches gilt für Vertreibungen.

Bundesaußenminister Genscher und sein Amtsnachfolger Kinkel haben dies – vor allem mit Blick auf Jugoslawien – immer wieder betont. 1991 z. B. erklärte Genscher, auf keinen Fall dürfe eine gewaltsame Verletzung bestehender Grenzen durch spätere Anerkennung bestätigt werden. Im folgenden Jahr wiederholte Kinkel: »Wir werden niemals anerkennen, was mit Waffengewalt, durch Verbrechen und Eroberungen erreicht worden ist.«

Was jenseits von Oder und Neiße »mit Waffengewalt und Verbrechen« erreicht wurde, sah Genscher am 8.10.1990 aber ganz anders: »Es entspricht der Würde, der Verantwortung, dem Selbstbestimmungsrecht und dem Friedenswillen unseres Volkes, daß wir sie – unsere Erklärungen und Verpflichtungen in diesem Vertrag – in eigener Entscheidung und in eigener Verantwortung abgegeben haben. Nichts ist uns aufgezwungen oder abgerungen.«

Im Gegensatz zu Genschers Statement war bei den Zwei-plus-vier-Gesprächen über die deutsche Einheit der alliierte Druck in Richtung Oder-Neiße-Anerkennung erheblich. Richtig ist allerdings, daß der deutsche Außenminister nicht einmal ansatzweise versucht hat, Teile der Ostgebiete zu retten und so ein Zeichen gegen das Vertreibungsunrecht zu setzen (auch der deutsche Widerstand wußte, wie schwer es war, Hitler zu stürzen; aber man hat den 20. Juli schließlich doch gewagt, um ein Zeichen zu setzen gegen Diktatur und Völkermord). Ansatzpunkte hätte es durchaus gegeben, z. B. bei Stettin und Umgebung, die ja westlich der Oder-Neiße-Linie liegen und erst später von Polen besetzt und »ethnisch gesäubert« wurden, vgl. S. 152 oben. Gerade eine solche Geste hätte dem Frieden mehr gedient als alles andere. Im »Peloponnesischen Krieg« schrieb schon Thukydides: »Nach unserer Überzeugung lassen sich große Feindschaften auf die Dauer nicht dadurch beilegen, daß man den Gegner zur Annahme eines unbilligen Friedens zwingt, sondern weit eher dadurch, daß man ihn womöglich noch durch Edelmut besiegt und ihm günstigere Bedingungen gewährt, als er selber erwartet.«

1993 erklärte der höchste russische Armeegeneral Konstantin Iwanowitsch Kobez vor dem Münchner Presseklub: »Wenn einige Kurilen-Inseln zurückgegeben werden, verliert Rußland nichts. Königsberg und die Kurilen sind Glieder einer Kette; unsere Politiker werden das Problem lösen.« Inzwischen kann es als gesicherte Tatsache gelten, daß 1991 von russischer Seite Bonn der Rückkauf des nördlichen Ostpreußen angeboten wurde, und zwar zu erstaunlich günstigen Konditionen, nämlich einer Summe in doppelter Höhe des späteren deutschen Golfkriegsbeitrags – Geld, das Moskau dringend brauchte. Die Offerte hatte eine gewisse Logik für sich.[99]

Einerseits sind von den 732 000 bis 900 000 derzeitigen Bewohnern des »Königsberger Gebiets« (Oblast Kaliningrad) etwa 500 000 Angehörige der Streitkräfte und deren Familienmitglieder[100], und diese geballte Militärpräsenz verursacht bei den baltischen Völkern verständliche Kopfschmerzen.[101] Auch der Europa-Abgeordnete Otto von Habsburg meinte: »Gebiete wie die russische Enklave Königsberg sind eine tickende Zeitbombe, die uns früher oder später noch schwere Sorgen bereiten wird.«

Andererseits sitzen in der ehemaligen Sowjetunion fast zwei Millionen Deutsche auf gepackten Koffern und wollen in die Bundesrepublik[102], wo sie bei der derzeitigen Lage auf dem Arbeitsmarkt naturgemäß die Schar der Sozialhilfeempfänger vergrößern würden. Die Errichtung einer neuen Wolgadeutschen Republik rund um Königsberg war zu Beginn der neunziger Jahre das Mindeste des Erreichbaren (wie sehr die Dinge in der ehemaligen Sowjetunion in Fluß gekommen sind, zeigt auch das 1995 unterzeichnete Abkommen zwischen der Ukraine und den Vereinten Nationen über die Rücksiedlung der vertriebenen Krimtataren mit UNO-Hilfe).

Vielleicht erinnert sich der eine oder andere an ein Wort von Albert Einstein: »Die elementare Reaktion gegen Ungerechtigkeit und für Gerechtigkeit ist abhanden gekommen, jene Reaktion, die auf die Dauer des Menschen einzigen Schutz gegen einen Rückfall in die Barbarei gewährleistet. Denn ich bin überzeugt, der leidenschaftliche Wille zur Gerechtigkeit und zur Wahrheit hat mehr zur Verbesserung der menschlichen Lebensbedingungen beigetragen als die berechnende politische Schlauheit, die auf Dauer nur allgemeines Mißtrauen erzeugt.«

19. Resümee

Bei der Bewältigung der Vertreibungsverbrechen ist per Saldo daran zu erinnern, daß hier – wie demoskopische Erhebungen zeigen – ein auffallendes Informationsdefizit besteht. Die verbreitete Unwissenheit hängt zusammen mit der unzureichenden Behandlung des Gegenstandes in Massenmedien, Film und Literatur. Die Möglichkeiten der gerichtlichen Verfolgung der einschlägigen Straftaten wurden nicht ausgeschöpft, und amtliche Dokumentationen zum Thema konnten z. T. nur unter größten Schwierigkeiten erscheinen.

Es existiert auch kein irgendwie bemerkenswertes Denkmal für die Opfer dieses größten Verbrechenskomplexes der Nachkriegsgeschichte.

Vordergründig scheint das wichtigste Hindernis bei der Bundesregierung zu liegen; denn sie hat mehrfach zu erkennen gegeben, daß sie einer Bewältigung der Vertreibungsverbrechen ablehnend gegenüberstehe. Als Begründung wurden überwiegend Gesichtspunkte der Versöhnungspolitik angeführt, dabei aber übersehen, daß eine dauerhafte Verständigung nur auf dem Fundament der Wahrheit und der Achtung der Menschenrechte möglich ist.

Ob der verlorene Krieg oder die Untaten der diktatorischen Epoche in diesem Zusammenhang immer noch nachwirken, erscheint zumindest zweifelhaft, weil z. B. die ehemaligen Diktaturen Japan und Italien heute keine »Geschichtsschreibung der Sieger« und auch keine Kollektivschuldgedanken kennen. Eine plausiblere Erklärung liegt in der betont antinationalen bis deutschfeindlichen Grundhaltung vieler Medien. Da Linksradikalismus und Antigermanismus in der Regel parallel laufen und eine linke Hegemonie in der deutschen Medienlandschaft unübersehbar ist, dürfte hier eine wesentliche Ursache des Informationsdefizits liegen. Hinzu kommt das traditionell schwache kollektive Selbstbewußtsein der Deutschen.

Nach einem der neueren Parkinsonschen Gesetze füllt sich ein Informationsvakuum »in kürzester Zeit mit falscher Darstellung, Gerücht, Geschwätz und Gift«. Im gegebenen Fall füllt sich das Vakuum beim Thema Vertreibungsverbrechen zum einen mit der wiedererstandenen Kollektivschuldtheorie, zum anderen mit östlicher Propaganda. Die spektakulärsten inländischen Beispiele dafür sind die Vertriebenen-Denkschrift der EKD, die deutsch-polnischen Schulbuchempfehlungen und die deutsch-tschechische Erklärung von 1997.

In Deutschland sind immer häufiger Verhaltensweisen zu beobachten, die an den Selbsthaß diskriminierter Minderheiten erinnern. Bei dieser

»deutschen Neurose« übernehmen vor allem die elektronischen Massenmedien die Rolle der repressiven Mehrheit und die gleichsam sprachlose Bevölkerung die der Minderheit. Die Folgen sind innenpolitische Desorientierung und Destabilisierung und außenpolitische Lähmung und Manipulierbarkeit.

Für die Therapie der Neurose gelten die allgemeinen Regeln der Psychotherapie, d. h., »die Einsicht in die unbewußte Konfliktursache und eine klare Auseinandersetzung damit befreit die für die Verdrängung gebrauchte psychische Energie«. Sobald die Gesellschaft die wiedererstandene Kollektivschuldtheorie als Konfliktursache erkannt hat, kann sie wieder die ungekürzte historische Wahrheit zur Kenntnis nehmen und die Aufgaben des Tages nach rationalen und moralischen Kriterien bewältigen.

Nachwort zur Neuauflage

Die sog. ethnischen Säuberungen in Bosnien haben die unveränderte Aktualität dieses Buches schlaglichtartig erhellt. Denn 1992 bis 1995 geschah auf dem Balkan im Grunde nichts anderes als 1945 bis 1948 jenseits von Oder, Neiße und Böhmerwald; ein ähnlicher Tatbestand, gleiche Grausamkeit, gleiche Motive bei Tätern und Anstiftern. Mancher wird nun den Satz von George Santayana besser verstanden haben: »Die das Vergangene vergessen, sind dazu verdammt, es noch einmal zu erleben.«

Auch im übrigen hat sich viel getan seit dem ersten Erscheinen dieses Buches im Jahr 1982. In Europa sind der Eiserne Vorhang und die totalitären Regime verschwunden. Mit der Spaltung Europas in zwei verfeindete Blöcke endete die Spaltung Deutschlands. Eine Art Entkolonialisierung hat die Sowjetunion und andere Länder erfaßt, und mehrere Nationen haben ihre Unabhängigkeit erreicht.

Innenpolitisch sind Einfluß und Medienpräsenz der Kommunisten erstaunlich gewachsen. Der PDS-Spitzenpolitiker Gregor Gysi führte z. B. in der SAT.1-Runde »Talk im Turm« die Anwesenheitslisten (Stand 1996) an: Mit einer elfmaligen Präsenz übertraf er sogar Gerhard Schröder mit zehn und Heiner Geißler mit acht Auftritten. »Das rote Medienwunder« titelte das Magazin Focus (Nr. 15/1999) nur drei Jahre später.

Umgekehrt tendiert der Einfluß der Vertriebenen gegen null. Daß sich ihre Verfolgung in subtiler Weise durch öffentliche Verharmlosung, Leugnung bzw. Rechtfertigung der Nachkriegsverbrechen bis heute fortsetzt, ist schon im 18. Kapitel beschrieben worden. Erwähnt wurde auch, daß nach unveränderter tschechischer Rechtslage Vertreibungsverbrechen rechtmäßige Handlungen waren und Bonn diese etwas »andere Rechtsauffassung« 1997 ausdrücklich »respektiert« hat. Zu ergänzen wäre allenfalls noch, daß in der Verfassungsschutzpraxis einiger Bundesländer ein verfassungsfeindlicher Angriff auf die »Völkerverständigung« bereits dann angenommen wird, wenn jemand eine (friedliche) »Revision der Grenzen mit den östlichen Nachbarn« fordert[1]; obwohl das Schlußprotokoll der Helsinki-Konferenz von 1975 solche Korrekturen ausdrücklich erlaubt.

Es gab also mehrere Gründe, die für eine Neuauflage sprachen.

Zu überarbeiten war vor allem der Abschnitt »Bewältigung«; in den anderen Teilen wurde die neuere Literatur berücksichtigt. Für Anregungen und Kritik aus dem Leserkreis ist der Verfasser wie immer dankbar.

Anhang

Bemerkungen zum Bildmaterial

Das Bildmaterial in diesem Buch ist nicht repräsentativ. Es kann nicht alle Vertreibungsgebiete berücksichtigen, weil seinerzeit entweder das Fotografieren nicht möglich war oder weil die Bilder heute nicht zugänglich sind.

Auf deutscher Seite entstanden Fotos fast immer nur nach erfolgreichen militärischen Operationen, wie z. B. bei den Komplexen Nemmersdorf 1944 oder Bromberg 1939; die Fotos von Verbrechensopfern nach ihrem Eintreffen im Westen geben nur eine entfernte Vorstellung vom Grauen jener Tage. Im Osten war das Fotografieren für Deutsche meist ein lebensgefährliches Abenteuer. Vom Schicksal eines gefangenen deutschen Fotoreporters wird z. B. berichtet:

»Beim Marsch durch die Tschechoslowakei nach Rußland trat in der Nähe von Budweis am 1.6.1945 ein ehemaliger Kriegsberichter zwei Schritte neben die marschierende Kolonne und machte ein oder zwei Aufnahmen von am Straßenrand erschlagenen Frauen und Kindern. Wie es ihm gelungen war, einen Fotoapparat durch die mehrfachen Filzungen zu schmuggeln, entzieht sich meiner Kenntnis. Ich sah, wie ihm dieser weggerissen und er selbst, ohne daß die Marschkolonne auch nur anhielt, mit der Maschinenpistole am Straßenrand erschossen wurde und liegenblieb.«

Das westliche Böhmen wurde 1945 von den Amerikanern besetzt. Hier entstand u. a. ein Film kurz nach einem tschechischen Massaker; er wurde zunächst von der US-Armee gesperrt und erst nach längerer Zeit freigegeben. Einige Bilder hieraus enthält dieses Buch.

In den östlichen Ländern war man nicht daran interessiert, die Untaten der eigenen Seite zu filmen, geschweige denn zu publizieren. Die einzige Ausnahme bilden – neben einigen privaten Schnappschüssen – die tschechischen Aufnahmen von Pogromen gegen Deutsche, vor allem in Prag. Da es in Böhmen kaum nennenswerten Widerstand gegen Hitler gegeben hatte, versuchte man durch solche Aufnahmen die Rolle der Tschechen bei der Befreiung glaubhaft zu machen; außerdem sollte die eigene Bevölkerung von der Rechtmäßigkeit der Ausschreitungen überzeugt werden. Daß hier Versuche mit unqualifizierten Mitteln gemacht wurden, merkte man vermutlich erst, als die Bilder schon veröffentlicht waren.
Die vorstehenden Informationen stammen aus dem Band von Rudolf Mühlfenzl (Hrsg.): Geflohen und vertrieben/Augenzeugen berichten/ Nach der Fernsehdokumentation »Flucht und Vertreibung«, Königstein/Ts. 1981, S. 16 ff.
In einem tschechischen Privatarchiv lagen jahrzehntelang Fotos von der Mißhandlung und Ermordung deutscher Soldaten kurz nach dem Krieg im böhmischen Miröschau (Mirošov) östlich von Pilsen. Sie wurden 1996 vom tschechischen Sender TV NOVA in seiner wöchentlichen Serie »Na vlastni oci« (Mit eigenen Augen) in dem Beitrag »Hrob« (Das Grab) verbreitet und dem Verfasser vom sudetendeutschen Heimatkreis Mies-Pilsen e. V. in Dinkelsbühl zur Verfügung gestellt.
Das Foto der Tito-Partisanen in Klagenfurt stammt aus Ingomar Pusts »Titostern über Kärnten« (Klagenfurt 1984) und das des verhungernden jugoslawiendeutschen Kindes von Jakob Bohn; beide sind abgebildet in dem Band »Völkermord der Tito-Partisanen 1944–1948« (Graz 1990).
Aus einer Broschüre des Sudetendeutschen Rats (»Zerstörte Heimat im Herzen Europas«, München 1989) entnommen sind die Bilder verfallener Gebäude im Sudetenland.
Der 1940 in Berlin erschienene und 1995 vom Arndt-Verlag in Kiel nachgedruckte Band »Dokumente polnischer Grausamkeit. Im Auftrage des Auswärtigen Amtes herausgegeben ...« enthält ebenfalls Bildmaterial, aus welchem hier ein Teil wiedergegeben ist.

Bildnachweis
(Zahl der verwendeten Bilder)

Arndt-Verlag 2
Bibliothek für Zeitgeschichte Stuttgart 1
Bilderdienst Süddeutscher Verlag München 7
Bohn Jakob 1
Bundesarchiv 19
Chronos-Film GmbH 10
Heimatkreis Mies-Pilsen e. V. 4
Heinrich C. 1
Keystone 1
Pust Ingomar 1
Seliger-Archiv 1
Sudetendeutsches Archiv 9
Sudetendeutscher Rat 3
Ullstein Bilderdienst 1

Literaturauswahl

Ahlfen, H. von: Der Kampf um Schlesien, München 1963

Ahrens, Wilfried: Verbrechen an Deutschen, Dokumente der Vertreibung, 82054 Arget 1983

Arbeitsgemeinschaft zur Wahrung sudetendeutscher Interessen: Dokumente zur Austreibung der Sudetendeutschen, München 1952

Aurich, Peter: Der deutsch-polnische September 1939, München 1970 (3. Aufl. Berlin/Bonn 1985)

Auswärtiges Amt (Hrsg.): Dokumente polnischer Grausamkeit, Kiel 1995 (gekürzter Nachdruck des 1940 in Berlin erschienenen gleichnamigen Bandes)

Bachstein, Martin: Wenzel Jaksch und die sudetendeutsche Sozialdemokratie, München 1974

Becker, Cajus: Flucht übers Meer, Oldenburg 1964

Becker, Rolf: Niederschlesien 1945, Die Flucht – Die Besetzung, München 1979

Beckherrn, Eberhard/Dubatow, Alexej: Die Königsberg-Papiere, Neue Dokumente aus russischen Akten, München 1994

Benz, Wolfgang (Hrsg.): Die Vertreibung der Deutschen aus dem Osten, Frankfurt am Main 1985

Bierschenk, Theodor: Die deutsche Volksgruppe in Polen 1934–1939, Kitzingen 1954

Blum, John Morton: From the Morgenthau Diaries, Years of War 1941–1945, Boston 1967

Blumenwitz, Dieter: Rechtsgutachten über die Verbrechen an den Deutschen in Jugoslawien, 1944–1948, München 2000

Böhme, Kurt W.: Gesucht wird .../Die dramatische Geschichte des Suchdienstes, München 1965

Bötzer, Brigitte: Das Vertriebenenproblem in der Münchener Tagespresse 1945–1953, Dissertation München 1957

Bohmann, Alfred: Bevölkerungsbewegungen in Böhmen 1847–1947, München 1958

– Menschen und Grenzen, Bd. 1–4, Köln 1969–1975

– Die deutsche Bevölkerung in der Sowjetunion, in: Außenpolitik, 1961, S. 261 ff
– Die Bevölkerung der Oder-Neiße-Gebiete, in: Außenpolitik, 1959, S. 438–443
– Polens Drang nach Westen, in: Außenpolitik, 1960, S. 92–104
Borodziej, W./Lemberg, H. (Hrsg.): Unsere Heimat ist uns ein fremdes Land geworden ... Die Deutschen östlich von Oder und Neiße 1945–1950. 3 Bände, Marburg 2000, 2003, 2004
Bosl, Karl (Hrsg.): Das Jahr 1945 in der Tschechoslowakei, München 1971
Botting, Douglas: From the Ruins of the Reich, New York 1985
Brancion, Yves: Die Oder-Neiße-Linie, Stuttgart 1970
Brand, Walter: Die sudetendeutsche Tragödie, Nürnberg 1949
Brandes, Detlef: Der Weg zur Vertreibung 1938–1945, München 2001
Breit, Holger: Die Deutschen in Oberschlesien 1163–1999, München 1999
Breyer, Richard: Das deutsche Reich und Polen 1932–1937, Würzburg 1955
Broszat, Martin: Zweihundert Jahre deutsche Polenpolitik, München 1963
– Nationalsozialistische Polenpolitik 1939–1945, Stuttgart 1961
Brügel, Johann: Tschechen und Deutsche 1918–1938 (Bd. 1), München 1967
– Tschechen und Deutsche 1939–1946 (Bd. 2), München 1974
Brustat-Naval, Fritz: Unternehmen Rettung, Herford 1970
Bund der Vertriebenen: Verletzung von Menschenrechten, Bonn 1980
Bundesarchiv, vgl. Kulturstiftung
Bundesministerium für Vertriebene, Flüchtlinge und Kriegsgeschädigte (Hrsg.): Dokumentation der Vertreibung der Deutschen aus Ost-Mitteleuropa, bearbeitet von Theodor Schieder, 8 Bände, 3 Beihefte, Bonn 1953–1962; Taschenbuch-Reprint: München 1984
Chiodo, Marco Picone: »Sie werden die Stunde verfluchen ...«, Sterben und Vertreibung der Deutschen im Osten 1944–1949, München 1990
Conquest, Robert: Stalins Völkermord, Wien 1970
Czaja, Herbert: Unterwegs zum kleinsten Deutschland? Mangel an Solidarität mit den Vertriebenen, Marginalien zu 50 Jahren Ostpolitik. München 1996
Deuerlein, Ernst: Potsdam 1945. Ende und Anfang, Köln 1970
Dieckert, Kurt/Grossmann, Horst: Der Kampf um Ostpreußen, München 1960
Dörr, F./Kerl, W.: Ostdeutschland und die deutschen Siedlungsgebiete in Ost- und Südosteuropa in Karte, Bild und Wort, München 1983
Donauschwäbische Kulturstiftung (Hrsg.): Leidensweg der Deutschen im kommunistischen Jugoslawien, Band I–IV, München, Sindelfingen 1991–1994
– Verbrechen an den Deutschen in Jugoslawien 1944–1948, München 1998
Dorthleff, Katharina: Laßt sie selber sprechen, Berichte rußlanddeutscher Aussiedler, Hannover 1978
Duffy, Christopher: Der Sturm auf das Reich, München 1994

Eggert, Oskar: Geschichte Pommerns, Hamburg 1974
Ehrenburg, Ilja: Memoiren, Menschen – Jahre – Leben, 3 Bde., München 1962
– The War 1941–1945, Cleveland 1964
Eissner, Albin: Personelle Kriegsverluste des polnischen Volkes, in: Außenpolitik, 1963, S. 44 ff
– Polnische Annexionen nach dem Ersten Weltkrieg, in: Außenpolitik, 1962, S. 50 ff
– Die tschechische Bevölkerung im Zweiten Weltkrieg, in: Außenpolitik, 1962, S. 328 ff
– Das Schicksal der polnischen Ostgebiete, in: Außenpolitik, 1961, S. 397 ff
– Polen drängt weiter nach Westen, in: Außenpolitik, 1966, S. 438 ff
Ermacora, Felix: Das deutsche Vermögen in Polen, Rechtsgutachten, München 1996
– Die sudetendeutschen Fragen, Rechtsgutachten, München 1992
Esser, Heinz: Lamsdorf, Dokumentation über ein polnisches Vernichtungslager, Bonn 1971
Evangelische Kirche in Deutschland (EKD): Die Lage der Vertriebenen und das Verhältnis des deutschen Volkes zu seinen östlichen Nachbarn, Hannover 1965
Fechner, Helmuth (Hrsg.): Deutschland und Polen 1772–1945, Würzburg 1964
Fischer, Alexander: Sowjetische Deutschlandpolitik 1941–1945, Stuttgart 1975
Franzel, E.: Die Vertreibung Sudetenland 1945–1946, München 1980
Friesen, Astrid von: Der lange Abschied, Psychische Spätfolgen für die zweite Generation deutscher Vertriebener, Gießen 2000
Fuchs, Werner: Selbstzeugnisse polnischen Eroberungswillens, Struckum 1988
Gehrke, Roland: Der polnische Westgedanke bis zur Wiedererrichtung des polnischen Staates ..., Marburg 2001
Glotz, Peter: Die Vertreibung, Berlin 2003
Göttinger Arbeitskreis: Das östliche Deutschland, Würzburg 1959
– Dokumente der Menschlichkeit, Würzburg 1960
Golczewski, Frank: Das Deutschlandbild der Polen 1918–1939, Düsseldorf 1974
Gollancz, Victor: Unser bedrohtes Erbe, Zürich 1947
– Stimme aus dem Chaos, Frankfurt 1960
Golombek, Oskar (Hrsg.): Die katholische Kirche und die Völker-Vertreibung, Köln 1966
Grau, K. F.: Schlesisches Inferno, Stuttgart 1966
Greiner, Bernd: Die Morgenthau-Legende. Zur Geschichte eines umstrittenen Plans, Hamburg 1995
Gruber, Wendelin: In den Fängen des roten Drachen. Zehn Jahre unter der Herrschaft Titos, Jestetten 1986
Grünwald, Leopold: Sudetendeutscher Widerstand gegen Hitler (I), München 1978
Gruscha, Gerhard: Zgoda – ein Ort des Schreckens (poln. Nachkriegskonzentrationslager), 2. Aufl. 1997

Habel, Fritz Peter: Dokumente zur Sudetenfrage, München 1984
– Eine politische Legende, Die Massenvertreibung von Tschechen aus dem Sudetengebiet 1938/39, München 1996
Hartenstein, Michael A.: Die Geschichte der Oder-Neiße-Linie, München 2006
Hertl, Pillwein, Schneider, Ziegler: Der »Brünner Todesmarsch« 1945, Ludwigsburg 2000
Hillgruber, Andreas: Zweierlei Untergang. Die Zerschlagung des Deutschen Reiches und das Ende des europäischen Judentums, Berlin 1986
Hirsch, Helga: Die Rache der Opfer. Deutsche in polnischen Lagern 1944–1950, Berlin 1998
Hoefer, Karl: Oberschlesien in der Aufstandszeit 1918–1921, Berlin 1938
Hoffmann, Joachim: Stalins Vernichtungskrieg 1941–1945, München 1995
Hornig, Ernst (Hrsg.): Die Evangelische Kirche von Schlesien 1945–1947, Augenzeugen berichten, Düsseldorf 1969
Hupka, Herbert (Hrsg.): Letzte Tage in Schlesien, München 1981
Jahn, Hans-Edgar: Pommersche Passion, Preez 1964
Jahn, Peter (Hrsg.): Ilja Ehrenburg und die Deutschen, Berlin 1997
Jaksch, Wenzel: Europas Weg nach Potsdam, Stuttgart 1958
Jedermann, Frantisek: Verlorene Geschichte, Bilder und Texte aus dem heutigen Sudetenland, Köln 1985
Kaps, Johannes: Die Tragödie Schlesiens 1945/46 in Dokumenten, München 1952/53
– Vom Sterben schlesischer Priester 1945/46, Köln 1987
Karweina, Günter: Der große Treck, Stuttgart/Wien 1958
Keitsch, Frank: Das Schicksal der deutschen Volksgruppen in Ostoberschlesien in den Jahren 1922–1939, Dülmen 1982
Kibelka, Ruth: Ostpreußens Schicksalsjahre 1945–1948, Berlin 2000
Klein, Mock, Pachmann u. a.: Von Prag nach Sarajewo, Graz 1996
Klier, Freya: Verschleppt ans Ende der Welt, Schicksale deutscher Frauen in sowjetischen Arbeitslagern, Berlin/Frankfurt a. M. 1996
Kopelew, Lew: Aufbewahren für alle Zeit, Hamburg 1976
Kotowski, Albert S.: Polens Politik gegenüber seiner deutschen Minderheit 1919–1939, Wiesbaden 1998
Kraus, Herbert: Massenaustreibung und Völkermord, Kitzingen 1953
Kulturstiftung der deutschen Vertriebenen (Hrsg.): Materialien zu deutsch-polnischen Schulbuchempfehlungen, Bonn 1980
– Vertreibung und Vertreibungsverbrechen 1945–1948, Bericht des Bundesarchivs vom 20. Mai 1974, Archivalien und ausgewählte Erlebnisberichte, Bonn 1989
Lapardelle, Geoffre de: Verjagt, beraubt, erschlagen, Wiesbaden 1961
Lasch, Otto: So fiel Königsberg, München 1958
Lass, Edgar: Die Flucht – Ostpreußen 1944–45, Bad Nauheim 1964
Launay, Jacques de: La Grande Debacle 1944–1945, Sept millions de civils fuient devant l'Armee rouge, Paris 1985

Lehndorff, Hans Graf: Ostpreußisches Tagebuch, München 1980
Lemberg, Eugen/Rhode, Gotthold (Hrsg.): Das deutsch-tschechische Verhältnis seit 1918, Stuttgart 1969
Lorenz, Franz (Hrsg.): Schicksal Vertreibung/Aufbruch aus dem Glauben, Köln 1980
Maier, Erich: 40 Jahre sudetendeutscher Rechtskampf, Die Arbeit des Sudetendeutschen Rats seit 1947, München 1987
Marzian, Herbert: Annexion und Massenvertreibung, Würzburg 1964
Mlynarik, Jan: Fortgesetzte Vertreibung – Vorgänge im tschechischen Grenzgebiet 1945–1953, München 2003
Morgenthau, Henry: Germany Is Our Problem, New York 1945
Mühlfenzl, Rudolf (Hrsg.): Geflohen und vertrieben, Königstein 1981
Muraswki, Erich: Die Eroberung Pommerns durch die Rote Armee, Boppard 1969
Museum Berlin-Karlshorst: Ehrenburg … vgl. Jahn, Peter
Naimark, Norman M.: Die Russen in Deutschland, Berlin 1999
Neuhoff, Hans/Parplies, H. G.: Die deutsch-polnischen Schulbuchempfehlungen: Zur Nachkriegsgeschichte, Bonn 1976
Oertzen, F. W. von: Polen an der Arbeit. Wie die Annexion Ostdeutschlands 1919–1933 vorbereitet wurde, Kiel 1986
Österreichische Historiker-Arbeitsgemeinschaft Graz (Hrsg.): Völkermord der Tito-Partisanen 1944–1946, Graz 1990
Plaschka, Richard G./Haselsteiner, Horst/Suppan, Arnold/Drabek, Anna Maria (Hrsg.): Nationale Frage und Vertreibung in der Tschechoslowakei und Ungarn 1938–1948, Wien 1997
Pustejowsky, Otfried: Die Konferenz von Potsdam und das Massaker von Aussig am 31. Juli 1945, München 2001
Raschhofer, Hermann: Die Sudetenfrage. Ihre völkerrechtliche Entwicklung vom Ersten Weltkrieg bis zur Gegenwart, München 1953
Reichenberger, E. J.: Ostdeutsche Passion, München 1948
– Europa in Trümmern, Graz 1985
Reichling, Gerhart: Die deutschen Vertriebenen in Zahlen, Teil I, Bonn 1986
Rhode, Gotthold: Die Ostgrenze Polens, Köln 1955
– Geschichte Polens. Ein Überblick, Darmstadt 1966
– (Hrsg.): Die Ostgebiete des Deutschen Reiches, Würzburg 1955
Rhode, Gotthold/Wagner, Wolfgang: Quellen zur Entstehung der Oder-Neiße-Linie in den diplomatischen Verhandlungen des Zweiten Weltkrieges, 2. Aufl., Stuttgart 1959
Roos, Hans: Die Geschichte der polnischen Nation 1918–1978, Stuttgart 1979
Rosen, Hans Freiherr von: Dokumentation der Verschleppung der Deutschen aus Posen-Pomerellen im September 1939, Berlin/Bonn 1990
Rothenpieler, Friedrich Wilhelm: Der Gedanke der Kollektivschuld in juristischer Sicht, Berlin 1982
Sack, John: Auge um Auge, Die Geschichte von Juden, die Rache für den Holocaust suchten, Hamburg 1995

Sander, Heike/Johr, Barbara (Hrsg.): Befreier und Befreite, Krieg, Vergewaltigungen, Kinder, München 1992
Schenck, E. G.: Vom Massenelend der Frauen Europas, Bonn/Bad Godesberg 1988
Schickel, Alfred: Die Deutschen und ihre slawischen Nachbarn, Materialien zur Ostkunde, Frankfurt a. Main/Berlin/Wien 1985
– Geschichte Südmährens, Bd. II, 1918–1946, Geislingen/Steige 1996
– Die polnischen Kriegsverluste 1939–1945, in: Zeitschrift für Politik Nr. 3 (1978), S. 291 ff
– Deutsche und Polen, Bergisch-Gladbach 1984
Schieder, Theodor (Hrsg.): vgl. Bundesministerium für Vertriebene
– Die Vertreibung der Deutschen aus dem Osten als wissenschaftliches Problem, in: Vierteljahreshefte für Zeitgeschichte, Jg. 8 (1960), S. 1 ff
Schild, Hermann (Hrsg.): Das Morgenthau-Tagebuch, Leoni 1970
Scholz, Franz: Görlitzer Tagebuch 1945, Berlin 1993
– Kollektivschuld und Vertreibung, Frankfurt/M. 1995
– Zwischen Staatsraison und Evangelium, Kardinal Hlond und die Tragödie der ostdeutschen Diözesen, Frankfurt/M. 1989
Schön, Heinz: SOS Wilhelm Gustloff, Stuttgart 1998
Schöning, Herta/Tautorat, Hans-Georg: Die ostpreußische Tragödie 1944/45, Leer 1985
Schrenck-Notzing, Caspar von: Charakterwäsche, Die Politik der amerikanischen Umerziehung in Deutschland, München 1981
Schubert, Günter: Das Unternehmen »Bromberger Blutsonntag«/Tod einer Legende, Köln 1989
Schulze, Rainer/Brelic-Lewien, Doris von der/Grebing, Helga: Flüchtlinge und Vertriebene in der westdeutschen Nachkriegsgeschichte, Hildesheim 1987
Schwartz, Michael: Vertriebene und »Umsiedlerpolitik«. Integrationskonflikte in den deutschen Nachkriegsgesellschaften …, München 2004
Schwarz, Wolfgang: Die Flucht und Vertreibung – Oberschlesien, Bad Nauheim 1965
Schwinge, Erich: Bilanz der Kriegsgeneration, Marburg 1978
Senz, Ingomar: Die Donauschwaben, München 1994
Solschenizyn, Alexander: Ostpreußische Nächte, Darmstadt/Neuwied 1976
Sonnleitner: Donauschwäbische Todesnot unter dem Tito-Stern, München 1990
Smelser, Ronald M.: Das Sudetenproblem und das Dritte Reich 1933–1938, München/Wien 1980
Stanek, Tomas: Perzekuze 1945 (Deutschenverfolgung in der ČSR), Prag 1996
– Tabory y Ceskych Zemich 1945–1948 (tschechische Lager), Troppau 1996
Starlinger, Wilhelm: Die Grenzen der Sowjetmacht, Kitzingen 1954
Statistisches Bundesamt: Die deutschen Vertreibungsverluste, Wiesbaden 1958
Stumpp, Karl: Die Rußland-Deutschen, Freilassing 1964
Sudetendeutsches Archiv (Hrsg.): ODSUN, Die Vertreibung der Sudeten-

deutschen, München 1995; zweisprachige Neuauflage, Bd. I (1848–1939), München 2000
Symanek, Werner: Deutschland muß vernichtet werden/Der »Nizer-Plan«, Burg i. D. 1998
Ther, Philipp: Deutsche und polnische Vertriebene, Göttingen 1998
Thorwald, Jürgen: Die große Flucht (Es begann an der Weichsel – Das Ende an der Elbe), München/Zürich 1979
Thurnwald, Wilhelm vgl. Arbeitsgemeinschaft zur Wahrung sudetendeutscher Interessen
Tolstoy, Nikolai: Stalin's Secret War, New York 1982
Trautmann, Werner: Tod und Gewalt, Die Vertreibung als völkerrechtliches, politisches, ethisches, soziales und geschichtliches Problem, Tübingen 1989
Urban, Thomas: Deutsche in Polen, Geschichte und Gegenwart einer Minderheit, 3. Aufl. München 1994
Veale, F. J. P.: Der Barbarei entgangen, Hamburg 1954
Vierheller, Viktoria: Polen und die Deutschlandfrage 1939–1949, Köln 1970
Vogt, Dietrich: Der großpolnische Aufstand 1918/1919, Marburg/Lahn 1980
Wagner, Wolfgang: Die Entstehung der Oder-Neiße-Linie, Stuttgart 1964
Weber, Waldemar: Die Zone der totalen Ruhe. Die Rußlanddeutschen in den Kriegs- und Nachkriegsjahren, Augsburg 2003
Weißbuch der Deutschen aus Jugoslawien. Erlebnisberichte 1944–1948, München 1993
Werth, Alexander: Rußland im Krieg 1941–1945, München 1968
Wieck, Michael: Zeugnis vom Untergang Königsbergs – Ein Geltungsjude berichtet, Heidelberg 1990
Wilkens, Hans Jürgen von (Hrsg.): Die große Not, Danzig-Westpreußen 1945, Münster 1981
Wille, Manfred (Hrsg.): Die Vertriebenen in der SBZ/DDR, 3 Bände, Wiesbaden 1996, 1999, 2003
Zayas, Alfred M. de: Anmerkungen zur Vertreibung, Stuttgart, Berlin, Köln, 1986; 2006 in Wien neu erschienen unter dem Titel: Die deutschen Vertriebenen, keine Täter – sondern Opfer
– Die Anglo-Amerikaner und die Vertreibung der Deutschen, München 1977; 2005 in München neu erschienen unter dem Titel: Die Nemesis von Potsdam
– Heimatrecht ist Menschenrecht, München 2001
– Zeugnisse der Vertreibung, Krefeld 1983
Zayas, Alfred M. de/Rabus, Walter: Die Wehrmacht-Untersuchungsstelle, unveröffentlichte Akten über alliierte Völkerrechtsverletzungen im Zweiten Weltkrieg, München 1979
Zeidler, Manfred: Das Kriegsende im Osten/Die Rote Armee und die Besetzung Deutschlands östlich von Oder und Neiße 1944/45, München 1996
Ziemer, Gerhard: Deutscher Exodus, Stuttgart 1973

Anmerkungen

1. Warum dieses Buch geschrieben wurde

1 Dokumente zur Austreibung der Sudetendeutschen, herausgegeben von der Arbeitsgemeinschaft zur Wahrung sudetendeutscher Interessen, 3. Auflage (München 1952), S. 139

2. Reden oder schweigen

1 Martin und Sylvia Greiffenhagen: Ein schwieriges Vaterland – zur politischen Kultur Deutschlands (München 1979), S. 333. Nach einer Umfrage sind z. B. 74 % der Bevölkerung dagegen, zu fragen, ob jemand während des Dritten Reiches einen führenden Posten hatte. Vgl. ferner Peter Steinbach: Nationalsozialistische Gewaltverbrechen (Berlin 1981), S. 11

2 Tessa Hofmann (Hrsg.): Der Völkermord an den Armeniern vor Gericht (Göttingen 1980), Vorwort; Ives Ternon: Tabu Armenien (Frankfurt, Berlin 1981), S. 11; Gesellschaft für bedrohte Völker (Hrsg.): Das Verbrechen des Schweigens (Göttingen 1985)

3 Ein Bild von der Kaltblütigkeit des Völkermords gibt das Telegramm des türkischen Innenministers Talaat Pascha vom 15.5.1915: »Es ist bereits mitgeteilt worden, daß die Regierung auf Befehl des Djemiet beschlossen hat, alle Armenier, die in der Türkei wohnen, gänzlich auszurotten. Diejenigen, die sich diesem Befehl und diesem Beschluß widersetzen, verlieren ihre Staatsangehörigkeit. Ohne Rücksicht auf Frauen, Kinder und Kranke, so tragisch die Mittel der Ausrottung auch sein mögen, ist, ohne auf die Gefühle des Gewissens zu hören, ihrem Dasein ein Ende zu machen.« Vgl. Hofmann, a.a.O., S. 133

4 Kursbuch 57, S. 208

5 Offizielle Moskauer Angabe. Die Schätzungen reichen von zwölf bis 21 Millionen, vgl. Hannah Arendt: Elemente und Ursprünge totaler Herrschaft (Frankfurt 1962), S. 479 f. Nikolai Tolstoy: Stalin's Secret War (New York 1982), S. 280, hält auch Zahlen zwischen 20 und 30 Millionen für möglich, betont aber, daß über die Hälfte davon Opfer des stalinistischen Terrors (»Stalins geheimer Krieg«) gegen Systemgegner und nichtrussische Völker in der UdSSR wurde, der während des Weltkriegs ungeahnte Ausmaße erreichte, vgl. Tolstoy, a.a.O., S. 284

6 Ariane Barth/Tiziano Terzani: Holocaust in Kambodscha (Hamburg 1980), S. 13, 50; Hubert Gundolf: Massenmord (München 1981), S. 328; Süddeutsche Zeitung vom 3./4.11.1979; Augsburger Allgemeine vom 13./14.10.1979; Gespräche des Verfassers mit Augenzeugen aus der internationalen Rotkreuz-Organisation

7 a) Türken erklärten, man sei durch das Beispiel der Engländer im Burenkrieg auf den Gedanken der KZs gekommen. Vgl. Tessa Hofmann, a.a.O., S. 57

b) Hitler äußerte einmal bewundernd über Stalin: »Das ist eine ungeheuere Persönlichkeit ..., der mit eiserner Faust dieses Riesenreich zusammengefaßt hat ... An der Spitze ein Mann, der sagte: Finden Sie den Verlust von 13 Millionen Menschen zuviel für eine große Idee?« Vgl. Adolf Hitler, Monologe im Führerhauptquartier 1941–1944 (Hrsg. W. Jochmann), Hamburg 1980, S. 366

c) H. Morgenthau berief sich bei seinen Vertreibungsplänen auf die Aussiedlung der Griechen aus der Türkei nach dem Ersten Weltkrieg. Er sagte wörtlich: »Wenn man eine Million verschieben kann, kann man auch zwanzig Millionen verschieben.« (Besprechung vom 4.9.1944) Vgl. Hermann Schild (Hrsg.): Das Morgenthau-Tagebuch, Leoni 1970, S. 126

8 Abgedruckt in »Gott in Auschwitz« (Freiburg i. Br./Basel/Wien 1979), S. 22

9 Urteil vom 18.9.1979, AZ. VI zr 140/78-, veröffentlicht in den »Entscheidungen des BGH in Zivilsachen« Bd. 75, S. 160 ff (Nr. 22). Auszüge in »Die Welt« vom 31.10.1979

Das Oberlandesgericht Köln hat 1981 in einem ähnlichen Fall von Geschichtsfälschung auch Volksverhetzung in Tateinheit mit Aufstachelung zum Rassenhaß gesehen, vgl. »Die Welt« vom 7.8.1981

10 Dokumentation der Vertreibung der Deutschen aus Ost-Mitteleuropa, herausgegeben vom Bundesministerium für Vertriebene, Bonn 1953–1962, Bd. V, S. 449

11 Essay in »Die Welt« vom 3.11.1979

12 Alfred M. de Zayas: Die Nemesis von Potsdam (München 2005), S. 269 (Ansprache zum Sudetendeutschen Tag)

3. Hinweise für den Leser

1 John Toland: Das Finale - die letzten hundert Tage (München/Zürich 1978), S. 503. Das Bundesarchiv selbst gibt den Bestand mit »88 laufenden Metern« an.

2 Wilfried Ahrens (Hrsg.): Verbrechen an Deutschen – die Opfer im Osten; Selbstverlag des Herausgebers in 8029 Arget (3. Auflage 1981). Das Buch enthält die zusammenfassende »Dokumentation der Vertreibungsverbrechen« des Bundesarchivs, allerdings ohne die hier nicht interessierenden Gemeindelisten und dergleichen, ferner Auszüge aus der Bundestagsdebatte vom 25.9.1974 zur Frage der Veröffentlichung der Dokumente. 1989 wurde die Dokumentation von der Kulturstiftung der deutschen Vertriebenen in Bonn unter dem Titel »Vertreibung und Vertreibungsverbrechen 1945–1948« veröffentlicht.

3 Bundesministerium für Vertriebene: »Dokumentation der Vertreibung der Deutschen aus Ost-Mitteleuropa«.

Bd. I/1-2	Die Vertreibung der deutschen Bevölkerung aus den Gebieten östlich der Oder-Neiße
Bd. II	Das Schicksal der Deutschen in Ungarn
Bd. III	Das Schicksal der Deutschen in Rumänien
Bd. IV/1–2	Die Vertreibung der deutschen Bevölkerung aus der Tschechoslowakei
Bd. V	Die Vertreibung der Deutschen aus Jugoslawien
3 Beihefte	(Bonn 1953–1962)

4 Zentralstelle des Kirchlichen Suchdienstes (Hrsg.): Gesamterhebung zur Klärung des Schicksals der deutschen Bevölkerung in den Vertreibungsgebieten (München 1965)

5. Opfer der Roten Armee

1 Bundesarchiv: Dokumentation der Vertreibungsverbrechen, zitiert nach Ahrens, vgl. Fußnote[2] zu 3; S. 39

2 Bundesarchiv, a.a.O., S. 39 f

3 entfällt

4 Bundesministerium für Vertriebene: Dokumentation der Vertreibung der Deutschen aus Ost-Mitteleuropa, Band I 2 (Bonn 1953–1962), S. 462

5 Dokumentation der Vertreibung, Bd. I 2, a.a.O., S. 246

6 Alfred M. de Zayas: Die Anglo-Amerikaner und die Vertreibung der Deutschen (C. H. Beck, München 1977), S. 80. In einem PDS-nahen Verlag publizierte Bernhard Fisch, Promoter der »deutsch-sowjetischen Freundschaft« in Jena, 1997 den verharmlosenden Bericht »Nemmersdorf, Oktober 1944«.

7 Dokumentation der Vertreibung, Bd. I 1, a.a.O., S. 7 f

8 Alfred M. de Zayas/Walter Rabus: Die Wehrmacht-Untersuchungsstelle (München 1979), S. 40

9 Zayas, Die Anglo-Amerikaner, a.a.O., S. 212. Der Autor nimmt an, daß der Bericht vernichtet wurde.

10 Zayas, a.a.O., S. 82

11 Zayas, a.a.O., S. 82

12 Zayas, a.a.O., S. 80 ff

13 vgl. Zayas/Rabus, a.a.O.

14 Zayas/Rabus, a.a.O., S. 71, 74, 245

15 Zayas/Rabus, a.a.O., S. 19

16 Zayas, a.a.O., S. 211

17 Tessa Hofmann: Der Völkermord an den Armeniern vor Gericht (Göttingen 1980), mit Bildmaterial

18 Zayas, a.a.O., S. 90

19 Bundesarchiv, a.a.O., S. 43

20 Zayas, a.a.O., S. 87

21 Alexander Solschenizyn: Ostpreußische Nächte (Darmstadt, Neuwied 1976)

22 Jürgen Thorwald: Die große Flucht (München, Zürich 1979), S. 89 f

23 Lew Kopelew: Aufbewahren für alle Zeit (Hamburg 1976), S. 120

24 Hans Graf von Lehndorff: Ostpreußisches Tagebuch (München 1980), S. 73

25 Lehndorff, a.a.O., S. 215

25a H. Sander/B. Johr (Hrsg.): Befreier und Befreite (München 1992), S. 58 f

26 Zayas, a.a.O., S. 88

27 Z. B. Dokumentation der Vertreibung, Bd. I 1, a.a.O., S. 247

28 Dokumentation der Vertreibung, Bd. I 1, a.a.O., S. 60 E ff

29 Bundesarchiv S. 34 f; Zayas, a.a.O., S. 92 ff

30 Zayas, a.a.O., S. 94 f; H. Schön: SOS Wilhelm Gustloff (Stuttgart 1998)

31 Gegen die Zahl 400 000 spricht, dass der schwerste konventionelle Bombenangriff auf Japan (Tokio, 9./10. März 1945) »nur« zwischen 80 000 und 120 000 Menschenleben forderte und die Atombombe von Hiroshima ca. 130 000, nicht gerechnet allerdings die späteren Strahlenopfer.

Gegen die Zahl 25 000 spricht, daß die Angriffe gegen Kleinstädte wie Pforzheim oder Swinemünde jeweils mindestens 20 000 Opfer hinterließen. Der Feuersturm von Hamburg rund um den 27. Juli 1943 tötete zwischen 40 000 und 50 000 Menschen.

Bei etwa gleich großer Brandfläche wie in Hamburg kann es in Dresden – un-

verteidigt, schlecht vorbereitet und überfüllt mit Flüchtlingen – nicht weniger Opfer gegeben haben.
Die Joint Relief Commission des Roten Kreuzes (IKRK) schätzte etwa 275 000 Opfer (vgl. Zayas a.a.O., S. 217), David Irving (Der Untergang Dresdens, Frankfurt/M., Berlin, 1990, S. 257) 135 000, Götz Bergander (Dresden im Luftkrieg, München 1979, S. 268) 35 000 usw. Wie politisch die Zahlen seit jeher waren, zeigen z. B. die Versuche von NS-Propagandaminister Goebbels, die Opferzahl – und damit die von den Alliierten angestrebte Schockwirkung – herunterzuspielen. Viktor Klemperer, Überlebender der Judenverfolgung und Dresden-Zeitzeuge, notierte am 22. Februar 1945 in seinem Tagebuch: »Schamlos die kurzen Notizen über Dresden. Immer nur die unersetzlichen Kunstdenkmäler, kein Wort über die 200 000 Toten.«
Auch die Anweisung der sowjetischen Militäradministration an den kommunistischen Bürgermeister Dresdens, Walter Weidauer, zum ersten Jahrestag der Zerstörung der Stadt alles zu vermeiden, was als Relativierung der seinerzeit in Nürnberg verhandelten deutschen Kriegsverbrechen verstanden werden konnte, ist typisch; maximal 25 000 bis 35 000 Opfer durften genannt werden; vgl. Schaarschmidt-Interview in der »Jungen Freiheit« (»JF«) vom 11.2.2005 sowie »JF« vom 30.5.2005.

32 »FAZ« vom 20.9.2001

33 Artikel 25 der Haager Landkriegsordnung von 1907 bestimmt: »Es ist untersagt, unverteidigte Städte ... anzugreifen oder zu beschießen.«
Daß es nicht um kriegswichtige Anlagen ging, wird heute kaum noch bestritten. Z. B. berichtet Karl Friedrich Fromme in der »FAZ« vom 13.2.2005: Es war »eine Folge der oft gerühmten Stadtplanung, die in Dresden zu Beginn der Industrialisierung im frühen 19. Jahrhundert Industrie nur außerhalb der Wohngebiete zugelassen hatte. Dort gab es allenfalls ein Zahnpastawerk hinter den Wohnhäusern, was ausgebrannt ganz erbärmlich stank und den sich unaufhaltsam ausbreitenden Geruch nach Tod und Verwesung punktuell überdeckte ... Die Photoindustrie (Zeiss Ikon), die Elektro- und Fernmeldeindustrie (Sachsenwerk) – das alles stand praktisch unversehrt, ebenso das Kasernenviertel im Norden der rechtselbischen Neustadt«.
Kurz nach Dresden wurde Chemnitz angegriffen. Die Besatzungen der Bomberflotte wurden von den Nachrichtenoffizieren informiert: »Sie fliegen heute Nacht dorthin, um alle Flüchtlinge zu töten, die aus Dresden entkommen sein mögen« (vgl. Irving, Der Untergang, a.a.O., S. 189).

34 Dokumentation der Vertreibung, Bd. I 2, a.a.O., S. 107

35 Bundesarchiv, a.a.O., S. 41 f; Dokumentation der Vertreibung, a.a.O., Bd. I 1, S. 83 E

36 Bundesarchiv, a.a.O., S. 45

37 Dokumentation der Vertreibung, Bd. I 2, a.a.O., S. 462

38 Bundesarchiv, a.a.O., S. 45

39 v. Lehndorff, a.a.O., S. 79 bzw. 66; Dokumentation der Vertreibung. Bd. I 1, a.a.O., S. 90 E

40 z. B. Dokumentation der Vertreibung. Bd. I 1, a.a.O., S. 457. Ernst Hornig, in: Herbert Hupka (Hrsg.): Letzte Tage in Schlesien (München 1981), S. 149 ff

41 Hupka, a.a.O., S. 190

42 Lucy Falk: Ich blieb in Königsberg (München 1965), S. 59; Lehndorff, a.a.O., S. 160; Dokumentation der Vertreibung, a.a.O., Bd. I 1, S. 90 E; Bd. I 2, S. 121

43 Wilhelm Starlinger: Die Grenzen der Sowjetmacht, in: Beiheft IX zum Jahrbuch der Albertus-Universität Königsberg/Pr. (Würzburg 1955), S. 38, 53. Geringfügig abweichende Angaben in Dokumentation der Vertreibung Bd. I 2, a.a.O., S. 107. In seinem Buch »Zeugnis vom Untergang Königsbergs. Ein ›Geltungsjude‹ berichtet« (Heidelberg 1988), S. 43 f, schätzt Michael Wieck, daß von 120 000 bis 130 000 Zurückgebliebenen nur 20 000 bis 30 000 überlebten.

44 v. Lehndorff, a.a.O., S. 156

45 Nur die Kalmücken sind Buddhisten.

46 Robert Conquest: Stalins Völkermord (Wien 1970), S. 83, 120

47 »Spiegel« vom 8.11.1960, S. 68; ferner nachstehende Fn.[48]

48 Alfred Bohmann: Menschen und Grenzen, Bd. 3 (Köln 1970), S. 72 f

49 Kurt W. Böhme: Gesucht wird ... (München 1965), S. 266, spricht von 300 000, das Bundesarchiv, vgl. Fußn.[2] zu 3, S. 45, von 270 000. Andere Schätzungen reichen bis zu 325 000.

50 Gert v. Paczensky: Die Weißen kommen (Hamburg 1970), S. 183. Vgl. ferner Ernst Joseph Görlich: Herrenrecht und Sklavenpeitsche (Brugg, Stuttgart, Salzburg 1971), S. 240 ff

51 Kurt W. Böhme: Gesucht wird ... (München 1965), S. 266

52 Die Zwangsarbeit war nach Meinung Moskaus eine Form der Reparationen.

53 Böhme, a.a.O., S. 275

54 Dokumentation der Vertreibung, a.a.O., Bd. I 1, S. 84 E, und Bd. I 2, S. 14

55 Nikolai Tolstoy: Die Verratenen von Jalta (München 1977), S. 196

56 Father E. J. Reichenberger: Ostdeutsche Passion (Düsseldorf 1948), S. 276

57 Tolstoy, a.a.O., S. 103; Sacharow in »Die Welt« vom 30.12.1980

6. Unter polnischer Verwaltung

1 Alfred Bohmann: Menschen und Grenzen, Bd. 1, Strukturwandel der deutschen Bevölkerung im polnischen Staats- und Verwaltungsgebiet (Köln 1969), S. 37 ff; Gerhard Ziemer: Deutscher Exodus (Stuttgart 1973), S. 36 f; Statistisches Bundesamt: Die deutschen Vertreibungsverluste (Wiesbaden 1958), S. 271 ff, besonders S. 284 ff; Helmut Fechner (Hrsg.): Deutschland und Polen 1772–1945 (Würzburg 1964), S. 159 ff, S. 114 ff; Alfred M. de Zayas: Die Anglo-Amerikaner und die Vertreibung der Deutschen (München 1977), S. 27 ff; Theodor Bierschenk: Die deutsche Volksgruppe in Polen (Kitzingen/Main, 1954), S. 9 f; Albin Eissner: Polnische Annexionen nach dem Ersten Weltkrieg in: Außenpolitik, 1962, S. 52 ff

2 Statistisches Bundesamt, a.a.O., Bohmann, a.a.O., S. 38 ff

3 Statistisches Bundesamt, a.a.O., S. 285; Bierschenk, a.a.O., S. 351

4 Zayas, a.a.O., S. 28 f, 204; Eissner, a.a.O., S. 52; Statistisches Bundesamt, a.a.O., S. 285; Hans Roos: Die Geschichte der polnischen Nation 1918–1978 (Stuttgart 1979), S. 134, 59

5 Zayas, a.a.O., S. 29

6 Zum Gesamtkomplex vgl. Fechner, a.a.O., S. 162 f; Roos, a.a.O., S. 135, 138; Gotthold Rohde: Kleine Geschichte Polens (Darmstadt 1965), S. 482; ferner Johannes Vollmer, Tilman Zülch (Hrsg.): Aufstand der Völker (Göttingen 1989), S. 110 ff und 123 ff

7 Fechner, a.a.O., S. 149; Dominique Venner: Söldner ohne Sold – die deutschen Freikorps 1918–1923, S. 275 f; Karl Hoefer: Oberschlesien in der Aufstandszeit (Berlin 1938), S. 108; Roos, a.a.O., S. 91; vgl. ferner Frank Keitsch: Das Schicksal der deutschen Volksgruppe in Oberschlesien in den Jahren 1922–1939 (Dül-

men 1982), und Dietrich Vogt: Der Großpolnische Aufstand 1918/19 (Marburg 1980)

8 Bohmann, Menschen und Grenzen, Bd. 1, a.a.O., S. 38

9 Vgl. vor allem Albert S. Kotowski: Polens Politik gegenüber seiner deutschen Minderheit 1919–1939 (Wiesbaden 1998)

10 Roos, a.a.O., S. 500; Bierschenk, a.a.O., S. 319 ff

11 Peter Aurich: Der deutsch-polnische September 1939 (München, Wien 1970), S. 48 f, 82; Bierschenk, a.a.O., S. 319, 348 ff, 353; »Frankfurter Allgemeine« vom 31.8.1979

12 Zayas/Rabus, a.a.O., S. 244 schätzen »wenigstens 4000–5000« und zitieren die Untersuchungen der Wehrmacht-Untersuchungsstelle, die 3500–5000 ergeben haben. – Die »Posener Zentralstelle für die Gräber ermordeter Volksdeutscher« enthält 5490 Karteikarten für Tote und Vermißte, vgl. Zayas/Rabus, S. 37. – Das Auswärtige Amt in Berlin sprach im November 1939 von »etwa 5400 Morden«, vgl. Martin Broszat, Nationalsozialistische Polenpolitik (Frankfurt/M., Hamburg 1967), S. 51. – Hans Roos: Die Geschichte der polnischen Nation 1918–1978 (Stuttgart 1979) spricht auf S. 168 von etwa 7000 Toten. Gelegentlich wird sogar die Zahl 10 000 genannt. Z. T. wird von polnischer Seite neuerdings eingeräumt, daß z. B. die Zahl 3841 den Tatsachen entsprechen könnte, vgl. Günter Schubert: Das Unternehmen »Bromberger Blutsonntag«, Köln 1989, S. 199

13 Zayas/Rabus, a.a.O., S. 243

14 Alfred Schickel: Die polnischen Kriegsverluste 1939–1945, Zeitschrift für Politik Nr. 3/1978; ferner Zayas/Rabus, a.a.O., S. 227 ff; Auswärtiges Amt: Dokumente polnischer Grausamkeit (Berlin 1940, Nachdruck Kiel 1995)

15 Zayas/Rabus, a.a.O., S. 233 f

16 Zayas/Rabus, a.a.O., S. 241 f; Kotowski, a.a.O., S. 349

17 Aurich, a.a.O., S. 94, 42; Eissner, a.a.O., S. 57; Zayas/Rabus, a.a.O., S. 229

18 Zayas/Rabus, a.a.O., S. 234; inzwischen veröffentlicht von Hans Freiherr v. Rosen: Dokumentation der Verschleppung der Deutschen aus Posen und Pommerellen im September 1939 (Bonn 1990)

19 Broszat, a.a.O., S. 50

20 Broszat, a.a.O., S. 51; Zayas/Rabus, a.a.O., S. 37

21 Dokumentation Bundesarchiv, vgl. Fußnote[2] zu 3, S. 47 ff; Bundesministerium für Vertriebene: Dokumentation der Vertreibung der Deutschen aus Ost-Mitteleuropa (Bonn 1953–1962), Bd. I 1, S. 113 E, 127 E

22 Bundesarchiv, a.a.O., S. 48

23 Zayas, a.a.O., S. 141

24 Bundesarchiv, a.a.O., S. 50

25 Dokumentation der Vertreibung, a.a.O., Bd. I 1, S. 124 E

26 Herbert Hupka (Hrsg.): Letzte Tage in Schlesien (München 1981), S. 296; J. Kaps: Vom Sterben schlesischer Priester (Köln 1988)

27 Hupka, a.a.O., S. 264

28 Bundesarchiv, a.a.O., S. 50, mit weiteren Fundstellen

29 Bundesarchiv, a.a.O., S. 50

30 z. B. Dokumentation der Vertreibung, a.a.O., Bd. I 2, S. 846 ff

31 Zayas, a.a.O., S. 132

32 Zayas, a.a.O., S. 140

33 Zayas, a.a.O., S. 129

34 Bundesarchiv, a.a.O., S. 48

35 Heinz Esser: Die Hölle von Lamsdorf, 5. Aufl. (Dülmen 1977), S. 17
36 Bundesarchiv, a.a.O., S. 49. Edmund Nowak: Lager im Oppelner Schlesien im System der Nachkriegslager in Polen (Lamsdorf–Oppeln 2003), schätzt nur 1000 bis 1500 Tote unter 5000 Häftlingen.
37 John Sack: Auge um Auge (Hamburg 1995) bringt auch zahlreiche Interviews mit Tätern
38 Dokumentation der Vertreibung, a.a.O., Bd. I 1, S. 134 E
39 Dokumentation der Vertreibung, a.a.O., Bd. I 1, S. 133 E; Bd. I 2, S. 524 ff; Bundesarchiv, a.a.O., S. 49
40 Bundesarchiv, a.a.O., S. 48; Dokumentation der Vertreibung, a.a.O., Bd. I 1, S. 132 E
41 Dokumentation der Vertreibung, a.a.O., Bd. I 1, S. 130 E
42 Dokumentation der Vertreibung, a.a.O., Bd. I 1, S. 131 E
43 Zayas, a.a.O., S. 82
44 Heinz Esser, a.a.O., S. 62 ff

7. Böhmen und Mähren

1 Jürgen Thorwald: Die große Flucht (München, Zürich 1979), S. 445
2 Johann Wolfgang Brügel: Tschechen und Deutsche, Bd. 2 (München 1974), Anhang
3 Bundesministerium für Vertriebene: Dokumentation der Vertreibung der Deutschen aus Ost-Mitteleuropa (Bonn 1953–1962), Bd. IV 1, S. 50 f (Fußnoten)
4 Dokumentation der Vertreibung, a.a.O., Bd. IV 1, S. 117 (Fußnote)
5 Arbeitsgemeinschaft zur Wahrung sudetendeutscher Interessen: Dokumente zur Austreibung der Sudetendeutschen (München 1952), S. 124; spätere Neuauflage ohne Jahresangabe
6 Dokumentation der Vertreibung, a.a.O., Bd. IV 1, S. 99, 103, 105, 130; Arbeitsgemeinschaft, a.a.O., S. XXIII, 24, 124, 525; Father E. J. Reichenberger: Ostdeutsche Passion (Düsseldorf 1948), S. 124, 157
7 Alfred M. de Zayas: Die Anglo-Amerikaner und die Vertreibung der Deutschen (München 1977), S. 125
8 Reichenberger, a.a.O., S. 124; ähnlich auch Dokumente zur Austreibung, a.a.O., S. 160, 223. Am bekanntesten wurden die Berichte des Labour-Abgeordneten Richard R. Stokes. In den Lagern überzeugte er sich persönlich davon, daß die Rationen dort unter denen des Nazi-KZs Belsen lagen; vgl. Wenzel Jaksch: Europas Weg nach Potsdam (Stuttgart 1958), S. 436 f
9 Dokumentation der Vertreibung, a.a.O., Bd. IV 1, S. 98 ff, 103 H, 352 ff
10 Dokumentation der Vertreibung, a.a.O., Bd. IV 1, S. 99
11 Dokumentation der Vertreibung, a.a.O., Bd. IV 1, S. 98
12 Dokumentation der Vertreibung, a.a.O., Bd. IV 1, S. 520 f
13 Rudolf Ströbinger: Roter Kolonialismus, Minderheiten im Ostblock (Osnabrück 1981), S. 15
14 Dokumentation der Vertreibung, a.a.O., Bd. IV 1, S. 100
15 AFL-Manifest vom März 1947 gegen die Zwangsarbeit
16 Dokumentation der Vertreibung, a.a.O., Bd. IV 1, S. 102
17 Brügel, a.a.O., Bd. 2, S. 16
18 Dokumentation der Vertreibung, a.a.O., Bd. IV 1, S. 101 (Fußnote)
19 Dokumentation der Vertreibung, a.a.O., Bd. IV 1, S. 101 mit weiteren Fundstellen; ferner Dokumente zur Austreibung, a.a.O., S. 107, 150, 233

20 Dokumentation der Vertreibung, a.a.O., Bd. IV 1, S. 79, 100 f; Victor Gollancz: Stimme aus dem Chaos (Nürnberg 1948), S. 180

21 H. G. Adler: Theresienstadt 1941–1945 (Tübingen 1960), S. 15

22 Dokumente zur Austreibung, a.a.O., S. 150

23 Dokumentation der Vertreibung, a.a.O., Bd. IV 1, S. 131

24 Dokumentation Bundesarchiv, vgl. Fußn.[2] zu 3, S. 63. Einzelheiten bei Hertl, Pillwein, Schneider, Ziegler (Hrsg.): Der »Brünner Todesmarsch« 1945 (Ludwigsburg 1998)

25 Dokumentation Bundesarchiv, a.a.O., S. 62

26 Dokumente zur Austreibung, a.a.O., S. XXIII und 160

27 Reichenberger, a.a.O., S. 158 f

28 Dokumente zur Austreibung, a.a.O., S. XXIII; Dokumentation der Vertreibung, a.a.O., Bd. IV 1, S. 82

29 Dokumentation der Vertreibung, a.a.O., Bd. IV 1, S. 62

30 Reichenberger, a.a.O., S. 30

31 Reichenberger, a.a.O., S. 118, 210

32 Zayas, a.a.O., S. 135; Dokumente zur Austreibung, a.a.O., S. 230

33 Zayas, a.a.O., S. 142

34 Thorwald, a.a.O., S. 458 ff

35 Thorwald, a.a.O., S. 217

35a V. Mastny: Moskaus Weg zum Kalten Krieg (München 1980), S. 334; vgl. auch Ota Filip in der »FAZ« vom 9. Juli 1991

36 Thorwald, a.a.O., S. 485 ff; Dokumentation Bundesarchiv, a.a.O., S. 60 f

37 Reichenberger, a.a.O., S. 217

38 Dokumente zur Austreibung, a.a.O., S. 13 f; Reichenberger, a.a.O., S. 118

39 »pogrom, Zeitschrift für bedrohte Völker«, Mai 1980, S. 58 ff

39a (New York 1985), S. 183

40 Reichenberger, a.a.O., S. 217; Dokumente zur Austreibung, a.a.O., S. 200 f

41 Dokumentation Bundesarchiv, a.a.O., S. 61

42 a) Bereits in der Stunde vor der Explosion begannen die Ausschreitungen, wie Augenzeugen dem Verfasser berichteten; nach der Explosion setzte der Pogrom dann schlagartig im großen Stil ein, siehe Dokumentation der Vertreibung, a.a.O., Bd. IV 2, S. 285

b) Kurz vorher waren zwei Kompanien des berüchtigten 28. Regiments der ČSR-Armee eingetroffen, das schon vorher Pogrome in der Gegend von Böhmisch, Leipa, Tetschen und Rumberg veranstaltet hatte; vgl. Alfred M. de Zayas: Die Nemesis von Potsdam (München 2005), S. 161

43 Zayas, a.a.O., S. 116

44 Adler, a.a.O., S. 219, 703, 730; Premysl Pitter: Unter dem Rad der Geschichte (Zürich 1977)

45 Thorwald, a.a.O., S. 488

8. Jugoslawien

1 Statistisches Bundesamt: Die deutschen Vertreibungsverluste (Wiesbaden 1958), S. 47; Donauschwäb. Kulturstiftung (Hrsg.): Verbrechen an den Deutschen in Jugoslawien 1944–1948 (München 1998)

2 Bundesarchiv, vgl. Fußn.[2] zu 3, S. 69; Bundesministerium für Vertriebene: Dokumentation der Vertreibung der Deutschen … (Bonn 1953–1962), Bd. V, S. 89 E; Statistisches Bundesamt, wie vorher, S. 47

3 Bundesarchiv, a.a.O., S. 68
4 Dokumentation der Vertreibung, a.a.O., Bd. V, S. 90 E; Bundesarchiv, a.a.O., S. 68
5 Dokumentation der Vertreibung, a.a.O., Bd. V, S. 90 E ff
6 Bundesarchiv, a.a.O., S. 68
7 Dokumentation der Vertreibung, a.a.O., Bd. V, S. 261 ff
8 Bundesarchiv, a.a.O., S. 70
9 Bundesarchiv, a.a.O., S. 71
10 Dokumentation der Vertreibung, a.a.O., Bd. V, S. 112 E
11 Bundesarchiv, a.a.O., S. 71
12 Dokumentation der Vertreibung, a.a.O., Bd. V, S. 435
13 Dokumentation der Vertreibung, a.a.O., Bd. V, S. 110 E
14 Dokumentation der Vertreibung, a.a.O., Bd. V, S. 108 E f
15 Bundesarchiv, a.a.O., S. 72
16 Bundesarchiv, a.a.O., S. 71
17 Dokumentation der Vertreibung, a.a.O., Bd. V, S. 430 ff
18 I. Pust: Titostern über Kärnten (Klagenfurt 1984), S. 230 ff

9. Andere Gebiete

1 Statistisches Bundesamt: Die deutschen Vertreibungsverluste (Wiesbaden 1958), S. 46
2 Kurt W. Böhme: Gesucht wird ... (München 1965), S. 261
3 Bundesministerium für Vertriebene: Dokumentation der Vertreibung der Deutschen aus Ost-Mitteleuropa (Bonn 1953–1962), Bd. III, S. 79 E
4 Dokumentation der Vertreibung, a.a.O., Bd. III, S. 79 E
5 Dokumentation der Vertreibung, a.a.O., Bd. III, S. 64 E, 79 E, 76 E
6 Alfred Bohmann: Menschen und Grenzen, Band 2 (Köln 1969), S. 193
7 Gerhard Ziemer: Deutscher Exodus (Stuttgart 1973), S. 88
8 Dokumentation der Vertreibung, a.a.O., Bd. II, S. 41 E
9 Dokumentation der Vertreibung, a.a.O., Bd. II, S. 44 E
10 Dokumentation der Vertreibung, a.a.O., Bd. II, S. 65 E
11 Dokumentation der Vertreibung, a.a.O., Bd. II, S. 65 E
12 Dokumentation der Vertreibung, a.a.O., Bd. IV 1, S. 175 ff. Das katholisch-autonomistische Element dürfte überwogen haben.
13 Bundesarchiv, vgl. Fußn.[2] zu 3, S. 63
14 Bundesarchiv, a.a.O., S. 63
15 Dokumentation der Vertreibung, a.a.O., Bd. IV 1, S. 177

10. Die Zahl der Opfer

1 George Wellers: Die Zahl der Opfer der »Endlösung« und der Korherr-Bericht, am 29.7.1978 erschienen in: »Aus Politik und Zeitgeschehen«, Beilage zur Wochenschrift »Parlament«
2 G. Reitlinger errechnet in seinem Buch »Die Endlösung« (Berlin 1960; S. 571 ff) Zahlen zwischen 4 194 000 und 4 581 000. Raul Hilburg: The Destruction of the European Jews (Chicago 1961) kommt auf 5,1 Millionen Opfer, und in der Gedenkstätte Yad Vashem in Jerusalem wird die Zahl der jüdischen Toten mit sechs Millionen angegeben. Die Zahl der Auschwitz-Toten schwankt sogar – je nach politischem Extremstandpunkt – zwischen 74 000 (verstorbene Arbeitsfähige nach den jetzt freigegebenen Totenbüchern) und acht Millionen (H. U. Reichert,

Europa unterm Hakenkreuz/Das Buch zur Fernsehserie der ARD, Köln 1982, S. 169). Überwiegend wird z. Zt. von 800 000 bis 1 000 000 Toten ausgegangen, vgl. Zusammenstellung bei Joachim Hoffmann, Stalins Vernichtungskrieg (München 1995), S. 159 f

3 Von Wilfried Ahrens zitiert im Vorwort zu »Verbrechen an Deutschen« (Dokumentation des Bundesarchivs über die Vertreibungsverbrechen), vgl. Fußn.[2] zu 3, S. 14

4 Schimitzek: »Zum Thema der sogenannten Vertreibungsverluste«, abgedruckt in »Blätter für allgemeine und internationale Politik« 1967, S. 258

5 Gerhard Ziemer: Deutscher Exodus (Stuttgart 1973), S. 63, im Anschluß an Statistisches Bundesamt: Die deutschen Vertreibungsverluste (Wiesbaden 1958), S. 38 und 46; Alfred M. de Zayas: Die Anglo-Amerikaner und die Vertreibung der Deutschen (München 1977), S. 197, zitiert auch noch eine ältere Schätzung des Schweizerischen Roten Kreuzes, das von 18,1 Millionen spricht.

6 Die amtliche Volkszählung von 1939 weist 1,424 Millionen Deutsche in der Sowjetunion aus, vgl. Karl Stumpp: Ergebnisse über die Gesamterhebung des Deutschtums in der Sowjetunion, in: Heimatbuch der Deutschen aus Rußland 1964, S. 38 ff; Alfred Bohmann: Menschen und Grenzen (Köln 1970), Bd. 3, S. 85. Die Zahl von 1,5 bis zwei Millionen gibt das Vertriebenenministerium an, vgl. die Broschüre »1949–1969, 20 Jahre Bundesministerium für Vertriebene, Flüchtlinge und Kriegsgeschädigte« (Bonn o. J.); ebenso Zayas, a.a.O., S. 23. – Die offiziellen östlichen Angaben entsprechen nicht den Tatsachen; vgl. »Die Welt« vom 5. Januar 1976, S. 13, ferner Wilhelm Starlinger: Die Grenzen der Sowjetmacht (Kitzingen 1954), S. 74

7 Bundesministerium für Vertriebene: Die Vertreibung der Deutschen aus Ost-Mitteleuropa (Bonn 1953–1962), Bd. I 1, S. 5 E. Allein fünf Millionen Kinder wurden 1940 bis 1945 aufs Land evakuiert, vgl. C. Larass: Der Zug der Kinder, München 1983

8 Alfred Bohmann: Menschen und Grenzen, Band IV (Köln 1975)

9 Statistisches Bundesamt, a.a.O., S. 288

10 Gotthold Rhode: Völker auf dem Wege ... (Kiel 1952), S. 19; Gerhard Ziemer, a.a.O., S. 101. Die Autoren sprechen zwar pauschal von Evakuierten, ohne die anderen Personengruppen zu erwähnen, meinen aber wohl die Nichteinheimischen insgesamt. Weitere Literatur: Statistische Berichte (Hrsg.: Statistisches Bundesamt, Wiesbaden) vom 28.2.1953: »Die Zivilbevölkerung des Deutschen Reiches 1940–1945« und vom 4.11.1959: »Die deutsche Bevölkerung in den Vertreibungsgebieten«

11 Ploetz: Raum und Bevölkerung in der Weltgeschichte, Bd. 2 (Würzburg 1955). Ähnliche Vergleiche in: Ostdeutschland, ein Hand- und Nachschlagebuch (Hrsg.: Göttinger Arbeitskreis), Kitzingen/Main 1953, S. 18

12 Zayas, a.a.O., S. 18

13 Oskar Golombek (Hrsg.): Die katholische Kirche und die Völkervertreibung (Köln 1966)

14 Nach Auswertung von Akten der DDR dürfte die Zahl der sudetendeutschen Opfer etwas höher liegen, vgl. Alfred M. de Zayas: Die Nemesis von Potsdam (München 2005), S. 187, 322, während bei den Jugoslawien-Opfern Korrekturen nach unten vorzunehmen waren, vgl. S. 63 oben.

15 Dabei sind nicht die abgerundeten, sondern die genauen Zahlen zugrunde gelegt.

16 Statistisches Bundesamt, a.a.O.; zu den Zahlen siehe S. 38 und 45 f, zum Verfahren vor allem S. 26; in Kurzform auch zitiert bei Ziemer, a.a.O., S. 95 f
In Ostpreußen und Brandenburg konnten die Zivilverluste bei Erdkämpfen nicht eliminiert werden, vgl. Statistisches Bundesamt, a.a.O., S. 32. Andererseits sind z. B. die Massenerschießungen durch slowakische Partisanen und die Opfer des Prager Pogroms nicht in der Verlustbilanz enthalten (Stat. Bundesamt, a.a.O., S. 342). Da aber die Verluste der Zivilbevölkerung bei Erdkämpfen nur einen Bruchteil der Gesamtverluste ausmachen (Stat. Bundesamt, a.a.O., S. 32, 42, ferner Dokumentation der Vertreibung, a.a.O., Bd. I 1, S. 159 E), dürfte sich am Endergebnis nichts ändern. Gerhard Reichling kommt in seiner Arbeit »Die deutschen Vertriebenen in Zahlen«, Teil I (Bonn 1986), S. 36, auf 2,22 Millionen Vertreibungstote (einschließlich des sog. schwebenden Volkstums, d. h. zweisprachiger Bevölkerungsteile).
In amtlichen Verlautbarungen wird gelegentlich auch eine Verlustzahl von 2,11 Millionen genannt, z. B. in den »Statistischen Berichten« vom 4.11.1959, S. 20. Demgegenüber ist daran zu erinnern, daß die letzte umfassende Analyse der Vertreibungsverluste anhand der Unterlagen des Kirchlichen Suchdienstes in München eine Zahl von 2,3 Millionen ergeben hat, vgl. das hektographierte Begleitschreiben des Bundesvertriebenenministers vom 22.11.1968 zur »Gesamterhebung zur Klärung des Schicksals der deutschen Bevölkerung in den Vertreibungsgebieten«, adressiert an den Bevölkerungsstatistiker Dr. A. Bohmann (Mitverfasser und Koordinator des Werks »Die deutschen Vertreibungsverluste«).

17 Vgl. dazu Arbeitsbericht 1980 des Kirchlichen Suchdienstes und seine Broschüre »Kirchlicher Suchdienst, Aufgaben und Möglichkeiten« vom Jahr 1980. Sowohl die Untersuchung im Statistischen Bundesamt als auch die des Kirchlichen Suchdienstes errechnen die Gesamtzahl der Verluste aus den namentlich bezeugten Todesfällen und den »ungeklärten Fällen«, d. h. den verschollenen Vertriebenen. Dazu bemerkt Ziemer, a.a.O., S. 95, zutreffend, daß so viele Jahre nach dem Kriegsende die Verschollenen als umgekommen gelten müssen. Man könnte auch die relativ niedrigen offiziell beurkundeten Opferzahlen der NS-Konzentrationslager zum Vergleich heranziehen. Bekanntlich hat das Sonderstandesamt Arolsen bis zum 31.12.1980 insgesamt 276 431 Sterbefälle in diesen Lagern beurkundet, betont jedoch, daß die Zahl nichts über die tatsächlichen Todesfälle aussagt.

18 Die Zahl 270 000 bezieht sich nur auf die Deutschen, die schon vor dem Krieg sowjetische Staatsbürger waren. Zwangsrepatriiert wurden daneben auch noch Bewohner der später annektierten Gebiete (Baltikum, Bessarabien, Ostpolen). Zur Zahl der Verschleppten vgl. Bohmann: Menschen und Grenzen, a.a.O., Band 3, S. 71. Zur Zahl der Zwangsrepatriierten vgl. Kurt W. Böhme: Gesucht wird ..., Die dramatische Geschichte des Suchdienstes (München 1965), S. 275. Die Verluste der Zwangsrepatriierten sind mit 37 % zu beziffern, vgl. Böhme, a.a.O., S. 275, die der Verschleppten mit »mindestens 30 %«, vgl. Kirchlicher Suchdienst: Gesamterhebung zur Klärung des Schicksals der deutschen Bevölkerung in den Vertreibungsgebieten, S. 616. Vgl. im übrigen Robert Conquest: Stalins Völkermord (Wien 1970), S. 172, der bei den Krimtataren eine Verlustrate von 46,3 % annimmt. Die Rußlanddeutschen selbst schätzen die Zahl ihrer Opfer auf 400 000 bis 600 000, vgl. H. U. Engel (Hrsg.): 40 Jahre nach Flucht und Vertreibung (Düsseldorf 1985), S. 41

19 Dokumentation der Vertreibung, a.a.O., Bd. I 1, S. 160 E

20 Dokumentation der Vertreibung, a.a.O., Bd. I 1, S. 31 E

21 Ziemer, a.a.O., S. 96

22 Jürgen Thorwald: Die große Flucht (München, Zürich 1979), S. 358 ff; Zayas, a.a.O., S. 214; Herbert Hupka (Hrsg.): Letzte Tage in Schlesien (München 1981), S. 333 ff; Lo Warnecke: Auf der Flucht (B. Gladbach 1980); M. Boveri: Tage des Überlebens (München 1977), S. 106

23 Böhme, a.a.O., S. 272, nennt 32 000 Personen, deren Tod mit Sicherheit festgestellt werden konnte.

24 James Bacque: Der geplante Tod (Frankfurt/M., Berlin 1989), S. 155 und 259, kommt auf noch höhere Zahlen; die äußerst zurückhaltende Wissenschaftliche Kommission für deutsche Gefangenengeschichte unter ihrem Leiter Erich Maschke (Hrsg.) nennt in der Reihe »Die deutschen Gefangenen des Zweiten Weltkriegs« wesentlich niedrigere Zahlen, vgl. Bd. XV (München 1974), S. 266; wegen weiterer Details vgl. Bd. XIII, S. 40 ff, 48, 92, 115, 122, 143, 172. Rüdiger Overmas vom Militärgeschichtlichen Forschungsamt errechnete 56 000 Todesfälle in US-Lagern, Prof. Alfred M. de Zayas bis zu 100 000, vgl. MHQ, The Quarterly Journal of Military History, Winter 1991, Vol. 3, Number 2, S. 47 ff

25 Maschke, a.a.O., Bd. XV, S. 224 ff, Bd. VII, S. 49, 106 ff. H. Diwald: Geschichte der Deutschen (Frankfurt, Berlin, Wien 1978), S. 125, schätzt die Zahl der Todesfälle in der UdSSR auf zwei Millionen.

26 James Bacque: Verschwiegene Schuld (Berlin, Frankfurt/M. 1995), S. 12, Vorwort von de Zayas

27 Konrad Adenauer als Präsident des Parlamentarischen Rates beklagte auf seiner Rede vor der Interparlamentarischen Union in Bern am 22. März 1949 die katastrophale Ernährungslage in Deutschland: die Kindersterblichkeit in Berlin betrage 13,5 Prozent (gegenüber einem Prozent in New York), die Zahl der Tuberkulosekranken sei gegenüber 1938 um das Zweieinhalbfache gestiegen; für diese 160 000 Patienten stünden nur 14 000 Krankenhausbetten zur Verfügung. Da vielerorts Strom und Kohle fehlten, grassierten Lungen- und Rippenfellentzündungen. Die Mutter des späteren Bundesministers Hans Apel starb damals – auch an Unterernährung; vgl. »Focus« Nr. 11/2006, »FAZ« vom 26.6.2006, »Junge Freiheit« vom 1.4.2005, James Bacque, a.a.O., S. 137 ff, de Zayas: Nemesis …, a.a.O., S. 188, 193, 205

27a An NS- und Kriegsopfern sind zu nennen:

- Diktaturopfer, zumeist in Konzentrationslagern umgekommen (Oppositionelle, »Asoziale«, »Bibelforscher«, Kriminelle, Zigeuner, Homosexuelle), ca. 125 000;
- Euthanasieopfer (»Lebensunwertes Leben«) knapp 100 000;
- deutsche Juden ca. 170 000;
- Opfer des Bombenkriegs annähernd 600 000;
- Militärverluste durch Kampfhandlungen ca. vier Millionen (die Schätzungen liegen zwischen drei und fünf Millionen).

Dies ergibt eine Summe von rund fünf Millionen.

Unter den Nachkriegsverlusten wären hervorzuheben:

- ca. 2,9 Millionen Vertreibungstote;
- 240 000 Opfer des Einmarsches der Roten Armee in Mitteldeutschland;
- über zwei Millionen direkter oder indirekter Opfer der alliierten Hungerpolitik;
- 1,67 Millionen Kriegsgefangene (die Zahl der in US-Gewahrsam Verstorbe-

nen mußte 1989 aufgrund von Untersuchungen von James Bacque von 5000 auf mindestens 100 000 korrigiert werden);

- annähernd 100 000 Tote unter den Insassen der neuen Konzentrationslager (»Spez-Lager«) und den verschleppten Zwangsarbeitern der sowjetischen Besatzungszone.

Dies ergibt eine Summe von 6,91 Millionen.

Basisinformationen zum Thema:
Peter Steinbach: Nationalsozialistische Gewaltverbrechen (Berlin 1981); Wolfgang Scheffler: Judenverfolgung im Dritten Reich (Berlin 1964); Gerald Reitlinger: Die Endlösung (Berlin 1979); Der farbige Ploetz (Würzburg 1982); dtv-Atlas zur Weltgeschichte (München 1979); Heinz Nawratil: Die deutschen Nachkriegsverluste (München, Berlin 1988); Statistisches Bundesamt (Hrsg.): Die deutschen Vertreibungsverluste (Stuttgart 1958); James Bacque: Verschwiegene Schuld (Berlin, Frankfurt/M. 1995)

28 F. P. Habel, in: Odsun (hrsg. v. Sudetendt. Archiv, München 1995), S. 181

28a Gemeinsame ... Historikerkommission: Konfliktgemeinschaft, Katastrophe, Entspannung (München 1996), S. 69

28b Vgl. Fußn. [1] zu 8

29 Rhode: Völker auf dem Wege, a.a.O., S. 19; Ploetz: Raum und Bevölkerung in der Weltgeschichte, Bd. 2 (Würzburg 1955), S. 312; dtv-Atlas zur Weltgeschichte, Bd. 2 (München 1979), S. 221

30 Bundesarchiv, a.a.O., S. 77

30a In dem vorpommerschen Städtchen Demmin z. B. wütete die Rote Armee so unbeschreiblich, daß von 18 294 Einwohnern 1200 bis 2000 den Freitod wählten, vgl. Norbert Buske (Hrsg.): Das Kriegsende in Demmin, Schwerin 1995, S. 44 f

31 Der Bericht des Bundesarchivs spricht von 600 000 Todesfällen als unmittelbare Folge der genannten Gewaltverbrechen, vgl. Bundesarchiv, a.a.O., S. 18 ff und 77 f. R. Overmans: Die deutschen militärischen Verluste ... (München 1999), S. 299, verwechselt diese Zahlen mit den Vertreibungsverlusten insgesamt.

32 Reitlinger, a.a.O., S. 571, bezifferte z. B. bei den jüdischen Opfern des Nationalsozialismus den Anteil der direkten Mordopfer auf 80 % im Reichsgebiet, 50 % in Rumänien und über ein Drittel in Polen.

33 »Süddeutsche Zeitung« vom 3./4. November 1979, S. 4

34 »Die Welt« vom 19.3.1982, S. 20

35 »Die Welt« vom 30. Dezember 1980, S. 4

36 Conquest, a.a.O.

37 Reece, a.a.O., S. 3 ff

38 Auch ihre Landsmannschaften dürften eines Tages verschwinden.

39 George F. Kennan: Memoiren eines Diplomaten (Stuttgart 1968), S. 269

40 Felix Ermacora: Das deutsche Vermögen in Polen (München 1996), S. 130; derselbe: Die sudetendeutschen Fragen (München 1992), S. 256 ff. Dieter Blumenwitz: Flucht und Vertreibung (Köln, Berlin, Bonn, München 1987), S. 282. Am 2.8.2001 verurteilte auch das Internationale Kriegsverbrechertribunal in Den Haag den bosnisch-serbischen General Krstić wegen Völkermords; vgl. »FAZ« vom 3.8.2001.

12. Tschechische Motive

1 Dokumentation des Bundesarchivs über die Vertreibungsverbrechen, vgl. Fußn.[2] zu 3, S. 60

2 Bundesministerium für Vertriebene: Dokumentation der Vertreibung der Deutschen aus Ost-Mitteleuropa (Bonn 1953–1962), Bd. IV 1, S. 69 (ähnlich aber auch Bundesarchiv, a.a.O.)

3 Dokumentation der Vertreibung, a.a.O., Bd. IV 1, S. 69 und 228

4 Dokumentation der Vertreibung, a.a.O., Bd. IV 1, S. 69 (»Einheit« [London] vom 11.8.1945)

5 Dokumentation der Vertreibung, a.a.O., Bd. IV 1, S. 69 (Osvobozeny Nasinec vom 17.8.1945)

6 Dokumentation der Vertreibung, a.a.O., Bd. IV 1, S. 527; Father E. J. Reichenberger: Ostdeutsche Passion (Düsseldorf 1948), S. 273; Johann Wolfgang Brügel: Tschechen und Deutsche 1939–1946, Bd. 2 (München 1974), S. 259

7 Dokumente zur Austreibung der Sudetendeutschen (München 1952), S. 121

8 Kurt Glaser: Die Tschechoslowakei (Frankfurt/M. 1964), S. 127; Wenzel Jaksch: Europas Weg nach Potsdam (Stuttgart 1958), S. 425

9 Bundesarchiv, vgl. Fußn.[2] zu 3, S. 62, in der Fußnote; Jaksch wie vorher; Brügel, a.a.O., Bd. 2, S. 149; Jaroslav Pospišil: Hyeny (Hyänen), Vizovice 1996

10 Dokumentation der Vertreibung, a.a.O., Bd. IV 1, S. 71

11 Dokumentation der Vertreibung, a.a.O., Bd. IV 1, S. 71

12 ČSR-Außenminister; Sohn des Staatsgründers T. G. Masaryk

13 Dokumentation der Vertreibung, a.a.O., Bd. IV 1, S. 55, 110 f; Jürgen Thorwald: Die große Flucht (München, Zürich 1979), S. 456

14 Reichenberger, a.a.O., S. 217

15 Dokumentation der Vertreibung, a.a.O., Bd. IV 1, S. 291

16 Jaksch, a.a.O., S. 413 f

17 Eugen Lemberg, Gotthold Rhode (Hrsg.): Das deutsch-tschechische Verhältnis seit 1918 (Stuttgart 1969), S. 92; Dokumentation der Vertreibung, Bd. IV 1, S. 38

18 Bundesarchiv, a.a.O., S. 59 f

19 Jürgen Thorwald: Die große Flucht (München, Zürich 1979), S. 445

20 Jaksch, a.a.O., S. 414, 425; Albin Eissner: Die tschechische Bevölkerung im II. Weltkrieg, in: Außenpolitik, Jahrgg. 1962, S. 328 ff

21 Lemberg, Rhode, a.a.O., S. 82; während des Krieges betrug der Geburtenüberschuß insgesamt 236 447, vgl. Eissner wie oben

22 Henry Picker: Hitlers Tischgespräche (München 1979), S. 306

23 Jaksch, a.a.O., S. 371, 425

24 Jaksch, a.a.O., S. 338

25 wörtliches Zitat aus Picker, a.a.O., S. 322

26 Es werden z. T. auch 172 oder 191 Personen genannt. Zum Gesamtkomplex vgl. Heinz Höhne: Der Orden unter dem Totenkopf – die Geschichte der SS (Essen 1969), S. 457; Dokumentation der Vertreibung, a.a.O., Bd. IV 1, S. 40 f; Zayas, a.a.O., S. 56; Jörg K. Hoensch: Geschichte der Tschechoslowakischen Republik 1918–1965 (Stuttgart 1966), S. 113; F. W. Seidler, A. M. de Zayas (Hrsg.): Kriegsverbrechen (Hamburg, Berlin, Bonn 2002), S. 182

27 Hannah Arendt: Eichmann in Jerusalem (München, Zürich 1976), S. 250; A. Rückerl: NS-Vernichtungslager (München 1977), S. 208 f

28 Hoensch, a.a.O., S. 31 f; Jaksch, a.a.O., S. 209 ff

29 Sudetendeutscher Rat (Hrsg.): Zerstörte Heimat im Herzen Europas (München 1989) unter Auswertung des Prager »Statisticky lexikon obci«

30 Lemberg, Rhode, a.a.O., S. 82, zitieren die offizielle Prager Statistik, wonach mindestens 36 700 Tschechen umgekommen sein sollen. Ähnliche Angaben bei Hoensch, a.a.O., S. 112. Von Prager Nationalisten wird oft behauptet, »die Deutschen« hätten »360 000 Tschechoslowaken ermordet«, vgl. Brandes/Kural: Der Weg in die Katastrophe (Essen 1994), S. 151, 161 ff. Dabei aber werden Terror- und Kriegsopfer (z. B. Bombenopfer) sowie alle acht Nationalitäten der alten ČSR, also auch sudetendeutsche Hitler-Gegner und deutsche Juden (gem. Volkszählung von 1910 sprachen die Juden nur zu 11,9 % Tschechisch), de facto als tschechische Verluste ausgegeben.

31 Wenzel Jaksch: Europas Weg nach Potsdam (Stuttgart 1958), S. 338; Leopold Grünwald: Sudetendeutscher Widerstand gegen Hitler I (München 1978), S. 53

32 Brügel, a.a.O., Bd. 2, S. 106, 221

33 F. P. Habel: Dokumente zur Sudetenfrage (München 1984), S. 229

34 Picker, a.a.O., S. 412

35 Picker wie vorher, S. 317 f; Dokumente zur Austreibung, a.a.O., S. XV; Nicolaus v. Below: Als Hitlers Adjutant (Mainz 1980), S. 155; Brügel, Bd. 2, a.a.O., S. 104. – Auf einer Konferenz in der Reichskanzlei soll Hitler am 5.11.1937 vor Ministern und Armeespitzen geäußert haben, es »könne die Einverleibung der Tschechei und Österreichs den Gewinn von Nahrungsmitteln für 5–6 Millionen Menschen bedeuten unter der Zugrundelegung, daß die zwangsweise Emigration aus der Tschechei von zwei, aus Österreich von einer Million Menschen zur Durchführung gelange«, vgl. Dankwart Kluge: Das Hoßbach-Protokoll (Leoni 1980), S. 135. Die Zuverlässigkeit des einschlägigen Gedächtnisprotokolls des Oberst Hoßbach ist allerdings nicht unbestritten. – Ungleich radikaler war der von der SS favorisierte »Generalplan Ost«. Er sah eine beschleunigte Gangart bei der Germanisierung unter gleichzeitigem Abschub aller »rassisch Unerwünschten« nach Rußland vor. Diese Fieberträume aus der Zeit 1941/1942 wurden allerdings schon am 13.1.1943 ad acta gelegt, vgl. Helmut Heiber: Der Generalplan Ost, in: Vierteljahreshefte für Zeitgeschichte 1958, S. 285, 292.

36 Picker, a.a.O., S. 322

37 Paul Schall: Geschichte des Elsaß (Karlsruhe 1978), S. 56 f; »FAZ« 21.4.1982. Seit 1991 gibt es einige mehr oder minder zweisprachige Vorschulen im Elsass und seit 1992 einige entsprechende Grundschulen. Letztere erfaßten 2006 aber erst 7 Prozent der Schüler.

38 Friedhelm Golücke: Studentenwörterbuch (Würzburg 1979), S. 266

39 »Die Welt« vom 23.2.1981, S. 15

40 Vgl. z. B. »Die Welt« vom 21.8.1979, 19.8.1980, 22.12.1982; L. Pachmann, Laßt die Hoffnung nicht sterben (Freiburg 1976), S. 70

41 Jaksch, a.a.O., S. 130

42 Hoensch, a.a.O., S. 30 ff; Lemberg, Rhode, a.a.O., S. 25

43 Hoensch, a.a.O., S. 25

44 Lemberg, Rhode, a.a.O., S. 26

45 Hoensch, a.a.O., S. 31 f; Jaksch, a.a.O., S. 209 ff

46 Zayas, a.a.O., S. 44 f

47 Zayas, S. 47 f

48 Glaser, a.a.O., S. 52

49 Lemberg, Rhode, a.a.O., S. 33

50 Zayas, a.a.O., S. 50

51 Zayas, a.a.O., S. 51, 49

52 Höhne, a.a.O., S. 259
53 Fritz Peter Habel: Dokumente zur Sudetenfrage (München 1984), S. 219 ff
54 Jaksch, a.a.O., S. 334
55 Brügel, a.a.O., S. 238, mit kritischen Anmerkungen; Dokumentation der Vertreibung, a.a.O., Bd. IV 1, S. 36; Robert Müller-Sternberg: Deutsche Ostsiedlung (Bielefeld 1971), S. 75; Gotthold Rhode, in: Jahrbuch der Albertus-Magnus-Universität zu Königsberg/Pr., Bd. IV (Kitzingen 1954), S. 115
55a Jaksch, a.a.O., S. 335
56 Jaksch, a.a.O., S. 440
57 Brügel, Bd. 2, a.a.O., S. 34 ff
58 Brügel, Bd. 2, a.a.O., S. 40
59 Brügel, Bd. 2, a.a.O., S. 51
59a A. Schickel: Die Vertreibung der Deutschen (Asendorf 1985), S. 41
60 Brügel, Bd. 2, a.a.O., S. 147
61 Jaksch, a.a.O., S. 438
62 Jaksch, a.a.O., S. 438
63 Jaksch, a.a.O., S. 440; Dokumente zur Austreibung, a.a.O., S. XVI
64 Zayas, a.a.O., S. 178, 239; Foreign Relations of the United States, Vol. II (Washington 1970), S. 122 ff
65 Zayas, a.a.O., S. 55
66 v. Below, a.a.O., S. 138 f
67 Brügel, Bd. 2, a.a.O., S. 239
68 Jaksch, a.a.O., S. 393 f
69 Brügel, Bd. 2, a.a.O., S. 163
70 Vorwort zu dem Buch »Der Prozeß Talaat Pascha«, vgl. Fußn.[2] zu 2
71 Fritz Peter Habel: Eine politische Legende (München 1996), S. 66
72 Habel, a.a.O., S. 78–83

13. Sowjetische Motive

1 Franz W. Seidler (Hrsg.): Verbrechen an der Wehrmacht (Selent 1997), S. 50
1a Alexander Werth: Rußland im Krieg (München, Zürich 1965), S. 295
2 Werth, a.a.O., S. 295
3 Werth, a.a.O., S. 296
4 Werth, a.a.O., S. 296
5 Alfred M. de Zayas: Die Anglo-Amerikaner und die Vertreibung der Deutschen (München 1977), S. 85; ebenso Alfred M. de Zayas/Walter Rabus: Die Wehrmacht-Untersuchungsstelle (München 1979), S. 286
6 Das Original des Flugblatts befindet sich im Bundesarchiv/Militärarchiv in Freiburg i. Br. (Bestandsbezeichnung H:SU).
7 Werth, a.a.O., S. 295
8 Ilja Ehrenburg: Woina (Der Krieg), Moskau 1943, Bd. 2, S. 22 f. Diese Stelle wird auch von Zayas, a.a.O., S. 85, zitiert. Das russische Original wurde aus naheliegenden Gründen nicht ins Deutsche übersetzt und ist heute eine Rarität. Einen der wenigen Texte in Westeuropa besitzt das Bundesinstitut für ostwissenschaftliche und internationale Studien in Köln. – Ehrenburgs »Woina« enthält in drei Bänden die wichtigsten der ca. 3000 Aufrufe und Artikel des Verfassers aus der Kriegszeit.
9 Ehrenburg, Woina, a.a.O., S. 39–41. Der Artikel trägt die Überschrift »Fritz – der Biologe« und bezieht sich auf den Aufsatz eines gewissen Dr. Hermann

Hoepke »Der Affe stammt vom Menschen ab? Zum Problem der Menschwerdung« in »Velhagen und Klasings Monatsheften« vom Juni 1942, S. 594 ff. Ehrenburg legt die Abhandlung so aus, als wolle der zitierte Biologe die deutsche Rasse zum Menschenaffen zurückentwickeln, und fährt dann fort: »Auf mich hat der Artikel des Dr. Hoepke einen tiefen und, offen gesagt, erfreulichen Eindruck gemacht. Oft fragte ich mich, wieso die Deutschen, die ja in ihren Reihen Dichter, Philosophen, Komponisten, Gelehrte haben, zu rassigen Fritzen werden? Aber Dr. Hoepke hat das erklärt: Fritze – das sind von Menschen abstammende Affen ... Die Hitlerianer träumen von abgeschnittener Stirn, vom vorragenden Kinn. Sie wollen auf vier Pfoten gehen, von dichtem Fell bewachsen sein und etwas Kostbareres als das Ritterkreuz mit Eichenlaub – wörtlich: ein fünftes Glied – einen entwickelten, beweglichen und greiffähigen Schwanz. Zum Schwanz werden die Fritze jedoch nicht kommen – diese Rasse werden wir vernichten. Und den letzten Fritz wird man in den Zoologischen Garten stecken können mit der Überschrift: ›Fritz vulgaris, laut Wissenschaftler Dr. Hoepke vom Menschen abstammend‹. 25. Oktober 1942.«
Die Träume von einem »entwickelten, beweglichen und greiffähigen Schwanz« und andere Details hat Ehrenburg frei erfunden. Von Schwänzen etc. ist in dem Hoepke-Artikel nicht die Rede.

10 Zitate aus Ehrenburgs Aufruf »Töte!«, vgl. Dok. 17

11 Zayas, a.a.O., S. 85

12 Zayas, a.a.O., S. 85

13 Joachim Hoffmann: Stalins Vernichtungskrieg (München 1995), S. 211

14 Zayas, a.a.O., S. 86

15 Bundesministerium für Vertriebene: Dokumentation der Vertreibung der Deutschen aus Ost-Mitteleuropa (Bonn 1953–1962), Bd. I 1, S. 52 E.
Ein Flugblatt fordert z. B.: »Folgt der Weisung des Genossen Stalin und zerstampft für immer das faschistische Tier in seiner Höhle. Brecht mit Gewalt den Rassehochmut der germanischen Frauen! Nehmt sie als rechtmäßige Beute!« Wegen der umstrittenen Urheberschaft vgl. dazu Zayas, a.a.O., S. 213.

16 Zayas, a.a.O., S. 83

17 Dokumentation der Vertreibung, a.a.O., Bd. I 1, S. 52 E

18 Herbert Michaelis, Ernst Schraepler, Günter Scheel (Hrsg.): Ursachen und Folgen des deutschen Zusammenbruchs 1918 und 1945 bis zur staatlichen Neuordnung Deutschlands in der Gegenwart (Berlin o. J.), Bd. XXII, S. 343

19 H. Magenheimer: Abwehrschlacht an der Weichsel (Freiburg 1976), S. 106; V. Mastny: Moskaus Weg zum Kalten Krieg (München, Wien 1980), S. 285; A. de Zayas: Zeugnisse der Vertreibung (Krefeld 1983), S. 64 ff; Ch. Duffy: Red Storm on the Reich (London 1991), S. 285

20 Bundesarchiv: Dokumentation der Vertreibungsverbrechen, vgl. Fußn.[2] zu 3, S. 31

21 Werth, a.a.O., S. 644

22 Robert Müller-Sternberg: Deutsche Ostsiedlung (Bielefeld 1971), S. 73

23 Lew Kopelew: Aufbewahren für alle Zeit (Hamburg 1976), S. 128

24 Dokumentation Bundesarchiv, a.a.O., S. 34

25 Zu den Einzelheiten vgl. Werth, a.a.O., S. 646 ff

26 Von ihren Erlebnissen in einem deutschen Schützengraben vor Berlin berichtet z. B. die Schauspielerin Hildegard Knef: »... hör plötzlich Schreie, grauenvolle,

fürchterliche, spitzehoheschrille. Ich ruf rüber, ruf leise zum nächsten Schützenloch: Was ist das?
Russen – sind in dem Haus da – nehmen sich die Frauen vor – Scheiße gottverdammte.«
(Zitat aus H. Knef: Der geschenkte Gaul, Wien, München, Zürich 1970, S. 84). Sogar Ehrenburg erwähnt die Schreie beiläufig in seinen Memoiren als Teil seiner ostpreußischen Impressionen, vgl. Ilja Ehrenburg: Menschen, Jahre, Leben III 1942–1965, Bd. 6 der Kindler-Sonderausgabe (München 1972), S. 195.

27 Werth, a.a.O., S. 646 ff
28 Werth, a.a.O., S. 646
29 Ehrenburg: Menschen, Jahre, Leben, a.a.O., S. 210
30 Vgl. Ehrenburg: Menschen, Jahre, Leben. a.a.O., S. 194, 201; vollkommen unkritisch z. B. auch Helen von Ssachnos Rezension der Ehrenburg-Memoiren in der »Süddeutschen Zeitung« vom 22.7.1972.
Besonders suspekt erscheint das gelegentlich vorgetragene Argument, Ehrenburgs Mordappelle seien durch seine jüdische Abstammung erklärbar bzw. entschuldbar. Die jüdische Presse hat sich diese Perspektive nie zu eigen gemacht. Auch in Gesprächen mit dem Autor erklärten Juden regelmäßig, sie würden eine Identifikation Ehrenburgs mit dem Judentum als Diskriminierung empfinden; im übrigen wird auf Ehrenburgs opportunistisches Verhalten gegenüber Stalins Antisemitismus verwiesen und darauf, daß sein Deutschenhaß schon in den zwanziger Jahren bekannt war. – Ehrenburgs Teilnahme an antisemitischen Pressekampagnen erwähnt auch Heinz Abosch: Antisemitismus in Rußland (Darmstadt 1972), S. 61.
31 Dokumentation der Vertreibung, a.a.O., Bd. I 1, S. 69 E
32 »Im besetzten Deutschland«, erschienen 1947, hier zitiert nach der Dokumentation des Bundesarchivs, a.a.O., S. 30
33 Bundesarchiv, a.a.O., S. 33
34 Rudolf Mühlfenzl (Hrsg.): Geflohen und vertrieben (Königstein/Ts. 1981), S. 20 f
35 Katharina Drotleff: Laßt sie selber sprechen – Berichte rußlanddeutscher Aussiedler (Hannover 1978), S. 38 f
36 Vgl. Paul Reinwald: Vom Geist der Massen (Zürich 1948), S. 574 f
37 Bundesarchiv, a.a.O., S. 33
38 Otto Peter Schweling: Die deutsche Militärjustiz in der Zeit des Nationalsozialismus (Marburg/Lahn 1978), S. 373; Zayas/Rabus, a.a.O., S. 70 ff
39 Kopelew, a.a.O., S. 386
40 Ariane Barth/Tiziano Terzani: Holocaust in Kambodscha (Hamburg 1980), S. 37
41 Heiner Legewie, Wolfram Ehlers: Knaurs Moderne Psychologie (München, Zürich 1972), S. 202
42 Adalbert Rückerl (Hrsg.): Nationalsozialistische Vernichtungslager (München 1977), S. 295
43 zitiert nach Zayas, a.a.O., S. 88
44 Kopelew, a.a.O., S. 118
45 Kopelew, a.a.O., S. 95
46 Bundesarchiv, a.a.O., S. 35; ähnlich Dokumentation der Vertreibung, a.a.O., Bd. I 1, S. 68 E
47 Bundesarchiv, a.a.O., S. 31

48 Bundesarchiv, a.a.O., S. 32
49 Herbert Hupka (Hrsg.): Letzte Tage in Schlesien (München 1981), S. 337
50 Bundesarchiv, a.a.O., S. 32; Werth, a.a.O., S. 644
51 Bundesarchiv, a.a.O., S. 32
52 Gotthold Rhode: Völker auf dem Wege ... (Kiel 1952), S. 12 ff
53 Leopold Schwarzschild: Der rote Preuße (Stuttgart 1954), S. 217 ff; Edmund Silberner: Sozialisten zur Judenfrage (Berlin 1962), S. 135 f
54 Gerd-Klaus Kaltenbrunner (Hrsg.): Was ist deutsch (München 1980), S. 144
55 Kaltenbrunner, a.a.O., S. 143 ff
56 Schwarzschild, a.a.O., S. 280, 285 ff; Silberner, a.a.O., S. 136 f. Silberner hat allein in Marxens Briefen zehn verschiedene antisemitische Bezeichnungen des Marx-Konkurrenten Lasalle gezählt, angefangen von »Baron Itzig« bis »jüdischer Nigger«.
57 Silberner, a.a.O., S. 294
58 Henry Picker: Hitlers Tischgespräche im Führerhauptquartier (München 1979), S. 457
59 Abosch, a.a.O., S. 58 ff
60 Abosch, a.a.O., S. 90, 88
61 Abosch, a.a.O., S. 65
62 Robert Conquest: Stalins Völkermord (Wien 1970), S. 134
63 Rudolf Ströbinger: Roter Kolonialismus, Minderheiten im Ostblock (Osnabrück 1981), S. 69
64 Conquest, a.a.O.
65 Ströbinger, a.a.O., S. 69, 77
65a Riga-Sendung des ARD-Fernsehens vom 26.7.1982, vgl. auch »Die Welt« vom gleichen Tag
66 Wilhelm Starlinger: Die Grenzen der Sowjetmacht (Kitzingen 1954), S. 70
67 »Die Welt« vom 5.2.1980, S. 7
68 »Die Welt« vom 22.4.1981 und 21.5.1981
69 (das Buch erschien in Berlin-Ost, 1979), S. 357
70 Werth, a.a.O., S. 658
71 Erich v. Manstein: Verlorene Siege (Bonn 1955), S. 152, 241; J. Hoffmann, a.a.O., S. 200 ff
72 Erich Schwinge: Bilanz der Kriegsgeneration (Marburg/Lahn 1981), S. 51. Als weitere Ursachen für die extrem hohen Verluste der Roten Armee sind genannt worden: Bewußtes »Verheizen« von Strafbataillonen, Tötung eigener Verwundeter auf dem Rückzug, Liquidation unzuverlässiger Armeeteile usw., vgl. Nikolai Tolstoy: Stalin's Secret War (New York 1982), S. 281 ff.
73 Durchaus human war z. B. die Behandlung der Gefangenen beim Einsatz in landwirtschaftlichen Betrieben u. dgl.
74 Vgl. dazu z. B. Alfred Streim: Die Behandlung sowjetischer Kriegsgefangener im »Fall Barbarossa« (Heidelberg/Karlsruhe 1981); Christian Streit: Keine Kameraden (Stuttgart 1978). Wegen Streits überhöhter Zahlen vgl. z. B. Streim, a.a.O., S. 246, und Militärgeschichtliches Forschungsamt (Hrsg.): Das Deutsche Reich und der Zweite Weltkrieg, Bd. 4 (Stuttgart 1983), S. 730
75 Nikolai Tolstoy: Die Verratenen von Jalta (München, Wien 1977), S. 44
76 Werner Rings: Leben mit dem Feind (München 1979), S. 126, mit weiterem Literaturnachweis; Andrzej Kaminski: Konzentrationslager 1896 bis heute (Stuttgart 1982), S. 211, 215. In diesem Zusammenhang ist auch an den Kampf

antikommunistischer (!) Partisanen im Baltikum und in der Ukraine zu erinnern, der noch Jahre nach dem Krieg andauerte, vgl. Tolstoy, Stalin ..., a.a.O., S. 264 f.

77 Werth, a.a.O., S. 470 ff

78 Tolstoy, Die Verratenen ..., a.a.O., S. 46; Rings, a.a.O., S. 126

79 »Der russische Raum ist unser Indien«, meinte Hitler unter Anspielung auf die englische Kolonialpolitik. Nur die ukrainische Schwarzmeerküste sollte langfristig germanisiert werden, vgl. Adolf Hitler, Monologe im Führerhauptquartier (Hamburg 1980), S. 48, 62.

80 Hierzu z. B. Schreiben des Reichsministers für die besetzten Ostgebiete Rosenberg vom 13. Mai 1942, abgedruckt bei Hans-Adolf Jacobsen (Hrsg.): Mißtrauische Nachbarn (Düsseldorf 1970), S. 151 ff, 180 ff. Über die militärische Opposition gegen die Besatzungsmethoden der Nazis vgl. z. B. Alexander Dallin: Deutsche Herrschaft in Rußland 1941–1944 (Düsseldorf 1958), S. 558 ff.

81 Jacobsen, a.a.O., S. 76 f

82 Alfred M. de Zayas/Walter Rabus: Die Wehrmacht-Untersuchungsstelle (München 1979), S. 72 ff; Nicolaus v. Below: Als Hitlers Adjutant (Mainz 1980), S. 279

83 »Die Welt« vom 1.3.1980

84 Lord Moran überlieferte das Gespräch, vgl. Schwinge, a.a.O., S. 19 f; die sog. Entkulakisierung und Zwangskollektivierung (1930–1937) dürfte 14 Millionen Menschenleben gekostet haben, vgl. R. Conquest: The Harvest of Sorrow (London 1986), S. 306

85 Hans Graf Huyn: Der Angriff (Wien, München 1978), S. 26 f; Hamilton Fish: FDR The Other Side of the Coin (New York, Washington, Atlanta, Hollywood 1976), S. 42 f. – Nach Schätzungen russischer Soziologen forderte der Sowjetkommunismus insgesamt 52 bis 66 Millionen Menschenleben, vgl. »Die Welt« vom 4.9.1982

86 Die Schätzungen der sowjetischen Kriegsopfer reichen von zwölf bis 21 Millionen, vgl. Hannah Arendt: Elemente und Ursprünge totaler Herrschaft (Frankfurt 1962), S. 479 f. Diese Zahlen enthalten allerdings auch die Verluste der deportierten Krimtataren, Wolgadeutschen usw., die von Stalin liquidierten Zwangsrepatrianten und ähnlicher Personengruppen.

87 Stephane Courtois (Hrsg.): Das Schwarzbuch des Kommunismus (München, Zürich 1998)

87a Tolstoy, Stalin ..., a.a.O., S. 283 f; Kaminski, a.a.O., S. 215 ff; A. Antonow-Owssejenko: Stalin (München, Zürich 1984), S. 256 ff; Militärgeschichtliches Forschungsamt, a.a.O., S. 781 ff

88 Zayas/Rabus, a.a.O., S. 326–361

88a Tolstoy, Stalin ..., a.a.O., S. 219

89 Heinz Arzt: Mörder in Uniform (München 1979), S. 143

90 Dokumentation der Vertreibung, a.a.O., Bd. I 1, S. 65 e, Bd. II, S. 44 E

90a Viktor Suworow: Marschall Schukow (SELENT 2002), S. 276

91 Martin Brozat: Zweihundert Jahre deutsche Polenpolitik (Frankfurt/Main 1972), S. 314

92 George F. Kennan: Memoiren eines Diplomaten (Stuttgart 1968), S. 220

92a Tolstoy, Stalin ..., a.a.O., S. 269, 266

93 Viktoria Vierheller: Polen und die Deutschland-Frage 1939–1949 (Köln 1970), S. 119

94 Alfred Schickel: Fragen, Argumente und Probleme zur Ostpolitik (München 1972), S. 31

95 John Toland: Das Finale, Die letzten hundert Tage (München, Zürich 1967), S. 88 f; Dokumentation der Vertreibung, a.a.O., Bd. I 1, S. 138 E
96 Zayas, a.a.O., S. 104
97 zitiert nach Thorwald: Die große Flucht (München, Zürich 1979), S. 91

14. Anglo-amerikanische Motive und Kollektivschuld

1 Die Ermordung von Gefangenen war aber keine Seltenheit, vgl. »Dachauer Hefte« Nr. 1/1985, S. 10. Sogar E. Hemingway rühmte sich der Erschießung eines deutschen Gefangenen, vgl. Hemingway, Ausgewählte Briefe 1917–1961, Glücklich wie die Könige (Reinbek 1984), S. 456.
2 James Bacque: Der geplante Tod (US-Kriegsgefangene) und: Verschwiegene Schuld (Hungerpolitik), Berlin/Frankfurt 1989 bzw. 1995
3 Alfred M. de Zayas: Die Anglo-Amerikaner und die Vertreibung der Deutschen (München 1977), S. 126 f
4 Zayas, a.a.O., S. 126
5 Franz Lorenz (Hrsg.): Schicksal Vertreibung, Aufbruch aus dem Glauben (Köln 1980), S. 116
6 Louis Nizer: What to do with Germany (New York 1944). Die im folgenden zitierte Militärausgabe stellt bereits eine gemilderte Version der Urfassung dar.
7 Nizer, wie vorher, S. 22, 26, 27, 34
8 Einbandtext von Nizers Schrift; ferner Caspar von Schrenck-Notzing: Charakterwäsche, die amerikanische Besatzung in Deutschland und ihre Folgen (Stuttgart 1965), S. 61 ff, neu erschienen 1981 bei Kristall/Langen-Müller, München
9 Jörg Später: Vansittart (Göttingen 2003)
10 Zayas, a.a.O., S. 38
11 Lorenz, a.a.O., S. 61
12 Zayas, a.a.O., S. 38
13 Theodore N. Kaufman: Germany Must Perish (Newark 1941), S. 87
14 Heinz Höhne: Der Orden unter dem Totenkopf, die Geschichte der SS (München 1981), S. 298
15 Wolfgang Benz in: Vierteljahreshefte für Zeitgeschichte, Heft 4/1981, S. 615
16 David Irving: Der Nürnberger Prozeß (München 1980), S. 5, 19
17 Erich Schwinge: Bilanz der Kriegsgeneration (Marburg/Lahn 1981), S. 33; am 12. Dezember 1940 äußerte Churchill beim Abendessen im Zusammenhang mit seinen Vorstellungen von einer Nachkriegsordnung: »Solange noch jedes Dorf in Europa nach deutschem Blut lechze und jeder Engländer fordere, daß alle Deutschen massakriert oder zumindest kastriert werden sollten, so lange könne man solche Ideale nicht in Umlauf bringen«, vgl. John Colville: Downing Street Tagebücher 1939–1945 (Berlin 1988), S. 227.
18 Irving, a.a.O., S. 19
19 Gegen Ende des Krieges begann sich Churchill mit dem Gedanken summarischer Hinrichtungen zu befreunden, traf aber jetzt auf den verstärkten Widerstand amerikanischer Stellen, vgl. Lutz Graf Schwerin von Krosigk: Die großen Schauprozesse (München 1981), S. 346. Vgl. im übrigen Erich Schwinge: Summarische Exekutionen, Festschrift für Erich Schmidt-Leichner (München 1977), S. 185 ff, 191 ff
20 Irving, a.a.O., S. 25, unter Bezugnahme auf ein Geheim-Memorandum des britischen Lordkanzlers Simon von 1945

21 Hinweise auf Hootons Artikel auch bei Schrenck-Notzing, a.a.O., S. 62

22 Hermann Schild (Hrsg.): Das Morgenthau-Tagebuch (Leoni 1970), S. 154, 122, 126

23 Dietrich Aigner: Winston Churchill (Göttingen 1975), S. 140 f

24 John Morton Blum: From the Morgenthau Diaries/Years of War 1941–1945 (Boston 1967), S. 379

25 Friedrich Wilhelm Rothenpieler: Der Gedanke einer Kollektivschuld in juristischer Sicht (Berlin 1982), S. 92. Trotz öffentlicher Distanzierung im Oktober 1944 blieb Roosevelt Anhänger des Plans.

26 Schild, a.a.O., S. 393

27 Schild, a.a.O., S. 397. Ursprünglich plante Morgenthau die Amputation aller linksrheinischen Gebiete südlich der Mosel, vgl. Schild, a.a.O., S. 178

28 Zayas, a.a.O., S. 108

29 V. Gollancz: Stimme aus dem Chaos (Nürnberg 1948), S. 170 f

30 Präsident Truman, vgl. Zayas, a.a.O., S. 149

31 Rothenpieler, a.a.O., S. 198 ff, 202 ff

32 Wilfried Schlau in: Anton Peisl, Armin Mohler (Hrsg.): Die deutsche Neurose (Frankfurt, Berlin, Wien 1980), S. 180 f

33 »Der Spiegel« vom 22.7.1964, S. 44

33a Schwinge: Bilanz …, a.a.O., S. 10 ff

34 H. Rothfels: Deutsche Opposition gegen Hitler (Frankfurt/M. 1977), S. 101

35 Joe Heydecker, Johannes Leeb: Bilanz der tausend Jahre. Die Geschichte des III. Reiches im Spiegel des Nürnberger Prozesses (München 1975), S. 164; weitere Äußerungen bei H. B. Gisevius: Adolf Hitler (München 1963), S. 436

36 Carl J. Burckhardt: Meine Danziger Mission (München 1980), S. 155

37 George F. Kennan: Memoiren eines Diplomaten (Stuttgart 1968), S. 114

38 Heinz Boberach (Hrsg.): Meldungen aus dem Reich (München 1968), S. 37 f

39 Noelle-Neumann: Die verletzte Nation (Stuttgart 1987), S. 47; »FAZ« vom 5.3.1989

40 Colville, a.a.O., S. 221

41 Am 17. September 1937 schrieb z. B. Churchill: »Wir bewundern die Behandlung der Juden oder Katholiken oder Protestanten in Deutschland nicht. Aber solange diese Dinge sich nur in Deutschland abspielen, gehen sie uns nichts an.« Zitiert nach Schwinge, a.a.O., S. 14. Ähnlich Laqueur, a.a.O., S. 116. – Auch nach Anlaufen der »Endlösung« im großen Stil lehnte der Chef des Southern Department im Londoner Foreign Office eine eingehende Beschäftigung mit den vorliegenden Schreckensnachrichten ab, da dies verschiedene Dienststellenchefs zwingen könnte, »einen unverhältnismäßig großen Teil ihrer Zeit mit jammernden Juden zu verschwenden«, vgl. Laqueur, a.a.O., S. 107

42 Rothfels, a.a.O., S. 41

42a N. Finkelstein, R. B. Birn: Eine Nation auf dem Prüfstand (Hildesheim 1998), S. 54

42b (Princeton 1984), S. 301. Ähnlich Konrad Löw: »Das Volk ist ein Trost«, Deutsche und Juden 1933–1945 im Urteil jüdischer Zeitzeugen (München 2006)

43 Vgl. z. B. G. Reitlinger: Die Endlösung (Berlin 1979), Adalbert Rückerl (Hrsg.): Nationalsozialistische Vernichtungslager (München 1979), Heinz Höhne: Der Orden unter dem Totenkopf (München 1979)

44 E. Jäckel u. J. Rohwer: Der Mord an den Juden im Zweiten Weltkrieg (Stuttgart 1985)

45 Höhne, wie vorher, S. 302 ff

46 Joachim C. Fest: Hitler (Frankfurt 1973), S. 929 ff; Rückerl, wie vorher, S. 15, 61, 96, 101, 334; ferner Martin Broszat: Nationalsozialistische Polenpolitik 1939–1945 (Frankfurt, Hamburg 1967), S. 41, 223

47 R. Mühlfenzl (Hrsg.): Geflohen und vertrieben (Königstein 1981), S. 33

48 »FAZ«-Magazin vom 22.10.1993

49 Hannah Arendt: Eichmann in Jerusalem (München, Zürich 1976), S. 159; Werner Rings: Leben mit dem Feind (München 1979), S. 216 f

50 Arendt, wie vorher, S. 153; Reitlinger, a.a.O., S. 574; Robert Pendorf: Mörder und Ermordete, Eichmann und die Judenpolitik des Dritten Reiches (Hamburg 1961), zitiert nach Arendt, wie oben

51 Laqueur, a.a.O., S. 40

52 Laqueur, a.a.O., S. 44

53 Brewster S. Chamberlain: Todesmühlen/Ein Versuch der Umerziehung 1945–1946, in: Vierteljahreshefte für Zeitgeschichte, Heft 3/1981, S. 420 f

54 Chamberlain, a.a.O., S. 424, 428

55 Laqueur, a.a.O., S. 17

56 Laqueur, a.a.O., S. 245–249

57 Alle drei Zitate nach Hans Rothfels, a.a.O., S. 42

58 Albert Speer: Spandauer Tagebücher, abgedruckt in »Die Welt« am 29.8.1975, S. 5

59 Reitlinger, a.a.O., S. 389. Vgl. ferner Heinz Artzt: Mörder in Uniform (München 1979), S. 191. Umfassende Darstellung des Problems bei Höhne, a.a.O., S. 298 ff

60 Höhne, a.a.O., S. 175 ff

61 Alfred M. de Zayas/Walter Rabus: Die Wehrmachts-Untersuchungsstelle (München 1979), S. 74, 245 usw.; Rückerl, a.a.O., S. 96 f

62 Höhne, a.a.O., S. 352 ff

63 Arendt, a.a.O., S. 161

64 Rings, a.a.O., S. 218

65 Rudolf Vogel: Ein Stempel hat gefehlt (München, Zürich 1977), S. 79

66 Nicolaus v. Below: Als Hitlers Adjutant 1937–1945 (Mainz 1980), S. 417

67 v. Below, a.a.O., S. 405

68 v. Below, a.a.O., S. 24; Bayer. Landeszentrale für Heimatdienst (Hrsg.): Bilder und Dokumente zur Zeitgeschichte 1933–1945 (München 1961), S. 72

69 Höhne, a.a.O., S. 7

70 Heydecker, Leeb, a.a.O., S. 12

71 Peter Hoffmann: Die Sicherheit des Diktators (München, Zürich 1975), S. 251 f

72 Hoffmann, a.a.O., S. 249

73 Hoffmann, a.a.O., S. 247

74 Rothfels, a.a.O., S. 185

75 Burckhardt, a.a.O., S. 79

76 H. J. Schoeps: Preußen (Frankfurt, Berlin 1975), S. 332. Von Marwitz verweigerte als preußischer Offizier im Februar 1761 die Plünderung des Schlosses Hubertusburg in Sachsen und reichte seinen Abschied von der Armee ein.

77 »Die Welt« vom 20.7.1987; Karlheinz Weißmann: Der Weg in den Abgrund (München 1997), S. 474 f

78 W. Venor: Stauffenberg (Frankfurt/M., Berlin 1990), S. 405

79 Rothfels, a.a.O., S. 154 ff

80 Rothfels, a.a.O., S. 161 ff

81 Hamilton Fish: FDR The Other Side of the Coin (New York, Washington, Atlanta, Hollywood 1976), S. 237 ff (das Buch erschien als »Der zerbrochene Mythos« 1982 in deutscher Übersetzung)
82 Rothfels, a.a.O., S. 181
83 Rothfels, a.a.O., S. 158
84 Rothenpieler, a.a.O., S. 106
85 Rothfels, a.a.O., S. 177
86 Rothfels, a.a.O., S. 183
87 Kennan, a.a.O., S. 124 f
88 »Der Spiegel« 1961/Nr. 46, S. 68
89 Heydecker, Leeb, a.a.O., S. 10
90 Victor Gollancz: Stimme aus dem Chaos (hier aus dem Essay: Unser bedrohtes Erbe), Nürnberg 1948, S. 205
91 M. Wolffsohn: Ewige Schuld? (München 1988), S. 53
92 Rothenspieler, a.a.O., S. 84
93 Oskar Golombek (Hrsg.): Die katholische Kirche und die Völkervertreibung (Köln 1966), S. 52
94 Ein Beispiel für viele andere ist das Buch des amerikanischen Geistlichen Edward E. Swanstrom: Pilgrims of the Night (New York 1950), S. 6 und 8
95 Ernst Nolte: Der europäische Bürgerkrieg 1917–1945 (Frankfurt/M., Berlin 1987), S. 354; Sonja Margolina: Das Ende der Lügen (Berlin 1992), S. 36 ff, 44, 58, 84
96 Alex P. Schmid: Churchills privater Krieg, Intervention und Konterrevolution im russischen Bürgerkrieg, November 1918 – März 1920 (Zürich 1974), S. 312. J. Rogalla v. Bieberstein: »Jüdischer Bolschewismus« (Dresden 2002), S. 229
97 Während des Zweiten Weltkriegs wurden in den USA alle Staatsbürger japanischer Abstammung in Lager gesteckt. Zwar herrschten dort nicht Verhältnisse wie unter Hitler und Stalin, doch war diese Deportation eben eine rassistische Maßnahme.
98 Einschlägige Rede Himmlers vgl. z. B. bei Bundeszentrale für Heimatdienst (Hrsg.): 20. Juli 1944 (Freiburg 1961), S. 173
99 Wörtliches Zitat aus Karlheinz Deschner: Abermals krähte der Hahn (Stuttgart 1968), S. 459
100 Gregory Baum: Die Juden und das Evangelium (Benzinger Verlag, 1963), S. 16 f
101 »Der Spiegel«, Nr. 1–2/1964, S. 27
102 Leon Poliakov: Über den Rassismus (Stuttgart 1979), S. 91 f
103 Ariane Barth, Tiziano Terzani: Holocaust in Kambodscha (Hamburg 1980), S. 43
104 »pogrom, Zeitschrift für bedrohte Völker«, Mai 1980, S. 66
105 Thomas Babington Macaulay: Politik und Moral (Ulm 1947), S. 117 f
106 »FAZ« vom 8.1.1987

15. Polnische Motive

1 Bundesarchiv: Dokumentation der Vertreibungsverbrechen, vgl. Fußn.[2] zu 3, S. 47
2 Bundesministerium für Vertriebene: Dokumentation der Vertreibung der Deutschen aus Ost-Mitteleuropa (Bonn 1953–1962), Bd. I 1, S. 115 E
3 Pilsudski war zeitweise Staatspräsident, Minister bzw. Diktator
4 Hans Roos: Die Geschichte der polnischen Nation 1918–1978 (Stuttgart 1979), S. 217

5 Dokumentation der Vertreibung a.a.O., Bd. I 1, S. 109 E

6 Hans-Georg Lehmann: Der Oder-Neiße-Konflikt (München 1979), S. 35

7 Bundesarchiv, a.a.O., S. 47

8 Herbert Hupka (Hrsg.): Letzte Tage in Schlesien (München 1981), S. 236 f

9 Hupka, a.a.O., S. 296 f

10 Hans v. Lehndorff: Ostpreußisches Tagebuch (München 1980), S. 262

11 Bundesarchiv a.a.O., S. 39

12 Martin Broszat, Nationalsozialistische Polenpolitik 1939–1945 (Frankfurt, Hamburg 1967), S. 32; Heinz Höhne: Der Orden unter dem Totenkopf (München 1979), S. 276 ff

13 Helmut Krausnick: Hitler und die Morde in Polen, Vierteljahreshefte für Zeitgeschichte 1963, S. 207

14 Krausnick, a.a.O.

15 Martin Broszat: Zweihundert Jahre deutscher Polenpolitik (Frankfurt 1972), S. 280 f

16 Wojciech Wrzesinski: Prusy Wschodnie w Polskiej mysli politycznej 1864–1945 (Olsztyn 1994), S. 359; Kurzzitat bei E. Steinbach: »In ordnungsgemäßer und humaner Weise«, »FAZ« vom 8.6.1999

17 Dokumentation der Vertreibung a.a.O., Bd. I 1, S. 139 E

18 Viktoria Vierheller: Polen und die Deutschland-Frage 1939–1949 (Köln 1970), S. 117 ff

19 Vierheller wie vorher, S. 23

20 Helmut Fechner (Hrsg.): Deutschland und Polen 1772–1945 (Würzburg 1964), S. 117, 87 ff

21 Albin Eissner: Das Schicksal der polnischen Ostgebiete in: Außenpolitik, 1961, S. 403

22 Eissner wie vorher. Maximal wäre die Zahl der Polen östlich der Curzon-Linie auf drei Millionen zu schätzen.

23 Zu dem Gesamtkomplex, vor allem in statistischer Beziehung, vgl. Eissner wie vorher; ferner: Roos, a.a.O., S. 212 f; Gotthold Rhode: Völker auf dem Wege (Kiel 1952), S. 20; Alfred Bohmann: Polens Drang nach Westen in: Zeitschrift für Außenpolitik 1960, S. 100; Dokumentation der Vertreibung a.a.O., Bd. I 1, S. 117 E

24 Oder-Neiße-Gebiete unter polnischer Verwaltung einschließlich Danzig. Siehe Statistisches Bundesamt a.a.O., S. 38 und 45

25 Eissner, a.a.O., S. 408

26 Martin Broszat: Nationalsozialistische Polenpolitik 1939–1945 (Frankfurt, Hamburg 1967), S. 44 f

27 Hans-Adolf Jacobsen (Hrsg.): Mißtrauische Nachbarn (Düsseldorf 1970), S. 139, mit weiteren Dokumenten

28 Broszat, Zweihundert Jahre ... a.a.O., S. 304

29 Vierheller, a.a.O., S. 32

30 Vierheller, a.a.O., S. 32; Broszat, NS-Polenpolitik ... a.a.O., S. 158 ff; Helmut Heiber: Der Generalplan Ost in: Vierteljahreshefte für Zeitgeschichte 1958, S. 283 ff

31 Broszat, Zweihundert Jahre ..., a.a.O., S. 293; Roos, a.a.O., S. 182

32 Broszat, NS-Polenpolitik ... a.a.O., S. 98; Fischer, a.a.O., S. 44. Bei William L. Shirer: Aufstieg und Fall des Dritten Reiches (Köln, Berlin 1961), S. 607, liest man – ohne Angabe der Quelle – die Zahl 1,2 Millionen. Dagegen spricht, daß

selbst Himmler, der gerne in hohen »Erfolgszahlen« schwelgte, nur 365 000 angab. Vermutlich hat Shirer die 750 000 Polen einbezogen, die ohne Vertreibung aus ihren Wohnungen hinausgeworfen oder von Grundstücken verdrängt wurden.

33 Broszat, NS-Polenpolitik ... a.a.O., S. 164; Höhne, a.a.O., S. 291 ff

34 Fischer u. a., a.a.O., S. 43, 184 f

35 Verlustzahl nach Fechner, a.a.O., S. 207; Zusammensetzung der Deportierten nach Eissner: Polnische Ostgebiete, a.a.O., S. 404 ff. Andrzej Kaminski: Konzentrationslager 1896 bis heute (Stuttgart 1982), S. 200 ff, 162, rechnet mit 1,8 bis 2,5 Millionen Verschleppten.

36 Alfred M. de Zayas/Walter Rabus: Die Wehrmacht-Untersuchungsstelle (München 1979), S. 355

37 Zayas/Rabus, a.a.O., S. 333; Hermann Raschhofer: Der Fall Oberländer (Tübingen 1962)

38 Ploetz: Raum und Bevölkerung in der Weltgeschichte, Band 2 (Würzburg 1955), S. 231

39 Alfred Bohmann: Menschen und Grenzen, Band 1, Strukturwandel der deutschen Bevölkerung im polnischen Staats- und Verwaltungsbereich (Köln 1969), S. 43

40 Heinrich Jaeneke im Magazin »stern« vom 30.7.1981

41 Edmund Silberner: Sozialisten zur Judenfrage (Berlin 1962), S. 295 f

42 Frank Golczewski: Das Deutschlandbild der Polen 1918–1939 (Düsseldorf 1974), S. 279

43 Golczewski, a.a.O., S. 278

44 Golczewski, a.a.O., S. 285. Zum Vorkriegs-Antisemitismus vgl. z. B. Jan Jozef Lipski im Magazin »Kontinent« Nr. 22 und Emanuel Ringelblum: Ghetto Warschau (Stuttgart 1967)

45 Fischer, a.a.O., S. 177

46 Anton Peisl, Armin Mohler (Hrsg.): Die deutsche Neurose (Frankfurt, Berlin, Wien 1980), S. 212

47 Karlheinz Deschner: Abermals krähte der Hahn (Stuttgart 1968), S. 456

48 Golczewski, a.a.O., S. 295 f; Alfred M. de Zayas: Die Anglo-Amerikaner und die Vertreibung (München 1977), S. 177

49 Heinz Abosch: Antisemitismus in Rußland (Darmstadt 1972), S. 128 f

50 Golczewski, a.a.O., S. 279

51 Albin Eissner: Personelle Kriegsverluste des polnischen Volkes, in: Außenpolitik, 1963, S. 48; Roos, a.a.O., S. 205 f

52 Ploetz, a.a.O., S. 316, nennt z. B. 4,52 Millionen

53 Alfred Schickel: Die polnischen Kriegsverluste 1939–1945 in: Zeitschrift für Politik Nr. 3/1978, S. 291 ff

54 Schickel, a.a.O. Unzutreffende Gleichsetzung der gesamten polnischen Kriegsverluste mit NS-Opfern z. B. im »Spiegel« vom 17.1.1966 und 7.6.1976.

55 Schickel, a.a.O.

56 Schickel, a.a.O.

57 Eissner: Personelle Kriegsverluste ... a.a.O., S. 44 ff; Schickel, a.a.O.

58 Schickel, a.a.O.; Eissner: Personelle Kriegsverluste ... a.a.O. Trotz der Verluste dürfte im deutschen Besatzungsgebiet die Zahl der Polnischsprechenden leicht angestiegen sein.

59 Robert Müller-Sternberg: Die deutsche Ostsiedlung (Bielefeld 1971), S. 74

60 Yves Brancion: Die Oder-Neiße-Linie (Stuttgart 1969), S. 93; Carroll Reece: Das Recht auf Deutschlands Osten (Göttingen 1957), S. 26

61 Albin Eissner: Polen drängt weiter nach Westen, in: Außenpolitik 1966, S. 438 ff; Michael A. Hartenstein: Die Geschichte der Oder-Neiße-Linie (München 2006), S. 171 f

61a Während der Verhandlungen äußerten die Anglo-Amerikaner allerdings mündlich ihre Zustimmung zur Annexion Stettins; vgl. A. M. de Zayas: Die Nemesis von Potsdam (München 2005), S. 226 f; Hartenstein, a.a.O., S. 70 f, 121 f, 170 ff

62 Golombek, a.a.O., S. 196 f

63 Hartenstein, a.a.O., S. 22

64 Golczewski, a.a.O., S. 240 f

65 Wolfgang Wagner: Die Entstehung der Oder-Neiße-Linie (Stuttgart 1964), S. 1–18; Wilfried Schlau: Politik und Bewußtsein (Köln 1971), S. 543 ff; Bohmann: Polens Drang, a.a.O., S. 96 f; Fechner, a.a.O., S. 165; ferner Werner Fuchs: Selbstzeugnisse polnischen Eroberungswillens (Struckum 1988); F. W. Oertzen: Polen an der Arbeit/Wie die Annexion Ostdeutschlands 1919–1933 vorbereitet wurde (Kiel 1986)

66 Brancion, a.a.O., S. 133; Jan Jozef Lipski a.a.O.

67 Golczewski, a.a.O., S. 247

68 Golczewski, a.a.O., S. 271

69 Müller-Sternberg, a.a.O., S. 61

70 Georg Seeßlen, Claudius Weil: Western-Kino (Hamburg 1979), S. 19

71 Golczewski, a.a.O., S. 248

72 Werner König: dtv-Atlas zur deutschen Sprache (München 1978), S. 46 f, 54 f; ähnlich dtv-Atlas zur Weltgeschichte Bd. 1, S. 108, 114; Göttinger Arbeitskreis: Das östliche Deutschland (Würzburg 1959), S. 37

73 »Die Welt« vom 2.12.1978, S. IV, vom 9.4.1981, S. 25, und vom 19.2.1976, S. 15

74 Marian Tumler: Der Deutsche Orden (Bonn 1974), S. 34 f; L. Kilian: Zu Herkunft und Sprache der Prußen (Bonn 1982), S. 59

75 Adolf Hitler: Monologe im Führerhauptquartier (Hrsg. W. Jochmann), Hamburg 1980, S. 124

76 Fischer usw. a.a.O., S. 31

77 Rudolf Ströbinger: Roter Kolonialismus (Osnabrück 1981), S. 37

78 Golombek, a.a.O., S. 203

79 87 Einwohner/qkm in Polen gegenüber rund 143 in Deutschland, vgl. Knaurs Weltatlas (Berlin 1938), S. 88, 59

80 »Die Welt« vom 13.8.1981, S. 1

81 »Die Welt« vom 17./18.4.1982, S. 1

82 Ploetz: Raum und Bevölkerung in der Weltgeschichte, Bd. 2 (Würzburg 1955), S. 319

83 Wenzel Jaksch: Europas Weg nach Potsdam (Stuttgart 1958), S. 34

84 Theodor Bierschenk: Die deutsche Volksgruppe in Polen 1934–1939 (Kitzingen 1954), S. 82

85 Martin und Sylvia Greiffenhagen: Ein schwieriges Vaterland/Zur politischen Kultur Deutschlands (München 1979), S. 316 f

86 Greiffenhagen, a.a.O., S. 316

87 Meinungsumfragen und andere Untersuchungen zu diesem Thema enthält das 18. Kapitel (»Das Informationsdefizit …«)

88 Golczewski, a.a.O., S. 18, 26, 247, 250

89 Bierschenk, a.a.O., S. 257 f
90 Golczewski, wie vorher, S. 99 f; Bierschenk, a.a.O., S. 257
91 Vierheller, a.a.O., S. 13
92 Bierschenk, a.a.O., S. 85
93 Fechner, a.a.O., S. 164; Gotthold Rhode: Kleine Geschichte Polens (Darmstadt 1965), S. 490 f; Peter Aurich: Der deutsch-polnische September 1939 (München, Wien 1970), S. 26. – Christian Höltje: Die Weimarer Republik und das Ostlocarno-Problem (Würzburg 1958), S. 193
94 Auf der Sitzung des Reichsausschusses für Auswärtige Angelegenheiten vom 23.2.1927 z. B. waren sich die Vertreter aller Parteien einig, daß in der ersten Hälfte der zwanziger Jahre »die Gefahr des Verlustes von Ostpreußen und Oberschlesien an die Polen akut« gewesen sei, vgl. Höltje, a.a.O., S. 248 ff. – 1931 und 1932 traf Pilsudski diplomatische und militärische Vorbereitungen für einen Marsch gegen Deutschland wegen eines befürchteten Erstarkens der Reichswehr, vgl. Höltje, a.a.O., S. 194 ff. – Ähnliche Informationen enthält die eidesstattliche Erklärung des ehemaligen Zentrums-Abgeordneten, Ministers und Reichskanzlers Dr. Josef Wirth vom 8.3.1948 anläßlich des amerikanischen Krupp-Prozesses (Staatsarchiv Nürnberg, KV-Prozesse, Fall 10, K-33, Krupp-141); Kurt Burk in: Militärgeschichtliche Mitteilungen 2/1990, S. 43
94a Stefan Scheil: Fünf plus zwei (Berlin 2003), S. 55
95 Gotthold Rhode: Kleine Geschichte Polens, a.a.O., S. 484 ff; Fechner, a.a.O., S. 165
96 Fechner, a.a.O., S. 164; Rhode: Kleine Geschichte Polens, a.a.O., S. 491; Peter Aurich, a.a.O., S. 25 f
97 »Frankfurter Allgemeine« vom 31.8.1979 (»Polen mit britischen Augen«)
98 David Irving, Hitlers Weg zum Krieg (München, Berlin 1978), S. 419
99 Andreas Hillgruber, Zweierlei Untergang (Berlin 1986), S. 17. Ähnlich Manfred Kittel, Horst Möller: Die Benesch-Dekrete und die Vertreibung der Deutschen/Vierteljahrshefte für Zeitgeschichte, Okt. 2006)
100 Carl J. Burckhardt: Meine Danziger Mission (München 1980), S. 156 f

16. Jugoslawische Motive

1 Bundesministerium für Vertriebene: Dokumentation der Vertreibung der Deutschen aus Ost-Mitteleuropa (Bonn 1953–1962), Bd. V, S. 61 E
2 Kurt W. Böhme: Die deutschen Kriegsgefangenen in Jugoslawien 1941–1949, Band I 1 der Reihe »Zur Geschichte der deutschen Kriegsgefangenen des Zweiten Weltkrieges«, hrsg. von Prof. Erich Maschke, Leiter der wissenschaftlichen Kommission für deutsche Kriegsgefangenengeschichte (Bielefeld 1976), S. 70
3 Böhme, a.a.O., S. 18. Gefangene wurden häufig verstümmelt oder gefoltert.
4 Böhme, a.a.O., S. 25
5 Böhme, a.a.O., S. 16
6 Dokumentation der Vertreibung, Bd. V, a.a.O., S. 65 E ff
7 Dokumentation der Vertreibung, Bd. V, a.a.O., S. 67 E
8 Dokumentation der Vertreibung, Bd. V, a.a.O., S. 80 ff; Hannah Arendt: Eichmann in Jerusalem (München, Zürich 1976), S. 138, unter Bezugnahme auf Günther Weisenborn: Der lautlose Aufstand
9 Böhme, a.a.O., S. 5; Dokumentation der Vertreibung, a.a.O., Bd. V, S. 64 E ff; Dokumentation Bundesarchiv, vgl. Fußn.[2] zu 3, S. 69

10 Rudolf Ströbinger: Roter Kolonialismus (Osnabrück 1981), S. 42 f
11 Gotthold Rhode: Völker auf dem Wege ... (Kiel 1952), S. 20
12 Böhme, a.a.O., S. 254

18. Das Informationsdefizit und seine Folgen

1 Alfred M. de Zayas: Nemesis at Potsdam (London 1977), S. XX. In deutscher Sprache erschien das Buch unter dem Titel: Die Anglo-Amerikaner und die Vertreibung ... (München 1977; Neuauflage 2005 als »Die Nemesis von Potsdam)
2 »Die Welt« vom 28.1.1981, S. 3
3 »Frankfurter Allgemeine« vom 31.5.1999
4 »Westermanns Monatshefte« 1980 Nr. 5 (Mai-Nummer), S. 104
5 Zitiert aus dem Anhang zu: Bundesarchiv: Dokumentation der Vertreibungsverbrechen, veröffentlicht von Wilfried Ahrens unter dem Titel »Verbrechen an Deutschen« (2. Auflage 1979), S. 83 f; vgl. auch Anm. 2 zu Kap. 3
6 Leserbrief in der »Frankfurter Allgemeinen« vom 7.7.1979, S. 9
7 Bundesarchiv, a.a.O.
8 »Die Welt« vom 10.10.1974, S. 6
9 Peter Steinbach: Nationalsozialistische Gewaltverbrechen (Berlin 1981), S. 29
10 Auch amerikanische Untersuchungsbeamte bedienten sich z. T. der Folter, um Geständnisse zu erpressen, was in Deutschland 25 katholische Bischöfe veranlaßte, an die USA zu appellieren: »Werden nicht die Folterungen in den Voruntersuchungen in Schwäbisch Hall und Oberwesel und die Massenhinrichtungen in Landsberg einst dem siegreichen Amerika mehr Schaden antun als eine verlorene Schlacht?« Vgl. dazu Lutz Graf Schwerin von Krosigk: Die großen Schauprozesse (München 1981), S. 340 f. Die Kritik der Nürnberger Kriegsverbrecherprozesse bezieht sich außer auf eine Reihe prozessualer Unregelmäßigkeiten und die Vertretung der Stalin-Diktatur im Gericht vor allem auf die Schaffung von Straftatbeständen mit Wirkung für die Vergangenheit, also auf den Verstoß gegen das rechtsstaatliche Prinzip »Keine Strafe ohne vorheriges Gesetz«. Diese Umstände sind besonders bedauerlich, weil auch bei einem korrekten Verfahren viele Angeklagte verurteilt worden wären. Vgl. dazu Werner Maser: Nürnberg/Tribunal der Sieger (Wien, Düsseldorf 1977), S. 523.
11 Adalbert Rückerl (Hrsg.): Nationalsozialistische Vernichtungslager (München 1977), S. 34; »Die Welt« vom 7.2.1979
12 Erich Schwinge: Bilanz der Kriegsgeneration (Marburg/Lahn 1981), S. 3
13 Sie waren ganz überwiegend Prozeßgegenstand. Die einzige nennenswerte Ausnahme dürfte das Verfahren gegen die früheren Mitglieder des NS-Volksgerichtshofs bilden.
14 Alfred Kittel: Eine Zentralstelle zur Verfolgung von Vertreibungsverbrechen? (Vierteljahrshefte für Zeitgeschichte, April 2006)
15 Hurnaus Nadira, Martensen Ute: Volk unter Völkern, Festschrift für Hans Klein, München 1996, S. 67 f
16 Sogar der berühmte Brief der polnischen an die deutschen Bischöfe vom November 1965, der den Kernsatz »Wir gewähren Vergebung und bitten um Vergebung« enthielt und angeblich eine Wende in den deutsch-polnischen Beziehungen eingeleitet hat, wurde im Februar 1966 durch einen »Fastenhirtenbrief« der polnischen Kirche wieder relativiert. In diesem »Fastenhirtenbrief«, der in Deutschland kaum bekannt ist, hieß es u. a.: »Wir richten unsere verzeihenden Worte an diejenigen, die ihre Schuld einsehen und den guten Willen zu einem

friedlichen Zusammenleben mit uns besitzen; die verstehen, daß die Gebiete, die wir besitzen und unter Schwierigkeiten in Bewirtschaftung genommen haben, nicht nur die alten piastischen Gebiete unserer Väter sind, sondern auch eine Notwendigkeit für unsere Existenz darstellen. [...] Hat aber die polnische Nation einen Grund, die Nachbarn um Vergebung zu bitten? Mit Sicherheit nein! Wir sind überzeugt, daß wir als Volk durch die Jahrhunderte dem deutschen Volk keinerlei politisches, wirtschaftliches oder kulturelles Unrecht angetan haben. [...] Wenn sich nur ein einziger Pole als unwürdig erwiesen hätte, erst dann hätten wir Anlaß zu sagen: ›Wir entschuldigen uns‹.« (Zitiert nach Michael A. Hartenstein: Die Geschichte der Oder-Neiße-Linie, München 2006, S. 166 f)

17 Einzelheiten unten (»Ein Vakuum füllt sich«)

18 »FAZ« vom 24.6.1993 und 28.9.1995

19 Infolge der erhöhten Sendefrequenz konnte der Zuschauer an manchen Tagen zwischen ähnlichen Sendungen diverser Programme auswählen.

20 Andrzej Kaminski: Konzentrationslager (Stuttgart 1982), S. 36; P. Steinbach: Nationalsozialistische Gewaltverbrechen (Berlin 1981), S. 8

21 Die Fernsehverfilmung des Romans »Jauche und Levkojen« von Christine Brückner kann nicht als Beitrag zur Vertreibungsgeschichte gewertet werden. In dieser Chronik eines pommerschen Adelsgeschlechts, die den Zeitraum vom Ersten Weltkrieg bis Ende 1945 umfaßt, liegt der Schwerpunkt bei familiären Ereignissen in der Vorkriegszeit und während des Dritten Reichs. Das Zusammentreffen mit der Roten Armee wird auf zwei von 315 Seiten der Taschenbuchausgabe geschildert. Die Episode berichtet andeutungsweise von einer Vergewaltigung, erweckt aber beim unbefangenen Leser den Eindruck, insgesamt sei im Osten nicht allzuviel passiert, vgl. Brückner, Jauche und Levkojen (Frankfurt, Berlin, Wien 1980), S. 294 f

Dem entsprechenden Kapitel ist ein Nestroy-Zitat vorangestellt: »Der Ernst hat eine feierliche Seite, eine schauerliche Seite, überhaupt sehr viele ernsthafte Seiten, aber ein elektrisches Fünkerl hat er doch immer, und da fahren bei gehöriger Reibung Funken der Heiterkeit heraus.« Im Text heißt es u. a.: »Als es dann doch dazu kommt, macht sie nicht viel Aufhebens davon ... Er schiebt mit der Hand ihr Kopftuch zurück und sagt: ›Komm kleine Frau!‹ Ein zusätzliches Eigenschaftswort nur, aber es macht die Sache ein wenig besser ... Eine Vergewaltigung war es nicht, was da stattfand. Maximiliane fühlte sich, wie sie es später einmal ausdrückte, seit Tagen schon ›so allgemein‹. Sie umarmte ja auch Bäume. Der Unterschied zu Viktors (ihres Mannes) Umarmungen war so groß nicht.« In diesem Zusammenhang ist an die Dokumentation des Bundesarchivs zu erinnern; die Auswertung von Tausenden von Augenzeugenberichten gibt ein anderes Bild von dem Geschehen im Osten: (Die Sexualverbrechen) »vollzogen sich oft in brutalster und schamlosester Weise ... Viele Frauen mußten in vielfacher Folge nacheinander Vergewaltigungen erdulden, selbst bis zur Todesfolge. Auch wurden Frauen nach den Vergewaltigungen getötet und ihre Leichen in sadistischer Weise geschändet. In erheblicher Zahl haben Frauen Selbstmord verübt, um den wiederholten Vergewaltigungen zu entgehen.«

22 »Junge Freiheit« vom 24.5.1996

23 H. Ammon in der »FAZ« vom 3.9.1997; Kittel a.a.O.

24 Tessa Hofmann in: »pogrom, Zeitschrift für bedrohte Völker« (Göttingen), Mainummer 1980, S. 4

25 »Die Welt« vom 19.5.1980; »Sunday Telegraph« vom 7.3.1982, S. 1

26 Albin Eissner: Die tschechische Bevölkerung im 2. Weltkrieg in: Außenpolitik, 1962, S. 328 ff

27 Informationsbrief für sudetendeutsche Heimatarchive und Heimatmuseen, Juni-Ausgabe 1979, S. 48

28 Ota Filip in der »FAZ« vom 3.9.1997

29 »Die Welt« vom 2./3. April 1981

30 »Die Welt« vom 15.4.1983; »Washington Post« vom 3.3.1983

31 »Die Welt« vom 24.4.1979

32 Das größte Vertriebenendenkmal dürfte die württembergische 28 000-Seelen-Stadt Geislingen an der Steige mit ihrem 22,5 m hohen Ostlandkreuz besitzen; das Monument trägt keine Inschrift. Befragte Einwohner konnten dem Verfasser keine näheren Angaben über die Bedeutung des Kreuzes machen. In Österreich geben einige kleinere Gedenkstätten genauere Kunde, z. B. (in Poysdorf, Drasenhofen, Wetzelsdorf usw.) vom Todesmarsch der über 20 000 Brünner Deutschen im Jahr 1945. In Nürnberg enthüllte Bayerns Ministerpräsident 1999 ein 4 x 5 Meter großes Kupfertor als Denkmal »Flucht und Vertreibung«.

33 Zitat aus Rudolf von Jhering: Der Geist des Rechts/Eine Auswahl aus seinen Schriften (Bremen 1965), S. 203 f, 222

34 Caspar v. Schrenck-Notzing: Charakterwäsche, die amerikanische Besatzung in Deutschland und ihre Folgen (Stuttgart 1965), S. 135 f; neu erschienen 1981 bei Kristall/Langen-Müller (München)

35 Eugen Ehrenberg/Friedrich Edding: Die Vertriebenen in Westdeutschland, hier Karl O. Kurth: Presse, Film und Rundfunk, Bd. III, S. 402 ff (Kiel 1959)

36 Kurth, a.a.O., S. 403 f
Wegen weiterer Einzelheiten vgl. Brigitte Bötzer: Das Vertriebenenproblem in der Münchner Tagespresse 1945–1953, Dissertation München 1957

37 Karlheinz Deschner: Abermals krähte der Hahn/Eine kritische Kirchengeschichte (Stuttgart 1968), S. 470; Hans Dollinger: Schwarzbuch der Weltgeschichte (München 1973), S. 78 ff

38 Elisabeth Noelle-Neumann: Die Schweigespirale/öffentliche Meinung – unsere soziale Haut (München, Zürich 1980), S. 52 ff

39 Klaus Kracht (Hrsg.): Japan nach 1945 (Wiesbaden 1979), S. 71; Ian Burama: Erbschaft der Schuld, Vergangenheitsbewältigung in Deutschland und Japan (München, Wien 1994)

40 »Der Spiegel« vom 17. Mai 1982, S. 163

41 a) Die umstrittenen Eilande sind z. T. nur dreieinhalb Kilometer von der japanischen Nordinsel Hokkaido entfernt und dienen heute als vorgeschobener Militärstützpunkt für eine Division der Roten Armee mit Panzern, Artillerie, Hubschraubern, Raketen und Kampfflugzeugen, vgl. Fred de la Trobe in: »Die Welt« vom 4.2.1982, S. 5.

b) Karelien, einst die fruchtbarste und am dichtesten besiedelte Provinz Finnlands, ist heute ein verödeter Landstrich. Nachdem in vielen Dörfern nach der Vertreibung der Finnen niemand einziehen wollte, ließ man die Häuser einfach abreißen. In der karelischen Hauptstadt Wiborg (Viipori) ließ Stalin ausschließlich Invaliden und Krüppel aus der ganzen UdSSR ansiedeln. Trotz des späteren Zuzugs von Familien erreichte die Stadt später nicht einmal die Hälfte ihrer früheren Einwohnerzahl. Vgl. dazu Klaus Bodem in: »Die Welt« vom 17.10.1981, S. III

c) In Ostpreußen entwickelten sich die Dinge unter sowjetischer Verwaltung ähnlich. Statt der Krüppel bestimmten hier die längste Zeit KZ-Personal und Irrenärzte das Bild. Aufgrund der auffallenden Konzentration von Lagern und Nervenkliniken schreibt der jüdisch-sowjetische Dissident Avraham Shifrin in seinem »UdSSR-Reiseführer durch Gefängnisse und Konzentrationslager der Sowjetunion« (Seewis/Schweiz 1980) auf S. 190: »So also ›nutzt‹ und ›entwickelt‹ die Sowjetunion den besetzten Teil Deutschlands: 5 Lager, 1 Gefängnis und 2 psychiatrische Sonderhaftanstalten für Bürgerrechtler.«

42 »Die Welt« vom 10.2.1981, 10.9.1981 und 4.2.1982

43 Bericht von Henry Marx in: »Die Welt« vom 28.5.1982, S. 19

44 Aufbau – Taschenbuch Verlag, Berlin 1994

45 Ralph Giordano: Die Zweite Schuld oder Von der Last, Deutscher zu sein (Hamburg, Zürich 1987), S. 294.

46 Günter Schubert: Das Unternehmen »Bromberger Blutsonntag« (Köln 1989), S. 46

47 »Christ und Welt« vom 11.2.1966

48 Martin Broszat: Nach Hitler (München, Oldenburg 1986), S. 231

49 Wolfgang Benz (Hrsg.): Die Vertreibung der Deutschen aus dem Osten (Frankfurt/M. 1985), S. 8

50 »Die Welt« vom 20.12.1986

51 Vgl. ferner: A. Khol, T. Faulhaber, G. Ofner (Hrsg.): Kurt Waldheim – Täter oder Opfer (München, Berlin 1987)

52 Germaine de Staël: Über Deutschland (Stuttgart 1963), S. 57

53 »Die Welt« vom 10.4.1981, S. 1

54 Ulrich Sonnemann: Das Land der unbegrenzten Zumutbarkeiten (Hamburg 1963), S. 71

55 »Der Spiegel« vom 8.5.1967, S. 106

56 Erschienen im Verlag des Amtsblattes der Evangelischen Kirche in Deutschland, Hannover 1965

57 Otto von Corvin: Der Pfaffenspiegel (Schwerte/Ruhr, ohne Jahresangabe), S. 86 f

58 G. B. Ginzel (Hrsg.): Auschwitz als Herausforderung für Juden und Christen (Heidelberg 1980), Zitat S. 268; im übrigen vgl. S. 266 ff, 444 ff

59 Ginzel, a.a.O., S. 280 f

60 Karlheinz Deschner: Abermals krähte der Hahn (Stuttgart 1980), S. 460

61 Deschner, a.a.O., S. 461

62 Bayerische Landeszentrale für Heimatdienst (Hrsg.): Bilder und Dokumente zur Zeitgeschichte 1933–1945 (München 1961), S. 110

63 Rudolf Vogel: Ein Stempel hat gefehlt (München, Zürich 1977), S. 26

64 Friedrich Wilhelm Rothenpieler: Der Gedanke der Kollektivschuld in juristischer Sicht (Berlin 1982), S. 186 ff, 195 ff. Vgl. im übrigen das 14. Kapitel.

65 Rothenpieler, a.a.O., S. 213 ff; Schwinge, a.a.O., S. 76 ff; W. Bodenstein: Ist nur der Besiegte schuldig? Die EKD und das Stuttgarter Schuldbekenntnis (Frankfurt/M., Berlin 1986)

66 Materialien zu deutsch-polnischen Schulbuch-Empfehlungen (Hrsg.: Kulturstiftung der deutschen Vertriebenen, Bonn 1980)

67 »Materialien« wie vorher, S. 95

68 wie vorher, S. 102. Z. B. gelang es der Berliner »Aussiedlungskommission« nicht, den deutschen Bevölkerungsanteil in der – mehrheitlich polnischen – Provinz Posen zu erhöhen; vgl. Hartenstein, a.a.O., S. 23.

69 wie vorher, S. 109
70 wie vorher, S. 109
71 wie vorher, S. 108
72 wie vorher, S. 111
73 wie vorher, S. 91
74 »FAZ« vom 17.7.1997
75 »FAZ« vom 26.2.1992
76 »FAZ« vom 17.7.1995 und 10.4.1996
77 Alfred M. de Zayas: Die Nemesis von Potsdam (München 2005), S. 24, 278; »FAZ« vom 4.11.2006
78 »Der Spiegel« Nr. 4/1979, S. 71 f
79 Silbermann, a.a.O. (Zürich 1981), S. 18
80 Anton Peisl, Armin Mohler (Hrsg): Die deutsche Neurose (Frankfurt, Berlin, Wien 1980), S. 240
81 »Der Spiegel«, Nr. 3/1982, S. 69; ähnlich z.B. Leitartikel in »Le Figaro« vom 30.12.1982 über die »Schuldideologie«
82 »Süddeutsche Zeitung« vom 5.8.1967, S. 4
83 4. Medienkongreß der Hanns-Seidel-Stiftung in Augsburg, vgl. »Augsburger Allgemeine« vom 29.4.1982
84 Elisabeth Noelle-Neumann: Die verletzte Nation (Stuttgart 1987); Kurzfassung in: Texte + Thesen + Visionen: Experten im Dialog mit der Gegenwart (Zürich, Osnabrück 1992), S. 260 ff
85 Noelle-Neumann: Die verletzte ..., a.a.O., S. 18 ff, 50 ff
86 Noelle-Neumann a.a.O., S. 32 ff
87 Noelle-Neumann a.a.O., S. 22, Texte + Thesen + Visionen a.a.O., S. 261 ff
88 Texte + Thesen + Visionen a.a.O.
89 Noelle-Neumann a.a.O., S. 19
90 Texte + Thesen + Visionen a.a.O., S. 262
91 Hofstätter, P.: Einführung in die Sozialpsychologie (Stuttgart 1963), S. 235 f
92 Kurt Lewin: Revolving Social Conflicts (New York 1948), S. 198
93 Lewin, a.a.O., S. 193
94 Nahum Goldmann: Mein Leben als deutscher Jude (München, Wien 1980), S. 465, 467. Umfangreiches Zitatenmaterial zu diesem Komplex bei Jörg von Uthmann: Doppelgänger, du bleicher Geselle (Stuttgart 1976)
95 Hofstätter, a.a.O., S. 389
96 Das neue Fischer-Lexikon in Farbe (Frankfurt 1979)
97 Hans-Helmuth Knütter: Die Faschismus-Keule (Frankfurt/M. 1993), S. 91
98 Ernest Hemingway: Ausgewählte Briefe 1917–1961, Glücklich wie die Könige (Reinbek 1984), S. 456. An Charles Scribner schreibt Hemingway:
»Einmal habe ich einen besonders frechen SS-Kraut umgelegt. Als ich ihm sagte, daß ich ihn töten würde, wenn er nicht seine Fluchtwegsignale rausrückte, sagte der Kerl doch: Du wirst mich nicht töten. Weil du Angst davor hast und weil du einer degenerierten Bastardrasse angehörst. Außerdem verstößt es gegen die Genfer Konvention.
Du irrst dich, Bruder, sagte ich zu ihm und schoß ihm dreimal schnell in den Bauch, und dann, als er in die Knie ging, schoß ich ihm in den Schädel, so daß ihm das Gehirn aus dem Mund kam, oder aus der Nase, glaube ich.
Der nächste SS-Mann, den ich verhörte, redete wie ein Wasserfall ...
Von da an konnten wir sie regelrecht jagen, weil wir genau wußten, was ihre hin-

gemalten Kreidezeichen bedeuteten, und wer und wie viele sie waren.
Werde jetzt versuchen, wieder ein Christ zu sein.

In Christus Dein
Ernest«

99 »Der Spiegel« Nr. 37/1999; »Das Ostpreußenblatt« Nr. 20/1991, Nr. 39/1999

100 »FAZ« vom 17.2.1992 und Avram Shifrin: UdSSR-Reiseführer durch Gefängnisse und Konzentrationslager (CH-Seewis/GR 1980), S. 189 ff

101 »FAZ« vom 22.11.1994 und 17.2.1992

102 »FAZ« vom 22.6.1992

Nachwort zur Neuauflage

1 »Junge Freiheit« vom 11.11.1994

Register

M

N

O

P

R

S

T

U

V

W

Z

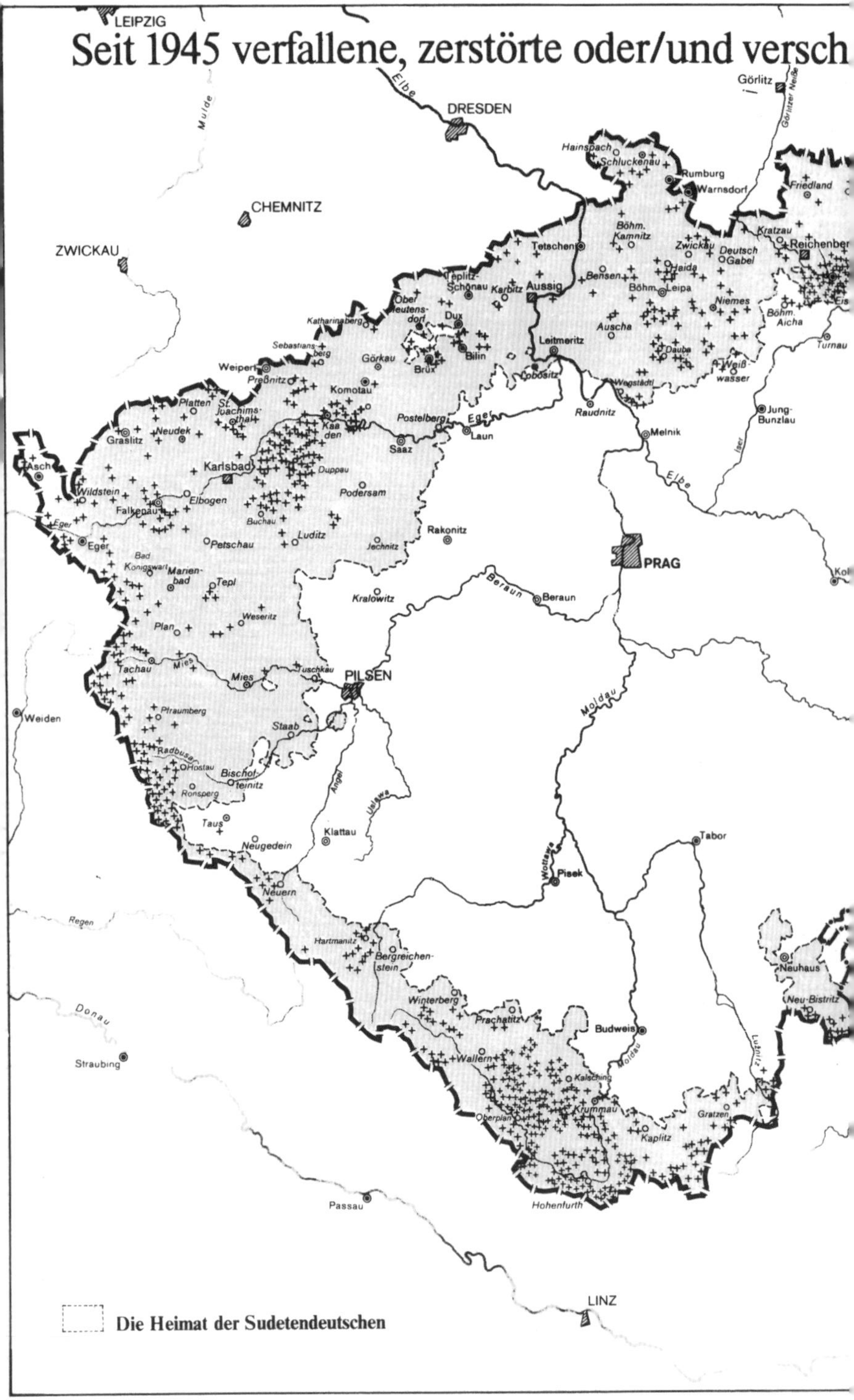
Seit 1945 verfallene, zerstörte oder/und versch
LEIPZIG
DRESDEN
CHEMNITZ
ZWICKAU
Görlitz
Görlitzer Neiße
Elbe
Mulde
Hainspach
Schluckenau
Rumburg
Warnsdorf
Friedland
Reichenber
Kratzau
Böhm. Kamnitz
Zwickau
Deutsch Gabel
Tetschen
Bensen
Haida
Böhm. Leipa
Niemes
Böhm. Aicha
Turnau
Teplitz-Schönau
Karbitz
Aussig
Ober Leutensdorf
Katharinaberg
Dux
Bilin
Brüx
Sebastiansberg
Görkau
Weipert
Preßnitz
Komotau
Leitmeritz
Lobositz
Auscha
Dauba
Weißwasser
Wegstädtl
Raudnitz
Jung-Bunzlau
Melnik
Iser
Platten
St. Joachimsthal
Graslitz
Neudek
Kaaden
Postelberg
Eger
Laun
Saaz
Asch
Karlsbad
Duppau
Wildstein
Elbogen
Podersam
Falkenau
Buchau
Luditz
Rakonitz
Petschau
Jechnitz
PRAG
Bad Königswart
Marienbad
Tepl
Kralowitz
Beraun
Weseritz
Plan
Tachau
Mies
Tuschkau
PILSEN
Weiden
Pfraumberg
Staab
Moldau
Radbusa
Hostau
Bischofteinitz
Ronsperg
Angel
Uslawa
Taus
Klattau
Neugedein
Tabor
Wottawa
Pisek
Neuern
Regen
Hartmanitz
Bergreichenstein
Neuhaus
Donau
Winterberg
Prachatitz
Neu-Bistritz
Budweis
Lužnitz
Straubing
Wallern
Kalsching
Krummau
Oberplan
Gratzen
Kaplitz
Hohenfurth
Passau
LINZ
Die Heimat der Sudetendeutschen